高等职业教育"十四五"规划教材

高等职业教育产教融合新形态系列教材

食品营销与策划

张　瑜　吕清华　主编

中国农业大学出版社
·北京·

内 容 简 介

本书主要介绍了食品营销与策划的相关理论知识与实践技能。教材的编写以教育部相关文件精神为指导,坚持产教融合、校企“双元”开发;围绕深化教学改革和“互联网+”职业教育发展需求设计体例,并配套扩展学习资源;在“案例链接”和“知识扩展”单元中融入思想教育理念。教材内容组织上以工学结合为切入点,以专业技能和职业技能培养为主线,以满足食品企业营销策划岗位需求为目标,注重培养学生的职业素养、工匠精神、创新意识与创业能力。本书适合作为高等职业院校食品类相关专业课程教材,也可供食品企业营销策划人员及一线销售人员学习和参考。

图书在版编目(CIP)数据

食品营销与策划 / 张瑜,吕清华主编. —北京:中国农业大学出版社,2020.10(2024.10 重印)

ISBN 978-7-5655-2443-1

Ⅰ.①食… Ⅱ.①张… ②吕… Ⅲ.①食品-市场营销学-高等职业教育-教材 Ⅳ.①F768.2

中国版本图书馆 CIP 数据核字(2020)第 203466 号

书　　名 食品营销与策划

作　　者 张　瑜　吕清华　主编

策划编辑 郭建鑫　张　蕊　　**责任编辑** 郭建鑫

封面设计 郑　川　李尘工作室

出版发行 中国农业大学出版社

社　　址 北京市海淀区圆明园西路 2 号　　**邮政编码** 100193

电　　话 发行部 010-62733489,1190　　读者服务部 010-62732336

编辑部 010-62732617,2618　　出　版　部 010-62733440

网　　址 http://www.caupress.cn　　**E-mail** cbsszs @ cau.edu.cn

经　　销 新华书店

印　　刷 北京溢漾印刷有限公司

版　　次 2020 年 12 月第 1 版　　2024 年 10 月第 4 次印刷

规　　格 787×1 092　　16 开本　　15.5 印张　　390 千字

定　　价 46.00 元

编审人员

主　　编　张　瑜（黑龙江农业职业技术学院）
　　　　　吕清华（武汉现代农业教育中心）
副 主 编　吴津蓉（新疆农业职业技术学院）
　　　　　王烈喜（广东食品药品职业技术学院）
　　　　　杨　帅（河南农业职业学院）
　　　　　黄龙雯（潍坊职业学院）
　　　　　陈艳军（武汉现代农业教育中心）
参　　编　宋丽丽（重庆三峡职业技术学院）
　　　　　孙丽萍（山东药品食品职业学院）
　　　　　李洪涛（武汉现代农业教育中心）
　　　　　汪　岩（重庆三峡职业技术学院）
　　　　　付园元（重庆三峡职业技术学院）
　　　　　金　敏（武汉康生源生态农业有限公司）
　　　　　王建彬（河南延津佰仕麦丰食品有限公司）
审　　稿　夏　红（苏州农业职业技术学院）
　　　　　曹　军（辽宁农业职业技术学院）
　　　　　张　江（上海农林职业技术学院）
　　　　　陈肖安（原中央农业广播电视学校）

出版说明

为贯彻落实《国家职业教育改革实施方案》(又称“职教二十条”)以及《高等职业学校专业教学标准》等相关文件精神,有效推进产教融合、校企合作,建设一批校企“双元”合作开发的高质量教材,经向行业专家咨询及与有关高等职业院校沟通,借鉴与物化高等职业教育食品类专业教育教学改革成果,中国农业大学出版社开展了高等职业教育食品类专业新形态系列教材建设工作。

“高等职业教育产教融合新形态系列教材”建设是食品类专业高技能人才培养的基础性工作,也是促进社会与经济发展的客观需求。近20年来,随着中国加入世贸组织,我国食品工业得到了持续与快速的发展,食品工业进入产业升级、调整改革的关键时期,食品产业从数量扩张向质量提升转变。原有的高等职业教育食品类专业教材从内容到表现形式,要满足现代食品工业人才培养的需要,就必须改革创新,在实践中不断探索高等职业教育食品类专业新形态系列教材建设的新路子,才能为高等职业教育食品类专业高技能人才培养奠定坚实的基础、发挥应有的作用。

“高等职业教育产教融合新形态系列教材”具备如下特点:

1. 精心组织编审队伍。在征集相关高等职业院校的申报材料的基础上,充分考虑不同院校的专业优势及教学创新改革进程及成果等,慎重确定参加编审的骨干人员,并根据教师提供的编写提纲、编写思路与样章等,由食品类专业系列教材编审委员会及专家组遴选组建编写团队。同时,邀请高等职业院校、行业及生产企业的专家参与教材建设,审核编写提纲,后期对书稿进行严格审定。教材编写过程中,作者与审稿人员充分沟通,书稿反复修改,从而确保了教材内容的前瞻性、科学性及对一线岗位的适应性。

2. 创新编写体例。本次教材建设重点在食品类专业基础课程和专业核心课程。以“项目引领,任务驱动”作为教材的基本框架,以职业岗位确立典型工作任务,以典型工作任务确定岗位能力需求,以能力需求确定学习项目与任务,突出了实践性、企业案例化与职业化,并与项目紧密关联。内容新颖、趣味性强是本系列教材的一大亮点。对专业基础课程教材,创新了传统的学科编写体例,参考模块式总体思路设计,使教材精炼、实用,有利于提高学生的学习效果与效率,较以往传统教材有较大突破。

3. 突出职业教育特色。教材编写体现了现代职业教育体系教学改革精神,该新形态系列教材将努力体现课程内容与职业标准对接、教学过程与生产过程对接的要求，反映高等职业教育专业课教学与思想政治理论课教学同向同行、职业技能与职业精神培养高度融合的特点，尤其是“项目引领，任务驱动”式教材，每一任务的活动规程，力求按工作任务的环节以表格任务单或实际案例形式进行编写，突出操作环节与质量要求，促进职业技能培养与职业精神养成的紧密结合，实现教学与职业岗位的“零距离对接”。

4. 新形态信息技术在系列教材中广泛应用。努力对食品类专业教材中的知识点与技能点进行信息化处理，使其表现形式更加多元化，提高智能化水平，突出趣味性与直观性，实现手机终端推送学习，采用微课、视频、动画等展示相关知识、专项实训、任务拓展与测试题答案等内容，充分体现了高等职业教育教材多元化创新的全新特色。

“高等职业教育产教融合新形态系列教材”基本覆盖了食品加工、食品生物技术、食品营养与检测等食品类专业的专业基础课程与专业核心课程。系列教材既充分强调了食品科学的实践性，同时又充分考虑了食品产业与基础理论的有机结合，努力做到每种教材间内容相互补充、相互衔接，构成一个完整的课程体系。系列教材主要作为高等职业教育食品类专业的相关课程教材，也可作为现代食品企业相关技术人员及专业技术工人的培训和参考用书。

“高等职业教育产教融合新形态系列教材”的顺利出版，是全国近60所高职学院及部分食品企业等共同奋斗的结果。编写过程中所做的许多探索，为进一步推进高等职业教育教材建设的改革与创新提供了宝贵的经验。我们真诚地希望以此为契机，进一步有效加强与各高等职业院校及食品企业的交流与合作，不断拓展食品类专业新形态系列教材合作开发的思路，创新教材开发的模式与服务方式。让我们共同努力，为深化高等职业教育食品类专业教育教学改革与人才培养质量的提高，发挥积极的推动作用。

中国农业大学出版社

二〇二〇年七月

前　　言

党的二十大报告指出“坚持以推动高质量发展为主题，把实施扩大内需战略同深化供给侧结构性改革有机结合起来，增强国内大循环内生动力和可靠性，提升国际循环质量和水平，加快建设现代化经济体系”，并提出“着力扩大内需，增强消费对经济发展的基础性作用和投资对优化供给结构的关键作用”。

食品营销与策划是市场营销策划的一个应用分支，是市场营销策划活动在食品行业的实践，主要研究食品行业营销策划活动的行为规律。随着市场经济的深入发展和经济全球化步伐的加快，食品企业面对的竞争也越来越激烈。食品营销与策划能够有效地帮助食品企业准确把握市场，进行科学有效的经营规划，为改善食品企业经营管理，以及获得更多的经济效益和社会效益提供理论依据和实践指导。

本书以教育部《关于组织开展“十三五”职业教育国家规划教材建设工作的通知》文件精神为指导，坚持产教融合、校企“双元”开发原则；围绕深化教学改革和“互联网＋”职业教育发展需求，统筹推进专业课程建设、教材编写、配套资源开发、信息技术应用的一体化融合，力争实现专业设置与产业需求对接、课程内容与职业标准对接、教学过程与生产过程对接；教材以工学结合为切入点，以专业技能和职业技能培养为主线，以满足食品企业营销策划岗位需求为目标，注重培养学生的专业技能、职业素养、工匠精神、创新意识与创业能力。

本书主要突出以下几个方面。

一、教材编写的模式采用项目引领、任务驱动为导向，紧紧围绕食品营销策划岗位的工作任务设置编写内容。本教材精选 9 个项目、22 个学习任务，每个学习任务都带有实践教学内容，将实践内容和理论内容融合在一起，培养学生的实践技能，提高学生分析问题、解决问题的能力，增强岗位适应能力，有利于学生就业与创业。

二、教材内容的选取紧跟食品营销领域发展趋势，具有一定的前瞻性。理论内容力求够用、实用，理论学习中穿插案例链接、知识扩展等，能够更好地诠释理论，增加可读性。同时为了适应职业能力要求，适应教学改革和课程改革需要，书中增加数字教学资源，通过添加二维码的方式链接 PPT、视频、音频、文档等媒体资源，丰富了纸质教材的表现形式，补充拓展性的知识内容和思政教育内容，提高学生的职业素质，为多元化人才培养提供更多的信息支撑。

三、为充分体现本教材“双元”特色，特别邀请了武汉康生源生态农业有限公司总经理金敏，河南延津佰仕麦丰食品有限公司销售总监王建彬参与相关案例的编写工作，他们提供了大量来自食品营销第一线的真实案例，从而确保教材内容更贴近食品营销实践。

四、充分融入思政教育理念，专业课教学与思想政治理论课教学同向同行。通过“案例链接”和“知识扩展”单元，培养学生的爱国主义精神、爱岗敬业精神、刻苦钻研精神，提升学生的自豪感、责任感、使命感。

本书可作为食品加工、食品生物技术、食品营养与检测及食品贮运与营销等相关专业的教材，也可以作为食品营销与策划相关从业人员的业务培训教材。

本书由黑龙江农业职业技术学院张瑜、武汉现代农业教育中心吕清华任主编，具体分工如下：张瑜编写模块一；吕清华编写模块三项目一；吴津蓉编写模块二项目一；王烈喜编写模块六；杨帅编写模块二项目二；黄龙雯编写模块五项目一；陈艳军编写模块五项目二的任务一、任务二；李洪涛编写模块三项目二的任务一；孙丽萍编写模块三项目二的任务二；宋丽丽编写模块四；付园元编写模块五项目二的任务三；汪岩编写模块五项目二的任务四。

为确保教材的编写质量，以更加适合食品营销与策划企业的用人需要。苏州农业职业技术学院总督学夏红教授、辽宁农业职业技术学院曹军教授、上海农林职业技术学院张江副教授和原中央农业广播电视学校陈肖安同志对教材内容进行了初审与最终审定，在此一并表示感谢。由于编者水平有限，加之时间仓促，书中难免有疏漏或不妥之处，敬请专家、读者和同仁批评指正。

编　者

二〇二四年一月

目　录

模块一

食品营销的策划与组织

项目　认识食品营销、策划与组织

知识目标

1. 认识食品营销策划的概念、内涵、性质、特点和功能。
2. 掌握食品营销策划的作用及要求。
3. 了解食品营销策划组织结构设计及从业人员的基本素质。

能力目标

1. 能运用食品营销与策划理念，从事食品营销的相关活动。
2. 能够运用食品营销理念评价食品企业的市场营销活动和营销管理工作。
3. 能够利用食品营销策划指导市场实践活动，培养学生的组织结构设计能力。

素质目标

1. 将敬业、诚信、友善、安全理念融入理论与实践教学全过程。
2. 培养学生的食品营销意识。
3. 培养学生良好的食品行业职业道德。

项目概述

食品营销、策划与组织的基本概念是从业者今后从事食品营销和策划工作的理论基础。其实食品营销、策划与组织是相当复杂的，只有学习者对其有一个全面、客观和真实的认识和把握，才能运用基础理论指导食品营销、策划与组织实践。

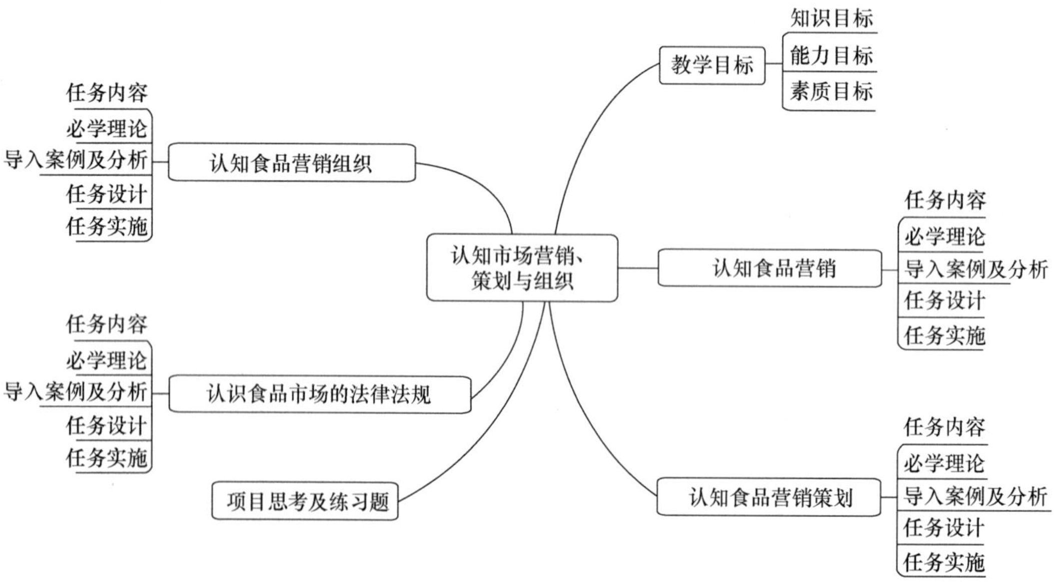

任务一　认识食品营销

任务内容

掌握食品营销的核心概念及其内涵；认识食品营销规律，学会食品营销与策划的基本理论；培养学生树立正确的食品营销观念和意识。

必学理论

一、食品营销的基本概念与内涵

（一）食品营销的内涵

1. 食品市场的内涵

市场（market）是个多义词，随着商品经济和企业经营活动的发展，以及使用对象和场合的不同，市场的内涵也在不断丰富和发展。

（1）食品市场是指买方和卖方进行食品交换的场所。这是一个地理、空间和时间上的概念，也是市场的原始概念，指买卖双方购买和出售食品进行交易活动的地点，如商场、超市、批发市场等，它与一定的时间和具体的空间相联系。《周易·系辞下》中记载的“日中为市，致天下之民；聚天下之货，交易而退，各得其所”，这是我国古人对“市场”这一概念的直观描述，这种阐释至今仍具有现实意义。企业中的有形商品或无形商品都必须在特定的场所进行交易，企业的营销活动离不开一定时间和空间的交换场所。

（2）市场是商品交换关系的总和。随着电子商务的兴起与发展，越来越多的交易活动不再局限于一定的交换场所。因此，市场是指在一定供求基础之上的商品交换关系的总和，这是一种从经济学角度理解的概念。供求关系是市场的基本经济关系，供求矛盾是市场的基本经济矛盾，市场由涉及供需双方的各种要素所构成。马克思从整个社会商品流通的全局角度指出：“市场即商品流通领域。”这是比交易场所更为科学的概念。市场作为商品交换关系的总和，通过交换关系，反映出市场经济条件下人与人之间的内在关系。不论何种市场，都是商品与货币的关系，都是供与求的关系，都是各经济主体之间的交换关系。因此，从经济学角度把市场看成是商品交换关系的总和，更能说明现代市场发展的趋势和特点。

（3）市场是对某种或某类产品现实和潜在需求的总和。这是市场营销学所理解的市场概念。这里的市场专指买方，而不包括卖方；专指需求，而不包括供给。从营销的角度看，卖方构成产业，买方构成市场。

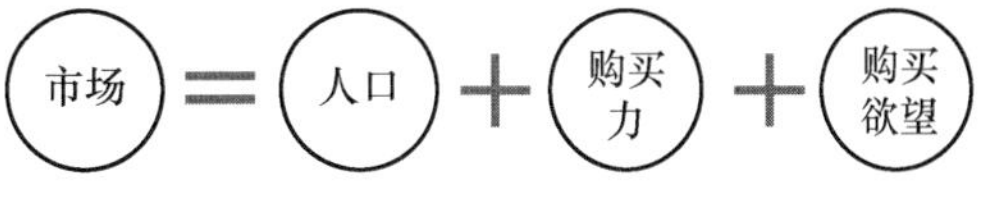

图 1-1　市场的构成要素

市场是一个动态组合的概念，但应突出消费者的需求，哪里有需求，哪里就有市场。可以用一个公式表示市场的构成，如图 1-1 所示。

人口、购买力、购买欲望这三个要素互相制约，缺一不可。只有这三个要素有机结合起来，才能使理论上的市场变成现实的市场，才能决定市场的规模和容量。假如一个国家或地区人口虽多，但收入极低，则这个国家或地区的市场非常狭窄；相反，假如一个国家或地区居民收入很高，但人口很少，市场同样十分有限；有的国家或地区人口很多，居民收入又高，但若某种商品不能引起人们的购买欲望，对于该商品的销售者来说，这也不可能成为现实的市场。所以说，市场是上述三个因素的有机统一。

2. 市场营销的内涵

"市场营销"是从英文"marketing"一词翻译的，它包括两层含义：一是指一种经济行为和实践活动，包括产品生产和销售在内的一切经济活动，即一个组织以消费者需求为中心，生产适销对路的产品，并且搞好定价、分销和实行有效的促销等一整套经济活动，可理解成"市场营销"或"营销活动"；二是指一门独立存在的学科，即建立在经济科学、行为科学、现代管理理论基础上的应用科学，是以市场营销活动作为研究对象的科学，可理解成"市场营销学"或"市场学"。本书主要讲的是其第一层含义。

国内外学者对市场营销有过很多理解，其含义也在不断完善，其中美国著名营销学家菲利普·科特勒对市场营销的解释得到了众多专家学者的认同，他认为市场营销是个人和群体通过创造和交换产品或价值以满足需求和欲望的一种社会管理过程。

根据上述定义，市场营销的内涵可以归纳为以下三点：

(1)市场营销的最终目标是满足需求和欲望。企业的营销工作要从消费者的需求和欲望出发，寻求、了解、掌握消费者的需求和欲望，确定需求量的大小。

(2)市场营销的核心是"交换"。交换过程是一个主动、积极寻求机会，满足双方需求和欲望的社会管理过程。

(3)交换过程能否顺利进行，取决于营销者创造的产品和价值满足顾客需求的程度和交换过程管理的水平。

知识扩展

市场营销和推销的区别

现代市场营销源自企业的销售管理，但绝不同于推销。市场营销和推销的主要区别表现在以下三个方面。

1. 范围不同

市场营销活动包括售前、售中、售后的与市场有关的一系列活动，既包括产品销售之前的市场调研、消费需求研究、新产品开发、市场机会分析、市场细分、选择目标市场、市场定位等；又包括产品销售中的定价、分销、广告、人员推销、营业推广等；还包括产品售出之后的售后服务、售后信息反馈、客户关系管理等一系列活动。而推销只着眼于产品的流通环节，只是食品市场营销活动的一部分，而且不是最重要的部分。因此，有学者将营销比作一座冰山，十分庞大，且根基深厚，而推销只是冰山露出水面的顶端。

2. 出发点不同

市场营销是从市场出发，以顾客需求为中心，注重买方需求，生产和经营适合顾客需求的、能够销售的产品。而推销是从企业出发，以生产经营者为中心，注重卖方需求，出售能够生产的产品而从中谋取利润。

3. 目标不同

市场营销的目标是通过满足消费者需要来营利，是企业的长期行为。所以采用的手段往往是最佳的营销组合，即产品、定价、分销、促销、公关和权力等要素的有机结合；而推销的目标是如何快速卖出产品，往往是"一锤子"买卖，因此采取的手段主要是加强推销活动，如倾力推销、强行推销等。

3. 食品营销的内涵

食品营销是市场营销理论在食品行业运用的一个重要分支。研究的是食品企业如何开拓市场,如何策划经营战略来满足食品市场需求的一项经营活动。由此可见,食品企业是从事市场营销活动的主体。在此,我们首先要界定营销主体的范围。

从食品企业的定义看,食品企业包括食品工业企业和农业企业,他们都从事食品的生产。从经营方式上来看食品工业企业属于工商企业,而在像我国这样以小农户经营为主的国家,农业企业的界定是比较困难的。我们认为现有的农业企业主要以农户家庭、家庭农场、农业合作社、农产品经纪人、村级集体农产品加工企业等形式广泛存在。与农业企业相比,食品工业企业更加规范化,具有典型的企业特征,是本教材阐述的主要对象。

从产品的角度来说,食品营销是指从初级生产者到最终消费者的产品转移过程中,与投入品和消费品有关的所有交换和服务活动,强调营销的核心是交换。从企业的角度看,食品市场营销是出售企业产品的必要活动。例如,一个饮料企业的市场营销工作就需要处理产品设计、包装、品牌选择、销售,以及制定促销策略、定价策略和选择分销道等许多问题。实际上,食品企业在销售产品的同时,也在销售企业自己。近几年,环境污染的加剧、有限自然资源的过度消费等问题日益引起社会公众的关心,市场营销也开始重视社会的可持续发展。从社会的角度讲,食品市场营销是确认消费者和社会的需要,并使其得到满足的一种社会经济活动过程。

二维码 1-1　市场营销学的产生和发展　　**二维码 1-2　食品营销的内涵**

(二)食品营销相关概念

1. 需要、欲望与需求

(1)需要。需要是指人们感受到的匮乏状态。这些需要包括对食物、衣服、房屋和安全的物质需要,对亲密忠诚和慈爱仁义的社会需要以及对知识和自我表达的个人需要。这些需要不是市场营销者创造出来的,而是人类自身本能的基本组成部分。

(2)欲望。当人们趋向某些特定的目标以获得满足时,需要就变成了欲望。欲望是指想要得到具体满足品的愿望,它可以用具体实物来描述,且与产生欲望的人们的文化和社会环境息息相关。例如,一个饥饿的美国人可能会需要汉堡包、炸薯条和一杯可口可乐,但在印度尼西亚巴厘岛当地人可能会需要杧果、乳猪和豆子。

(3)需求。需求是指人们有能力并愿意购买某种产品的欲望。人们的欲望几乎没有穷尽,但是资源却是有限的。因此,人们想用有限的金钱选择那些价值和满意程度最大的产品,当有购买力作后盾时,欲望就变成了需求。消费者将各种产品视为利益的集合,而他们只选择那些价格一定但却能提供最佳利益集合的产品。例如,纯净水只意味着能解渴,价格较低,而各种口味的果汁则提供了更好的口感和营养。在人们的欲望和资源既定的情况下,他们追求能最大限度地满足其利益的产品。杰出的营销型企业都不遗余力地去了解并弄懂顾客的需要、欲望和需求。例如,良品铺子经常通过分析消费数据研究用户行为特征,推测用户的需求偏好,从而设定品类偏好、购买力偏好、活动形式偏好、消费间隔等。

知识扩展

马斯洛的需要层次论

需要层次论是由美国心理学家亚伯拉罕·马斯洛于1943年在《人类激励理论》论文中提出的。书中将人类需要像阶梯一样从低到高按层次分为五种:生理需要、安全需要、社交需要、尊重需要和自我实现需要(图1-2)。

(1)生理需要:空气、食物、水、睡眠、衣物、住房等。

(2)安全需要:人身安全、健康保障、财产安全等。

(3)社交需要:亲情、友谊、爱情、归属、交流等。

(4)尊重需要:自我尊重、信心、成就、对他人尊重、被他人尊重等。

(5)自我实现需要:道德、创造力、自觉性、问题解决能力、接受现实能力等。

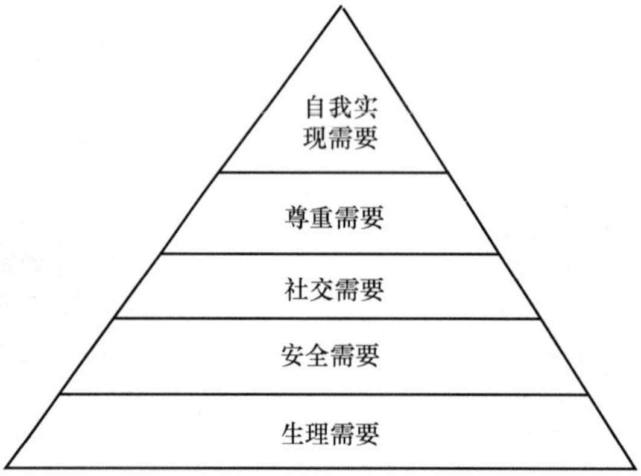

图1-2 马斯洛的需求五层次图

2. 产品

所谓产品,是指能够满足人们各种需要和欲望的任何事物,即企业所提供的各种商品和劳务,分为有形产品和无形产品。

作为食品市场营销者,不能只是一味地销售产品而忽视了顾客的需求。顾客的需求会随着环境的变化而发生变化,食品市场营销者也要采用各种手段,用不断完善的产品满足其需求。在这之中最重要的一点是,产品必须要与购买者的欲望相吻合,一个厂家的产品与消费者的欲望越吻合,其在市场竞争中成功的可能性就越大。

美国通用电气公司在20世纪60年代将其在欧美非常畅销的家用面包烤箱推向日本市场,并大做促销广告,结果日本消费者反应非常冷淡。这是因为虽然日本人与美国人一样饥饿了需要吃东西,可日本人饥饿时的欲望是吃米饭而非面包,而面包烤箱是不能烤大米的。

3. 消费者满意

消费者对多种能满足其需要的产品进行选择的基础,是比较哪一种产品能给他带来最大的价值。这里的价值是指消费者所得到的与所付出的比率,可以看作是质量、服务和价格的组合。

消费者在获得利益的同时也要支付成本。利益包括功能利益和情感利益;成本包括金钱成本、时间成本、精力成本和体力成本。在利益与成本的比较中，如果利益大于成本，消费者就是满意的，否则就不满意。所以，顾客满意取决于产品的感知使用效果，这种感知使用效果与顾客的期望密切相关。如果顾客的感知使用效果与期望一致，他们就满意；如果顾客的感知使用效果低于期望，他们就不满意。所以，对于公司来说，关键的问题是使顾客的期望与公司的产品相匹配。

由于质量对产品的使用效果有直接影响，因而，也就与顾客的满意密切相关。所以，近年来许多公司都在开展全面的质量管理活动，以提高产品质量、服务质量和整个营销过程的质量。

4. 交换和交易

交换是以提供某种东西作为回报换取所需之物的过程。当人们通过交换来满足需要和欲望的时候，就出现了营销。

交换的发生必须满足以下条件：至少有两方当事人；每一方都有被对方认为有价值的东西；每一方都有沟通信息和传送货物的能力；每一方都能自由接受或拒绝；每一方都认为与另一方进行交易是适当的、称心如意的。交换能否真正产生取决于是否具备以上条件，如果具备了条件，双方就可以进行磋商，这就意味着双方正在进行交换。

交易是交换的基本组成单位，是交换双方之间的价值交换。交换是一个过程，在这个过程中，一旦达成一项协议，我们就称之为发生了交易。所以，交易是一次具体的、独立的交换，交换强调的是一个过程，而交易更侧重于结果。

5. 市场营销者

在市场交换过程中，如果交换双方表现为一方比另一方更主动、更积极地寻求交换，那么市场营销学中通常把前者称为市场营销者，后者称为潜在的顾客。如果买卖双方都在积极地寻求与对方交换，买卖双方都可以称为市场营销者。作为市场营销者，通常想从他人那里获得对自己有利的事物，并且也愿意用某种有价值的东西与其进行等价交换。

二、食品营销的性质、特点和功能

（一）食品营销的性质

食品营销是市场营销的一个分支，是一个充分吸收市场营销研究成果，并结合食品行业特点，逐步形成的具有特定研究对象和研究方法的独立学科。其主要研究的是以满足消费者需求为中心的食品企业市场营销活动及其规律性。

（二）食品营销的特点

1. 商品特点

食品是一种特殊商品，与其他商品相比，往往不耐贮藏、易腐烂、易变质，特别是鲜活、生鲜食品的保质期都比较短，在运输和销售时应特别注意。对此，在流通上要求时间短、速度快，要采用低温冷藏技术，具备相应的运输、贮藏设施和特殊的陈列、销售柜台。另外，有些食品的味道、营养等品质指标从感官上不好判断，产品差异化程度低使营销变得比较困难。

2. 受环境影响较大

食品营销受环境影响较大，无论是微观环境因素还是宏观环境因素，任何一个环境因素的变化都会影响到食品企业的营销活动。

(1)经济环境的影响。经济发展水平不同,人们的收入水平不同,对食品的需求也不一样,从而会在一定程度上影响食品企业的营销。例如,以消费者市场来说,经济水平比较高的地区,在市场营销方面强调食品的性能及特色,品质竞争多于价格竞争;在经济水平较低的地区,则更侧重于食品的功能及实用性,价格因素比品质影响更大。

二维码 1-3　气候因素影响饮食习惯

(2)自然环境的影响。自然环境包括自然资源、地形地貌和气候条件,这些环境因素都会不同程度地影响食品企业的营销活动,如在炎热的夏季,啤酒、冷饮销量大;在阴雨天,顾客少,生鲜食品的需求会明显降低。

(3)社会文化环境的影响。不同的社会与文化,代表着不同的生活方式,因此人们对同一产品可能持有不同的态度,这直接或间接地影响产品的设计、包装、信息传递方式、被接受程度、分销和推广措施等。例如,某面粉公司设计出一种为电饭锅准备的调制食品,当该产品以高昂的代价打入新市场时,才发现当地人们都以米饭的“清纯”而自豪,而这种调剂食品则破坏了米饭的“清纯”风味,这次营销活动当然只能以失败告终。

(4)政策环境的影响。食品营销活动会受到政策环境的强制制约。政策改变,食品营销活动也必然要随之发生变化,否则,营销活动将无法开展。例如,《食品安全国家标准　预包装特殊膳食用食品标签》(GB 13432—2013)中明确规定,包装不得对 0~6 个月婴儿配方食品中的必需成分进行含量声称和功能声称,这就意味着,风靡婴幼儿奶粉、食品界的“含有多倍 DHA”“DHA 亲和配比”“富含乳清蛋白”等广告语将不能再出现在包装上。

食品营销除受到以上环境因素影响外,还会受到诸如人口环境、科技环境等环境因素的影响。因此,食品企业在营销过程中要时刻关注环境的变化,以便采取及时、有效的应对策略。

3. 强调卫生、安全性

食品安全重于泰山。因此,食品从生产到消费的各个环节中,对卫生的要求极为严格。饮食中的不卫生因素,可分为三种:有害病菌、有毒成分和有害异物。有害病菌和异物往往是由食品原料或在加工过程中带入,有毒成分往往是食品原料中的天然毒素,如河豚毒素。另外,还有食品中的添加剂(如过量使用的色素、香精、香料、防腐剂、抗氧化剂)以及残留农药和有毒金属等。许多国家都颁布了食品卫生法,以限制食品中的有害病菌和有害物质,防止食品被污染,而且相关法规通常执行严格,以保护消费者的身体健康。

4. 营销方式多样性

食品营销方式有代理商营销、经销商(分销商)营销、直销、网络营销、体验营销等,具有营销客户数量多、业务频繁、层次复杂等特点,因此需要采用多价格、多渠道、灵活多样的促销策略。

5. 注重整体营销

食品企业在从事食品营销活动时往往利用多方位的综合性策略,在产品设计、包装、商标、定价、售后服务、分销渠道、促销、公关、仓储运输等多方面制定相应策略,即整体营销。强调这种市场经营策略和手段的综合性、整体性运用。当然,在具体设计营销方案时,也可以有所侧重。一定要根据消费者需求进行精准定位,细分市场,优化升级食品产业链,进行有针对性的营销。

案例链接

希腊酸奶 Chobani 逆袭成网红，创造世界酸奶新潮流

在 2005 年成立的 Chobani，看准了消费者健康需求这一点，开始塑造绿色健康食品的品牌形象，以迎合年轻消费群体的新需求。在营销策划方面，Chobani 没有追随其他食品巨头的脚步，去铺天盖地地打广告，而是将宣传的重点放在了自己的食品包装上。Chobani 的这种对细节的追求，为其带来了一大批的回头客，并且，这些客户非常愿意向自己的亲朋好友推荐 Chobani 的产品。当今的年轻消费群体对于传统的广告不会轻易给予信任，而对于朋友的推荐或者是品牌的口碑却越来越看重，Chobani 的这一策略，恰好满足了当今年轻消费群体的特点，而其首批回头客也成为品牌早期的推广主力。

(三)食品营销的功能

食品营销的功能是指食品企业为缩短生产和消费之间的距离，消除市场障碍，提供给消费者其所期待的产品效用的基本流通过程和服务。由于在生产和消费之间，存在着信息的、空间的、时间的、所有权的不一致性，市场营销能够帮助食品企业克服和消除这些不一致性，实现生产和消费的相互协调，达到增加产品的效用、最大限度地满足消费者需求的目的。

1. 食品营销的流通功能

(1)原料收集。用于食品加工的原料(农产品)广泛分散于各个地理区域，需将其运往加工地点集中起来，这种营销活动实现了原料收集的流通功能。例如，速冻蔬菜加工厂要从周围的农村产地收购新鲜蔬菜；乳品厂要到各地的乳牛养殖场收集牛乳。

(2)原料分级。原料收集起来以后，要进行分级，原料等级对应的价格受最终产品价格的影响。由于不同地区作物气候条件、生长环境不同，导致原料在品质、质量上有很大差异，这就决定了企业要根据市场需求对原料进行必要的分级。例如，果品和蔬菜要经过大小分级，保证产品的一致性达到制造商或消费市场的要求。又如，不同等级的水果最终用途不同：特级品送往礼品市场；一级品进入高收入者的食品商场；二级品供应中低收入者，如袋装果品销售市场；三级品专供生产罐头、果汁的加工厂。

(3)原材料贮藏。由于农产品生长具有季节性、周期性特点，会导致农产品加工企业的生产也具有季节性，因此原料必须放到仓储设施中贮藏到需要使用的季节。不同的产品使用不同的贮藏设施，谷物需要用传送带提升后置入高大的圆筒式粮仓中；果品之类易腐烂的产品，需要低温冷藏库贮存；肉类用于食品加工时，需要冷冻贮存。

(4)食品加工。活体家畜经屠宰厂加工变成白条肉，白条肉又经过肢解加工变成在食品商店里直接销售的各种形式的商品肉；果品和蔬菜也要经过果汁厂、罐头厂或速冻加工厂进行加工；谷物类则经过磨碎并加入其他配料而制成各种配方食品。对于食品来说，多级加工变得越来越普遍，例如，原料先加工成配料，再经工厂制成糕点、速溶食品和方便食品等。

(5)产品包装。食品的形态多种多样，有块状、粒状、粉状、浆状、液态等，大多需进行包装。食品包装的目的在于：①保持食品的卫生；②便于贮运、销售，避免损坏；③防止吸湿、氧化和腐坏，延长保存期；④定量化，便于销售；⑤使产品美观，提高价值；⑥吸引消费者注意，介绍品牌。

近年来，由于包装材料和包装技术的发展，使食品提高了品质，减少了运输损失，并且改善了外观，提高了档次。

（6）产品库存。食品在分销渠道中必须保持足够的储备量，以便及时补充零售货架上的空缺。企业的产品仓库、批发商的商品贮备库、零售商的库房、专门为需要者出租的仓储设施等，都是产品贮存场所。

（7）产品分销。指食品企业将产品分销给批发商、零售商和消费者的过程。企业可以自己建立独自的分销网络，还可以利用中间商渠道，将集中在加工厂仓库中的产品分销到各零售点去。

（8）产品运输。从原料集中到最终产品的分配，运输几乎联结市场营销活动的所有阶段。加工企业要从远离工厂的地方取得原料资源，或者把产品销往其他地区，运输是一个关键的环节。

2. 食品营销的服务功能

（1）市场分析。市场分析是通过了解和分析市场的供求特点和环境条件，设法把消费者的现实或潜在需求同企业联系起来，把握市场需求特点的过程。消费者对食品的现实需求表现为购买维持最低生活需要的基本食品，而潜在需求是当收入进一步增长或饮食嗜好变化后要购买的食品。食品企业在研制和开发产品时，首先要进行市场分析，否则生产的产品和市场需求不对路，就会导致产品滞销，给食品企业造成巨大的损失。

（2）产品开发。产品开发包括新产品的开发和现有产品的改进。市场要求食品企业要不断推出新的产品，适应消费者的物质和心理需要，从而提高产品的效用。食品的形状、包装、品牌的改进也属于产品开发。

（3）需求开发。食品企业的规模化生产虽然可以以较低的成本大量提供产品，但是，如果需求不增加或增加缓慢，市场营销的各个环节也不可能正常运转。所以，市场营销要刺激需求、创造需求、提高需求的水平，这项工作主要是由食品加工企业来承担的。介绍新产品的广告投入大，市场开拓花费时间，一个新的产品在几周内就可以生产出来，但要被市场接受和认可要花很长的时间。中间商在为食品企业介绍新产品或新品牌中也会起到重要作用，通过批发商、零售商的介绍，顾客会逐步形成对这种产品的需要。大型食品超级市场的增多，对开发食品的需求将会起到重要作用。

（4）交换服务。交换发生在食品营销的各个不同层次，例如，食品加工厂和农户之间的原料买卖，还有中间商和加工厂之间、零售商和消费者之间的产品买卖等。买卖双方一经达成协议，交换就可能发生，交换形成价格，价格反映了供求关系，这在农产品市场交易、拍卖中最为明显。交换服务功能还包括货币的支付、银行结算及交货等手续。

（5）市场信息。市场信息为参与市场交换的所有人提供科学而客观依据，使消费者选择那些最能满足他们需要的产品和服务，也使食品企业能够做出合理的决策来满足消费者的需要。国内外一些大型食品企业或公共部门建立有市场营销信息系统，负责收集、分析资料，预测和传递产品未来的销售趋势，为企业和社会公众提供完善的市场信息服务。

案例导入

一、典型案例

樱桃在中国有 3 000 多年的栽培历史，号称“百果第一枝”。“独绕樱桃树，酒醒喉肺干。莫除枝上露，从向口中传。”正是北宋大文学家苏轼对樱桃的赞美。据记载，山东新泰是中华樱桃的原产地，因独特的气候和生长条件，该地樱桃成熟较早，且果实色艳味甜、饱满多汁、口味极佳（图 1-3）。自 2015 年以来，新泰市通过“互联网＋”农业发展，仅特色林果种植面积就新增 7 000 hm^2。当地樱桃价格由原先的每千克 6.5 元提高到 30 元，产品网上销售率达 60%，种植面积新增 1 300 hm^2，带动了农民脱贫致富。

图 1-3　新泰樱桃

二、案例分析

小小樱桃是如何通过营销走向成功的呢？分析新泰樱桃营销的成功经验，主要有以下几点。

1. 政府大力扶持

2019 年中央一号文件明确提出“实施数字乡村战略”，要求“继续开展电子商务进农村综合示范，实施‘互联网＋’农产品出村进城工程”。这是继 2014 年“加强农产品电子商务平台建设”之后，相关概念连续第 6 年出现在中央一号文件中，这为培育和壮大农业农村数字经济做好了顶层设计。新泰市政府高度重视电子商务富民工程，市财政连续 5 年每年拿出 1 000 万元作为电商发展引导基金，对新建电商企业、创业人员培训等给予补助；每年出资 500 万元，聘请专业团队为从业者进行电商培训、孵化服务。同时，新泰市政府与京东等电商平台展开合作，共同打造“互联网＋”新经济样板基地项目，加速推动新泰特色农产品上行，推动产业惠民的新泰实践。

2. 创新营销模式，线上线下相结合

2014 年，新泰市创新运作了“买卖提”农村电商发展模式，通过“线上平台＋综合服务实体”的方式，建立了新易泰电商物流产业园，孵化了“杞农云商”上行服务企业，累计发展“买卖提”服务站 1 000 余家，服务农民 150 万人次。目前，经过 3 次更新，“买卖提”升级为“心宝同城”。如今，网络逐渐成为优质樱桃的重要集散地，一条网络，一个平台，将果农和客户直接连在一起。新泰东部的龙廷镇樱桃种植面积 2 300 多亩，优质果产量 100 t，龙廷电商服务中心通过各类社交短视频平台，以及京东等电商平台进行直播售卖，高峰时期可达到 5 万多人同时在线观看，购买转化率达到 30%，据不完全统计，从 2019 年 5 月 18 日樱桃节开幕到 6 月初，线上樱桃交易额已突破 200 万元。

新泰市区将设立 5 家“心宝同城”超市直营店，规模辐射整个新泰市区，将产销对接市场化、长效化，促进新泰农产品上行。除了直营店，“心宝同城”在各大居民区还将设立 200 家加盟店，用户可在线上订购产品，线下就近自提。“心宝同城”超市既是货舱又是店铺，采取实体和线上销售相结合的模式。未来，“心宝同城”将主推微信小程序，针对客户实际需求发起团购，对新泰周边城镇的草莓、樱桃等农产品进行集中采购，实施便民利民举措。

3. 精心打造品牌

2016 年，新泰市聘请专家设计了吉祥物“心态宝宝”及“新泰好・好心态”城市品牌形象，2017 年该品牌加强与电商的融合，衍生为新泰电商区域公用品牌，并建立“心宝网货库”，选取代表新泰特色的产品入库，目前入库产品 12 种。

4. 创新营销支撑体系

除了电商模式的创新，新泰市建立了三大支撑体系：物流体系方面，新泰是山东省县级物流节点城市之一，引进顺丰、圆通等 10 余家大型快递公司，构建起完整的市、镇、村三级物流配送体系。培训体系方面，引进淘金集团、山东创明等专业团队，大力实施“电商人才千人计划”“镇级电子商务培训”等工程，累计培训 12 700 人次。服务体系方面，初步建立了市、镇、村三级电子商务服务体系，全面推行农产品基地准出和追溯制度。

任务设计与实施

一、任务实施内容

查找食品市场营销策划经典案例，并学会对案例进行分析，在分析中掌握食品营销核心概念、内涵和基本理论，认识食品市场规律。

二、任务流程设计

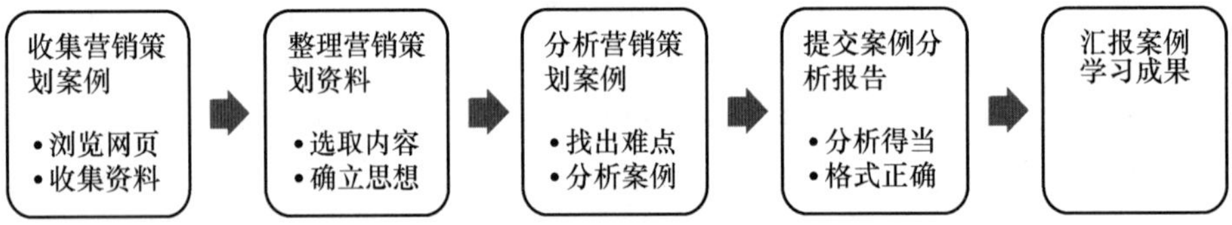

三、任务实施要求

(1)由 4～6 名学生自由组合成任务实施小组，合理分工并确定负责人，以组为单位合作完成任务。

(2)教师事先要做好充分的准备工作，引导学生浏览相关食品网站，查找食品市场营销策划经典案例。

(3)归纳整理查阅的信息，分析食品市场营销策划经典案例并在组内和组间进行交流，要求表述流畅。

(4)提交书面的食品市场营销策划经典案例分析报告，以组为单位制作 PPT 并派代表进行总结汇报。

四、任务考核

表 1-1　任务考核内容与标准

<table>
<tr><th rowspan="2">考核类别</th><th rowspan="2">考核项目</th><th rowspan="2">考核要点</th><th rowspan="2">考核分值</th><th colspan="4">考核方式</th></tr>
<tr><th>自我评价</th><th>组内评价</th><th>组间评价</th><th>教师评价</th></tr>
<tr><td rowspan="9">专业技能（60%）</td><td rowspan="3">任务方案设计</td><td>主题选取准确性、创新性</td><td>5</td><td></td><td></td><td></td><td></td></tr>
<tr><td>方案设计合理性</td><td>5</td><td></td><td></td><td></td><td></td></tr>
<tr><td>小组分工合理性</td><td>5</td><td></td><td></td><td></td><td></td></tr>
<tr><td rowspan="3">任务实施过程</td><td>数据时效性(参考资料为近 3 年内发表)</td><td>5</td><td></td><td></td><td></td><td></td></tr>
<tr><td>案例分析准确性</td><td>5</td><td></td><td></td><td></td><td></td></tr>
<tr><td>任务实施过程中的表现和贡献</td><td>20</td><td></td><td></td><td></td><td></td></tr>
<tr><td rowspan="3">任务实施成果</td><td>案例报告规范性</td><td>5</td><td></td><td></td><td></td><td></td></tr>
<tr><td>PPT 制作规范性</td><td>5</td><td></td><td></td><td></td><td></td></tr>
<tr><td>PPT 汇报答辩流畅性</td><td>5</td><td></td><td></td><td></td><td></td></tr>
<tr><td rowspan="5">职业素养（40%）</td><td colspan="2">学习态度和纪律性</td><td>8</td><td></td><td></td><td></td><td></td></tr>
<tr><td colspan="2">发现问题、解决问题的能力</td><td>8</td><td></td><td></td><td></td><td></td></tr>
<tr><td colspan="2">团队协作能力</td><td>8</td><td></td><td></td><td></td><td></td></tr>
<tr><td colspan="2">沟通能力</td><td>8</td><td></td><td></td><td></td><td></td></tr>
<tr><td colspan="2">吃苦耐劳精神</td><td>8</td><td></td><td></td><td></td><td></td></tr>
<tr><td colspan="3">合计</td><td>100</td><td></td><td></td><td></td><td></td></tr>
</table>

任务二　认识食品营销策划

任务内容

掌握食品营销策划的概念和内涵，提高学生食品营销策划分析的能力。

必学理论

一、食品营销策划的内涵

（一）策划的内涵

策划，从传统意义上来讲，其本质就是谋划，是指人们为了达到某个目的而进行的周密安排和部署。自从有了人类活动，就有了策划，从原始社会的聚众捕猎到现代世界的飞船升天，从风云变幻的战场到瞬息万变的商场，从国家的政治外交到企业的日常经营，时时处处都有着策划的存在。策划是一种普遍的人类行为，是体现人类思维高度发展的突出实践形式，是人类创造世界和改造世界的重要方式之一。

现代的策划概念伴随着诸如系统论、信息论、控制论、全能论、全息论等一系列现代科学理论而不断发展。从现代意义上讲，策划指的是策划者为了实现某个目标，在充分掌握了与此有关的各种信息资料的前提下，通过科学运用各种方法和策略，进行创意、设计和计划的过程。

知识扩展

策划与计划的区别

策划不同于计划。策划包含策略和计划两个方面，是一种围绕已定目标而开展的具有崭新创意的设计。计划是一种围绕已定设计而组织实施的具体安排。两者的区别可概括如下(表 1-2)。

表 1-2 策划与计划的区别

项目	创新性	范围	作用	内容	灵活性
策划	必须有创意	自由，无限制	掌握原则与方向	做什么和怎么做	较大
计划	不一定有创意	范围一定，按部就班	处理程序与细节	做什么	较小

我们可以从以下 4 个方面进一步理解策划的内涵。

(1)从策划的过程看。一个完整的策划过程，基本上包含了预测和决策两大步骤。作为预测，它要对组织未来发展的前景和趋势进行科学的分析和准确评估；作为决策，它要在预测的基础上，对组织的应对方针和行动措施进行大胆抉择。从这个意义上说，任何一种策划都是“大胆假设，小心求证”的过程。

(2)从策划的内容来看。一个完整的策划，基本上包括了战略策划和战术策划两方面。战略策划是统筹选择实现特定目标的方法、途径和各项资源调配，以实现长远的目标和方针。战术策划则是为了实现战略所必须采取的一系列行之有效的行动方案。战术策划具有很强的操作性，它往往要设计出“做什么、如何做、何时何地做”等每一个环节的运作步骤，以保证在每一个环节上达到最佳组合，在每一个阶段都取得最大成效。通过对这两项内容的策划，从而最大限度地调集、协调和发挥各方面的信息和资源优势，以便实现既定的战略目标。

(3)从策划的性质来看。策划是一项极为复杂的综合性思维工程。首先，策划本身就是一种极为复杂的思维活动的过程，是策划者运用知识、信息、智慧进行复杂的脑力劳动的过程。其次，策划是一项综合性思维工程。在策划过程中，既要运用周密严谨的理性思维，进行分析、判断和预测，又要运用灵活多变、富有创意的感性思维进行想象、创造和重新组合。对各种思维方式的综合运用，是策划成功的关键所在。

(4)从策划的范围来看。策划普遍存在于人类行为之中。无论是社会管理、企业经营还是个人发展，都需要精心的设计策划。像“太阳神”品牌的“专业保健”定位，就是精心策划的结果。

知识扩展

策划的由来

策划是中国市场营销的实践者们结合中国实际和外国咨询业特点发展与创造出来的新型行业。在中国,“策划”一词已出现几千年,如《吕氏春秋·简选》中“此胜之一策也”,《后汉书·隗嚣传》中“是以功名终申,策画复得”。现代“策划”的词义基本继承了古词内涵,含有“运用智慧,围绕目标进行调查研究和预测分析,整合现有及潜在资源,使之有效完成”的意思。

中国的现代策划业是随着中国市场经济的发展而发展起来的,大致经历了萌芽、形成、发展三个阶段。

(1)萌芽阶段。这个阶段为1978—1998年。随着中国开始发展市场经济,社会企业对营销策划开始形成需求,一部分人为企业提供分析和策略的参谋,但此时并没有科学的理论工具和系统的概念,大多以“出点子”的形式呈现。

(2)形成阶段。这个阶段为1999—2003年。这个时期,企业在市场竞争中产生了强烈的策划需求,中国社会从理论到实践层面都充分认识到策划职业已经形成,迫切需要建立完整的理论体系。2003年,在教育部审定的高校专业目录中“广告策划”专业在本科院校开始招生,“营销与策划”专业在高等职业院校开始招生,标志着策划业的形成。

(3)发展阶段。这个阶段为2003年以后。策划人员在为企业提供策划服务的同时,开展企业诊断、CIS导入、战略研究、品牌咨询等战略咨询服务,也开展市场调查分析、营销组合策略、市场营销计划等战术咨询服务。

(二)食品营销策划的内涵

策划的种类繁多,食品营销策划是食品企业经营活动的重要分支。所谓食品营销策划就是指策划人员围绕食品企业目标,根据食品企业现有的资源状况,在充分调查、分析市场营销环境的基础上,激发创意,制订食品企业具体市场营销目标和确定解决问题的一套策略或规划的活动过程。食品营销策划针对特定的食品营销对象和市场机会,在环境预期和市场分析的基础上,围绕食品企业的市场目标及绩效要求,对食品企业可控的经营资源和营销手段进行事先的、系统的设计、规划和安排。

在营销实践中,食品企业早期的营销策划主要依靠个人的经验,侧重于“出点子”、提建议和想办法。随着食品企业规模的扩大和经营内容的增加,食品企业内部的管理分工不断发展。多变的环境和激烈的市场竞争,在客观上要求食品企业运用科学的理论和方法,掌握营销策划原理、方式和程序,提高营销策划的可靠性和有效性。策划需要创意,但又不仅仅是创意,策划不同于一般的“出点子”,它是策划人员系统有序的创造性活动。“出点子”往往是经过一定思考,在瞬间产生的突破。而策划则是一个复杂的综合过程,需要经过调查、谋划、评价、反馈等多道程序,“出点子”只能算是策划程序中的一个环节。

食品营销策划是一种经营哲学和营销方法论在食品行业的反映,它是一门创新思维的学科。食品营销策划实质上是食品企业在营销过程中,运用所拥有的内部和外部资源,构造一个新的营销系统，是根据一定的经营哲学和经营理念对这个系统中各个方面的资源进行组合和配置。在这个过程中，食品营销理念设计是其他一切食品营销活动设计的前提，而食品营销活动则是食品营销理念的实现。

案例链接

在菲律宾南部海域里有一种小虾，它们身体小的时候从石头裂缝中钻进去，找到伴侣后就相依为命，不再出来。渐渐长大后就无法钻出来的雌虾和雄虾，在石头里度过它们的一生。这种虾既不好看，也不好吃，在菲律宾人眼里是一种毫无用处、毫无价值的东西。但是精明的日本商人在听了菲律宾人的介绍后，马上意识到它能成为一种畅销商品，于是用重金大量收购并运回日本，加工成高雅的结婚礼品，并取了一个极富情感的产品名称——“偕老同穴”，赋予了该产品象征夫妻之间“恩爱终生”的主题，尽管面向市场后售价很高，但十分畅销。

二维码 1-4 食品营销策划“九步曲”

二、食品营销策划的特征

1. 目的性

食品营销策划是围绕食品企业市场目标及营销绩效所开展的策划活动。

2. 预见性

食品营销策划是在充分调查与研究的基础上，对营销方案预先进行系统化的可行性研究。

3. 不确定性

食品营销策划虽然建立在充分调查与研究的基础上，但食品企业所处环境的变化与不确定性因素的影响会导致策划存在不确定性。如 2018 年突发的非洲猪瘟疫情就让很多肉制品企业的销售额下滑，不得不调整自己的营销策划方案。

4. 系统性

食品营销策划必须遵循经济与自然规律，必须充分利用食品企业内外环境的资源，并且强调在策划过程中综合运用多种营销模式和手段，强调科学、周全、可行及有序。

5. 创新性

食品营销策划的创新性主要体现在敏锐的洞察力、持续的创造、活跃的灵感、创新的想象力与积极挑战等方面。如四川清香园调味品股份有限公司将旗下中坝口蘑原汁生抽酱油（中坝酱油）与中坝古法晒醋两款经典产品和现代营销策划进行创新融合，只要购买活动产品，必得微信现金红包，活动综合中奖率为百分之百。为了实现“引流吸粉”的目的，除了微信现金红包之外，消费者每次扫码还可以额外获得积分，积分可重复获得，累积积分可前往“清香园调味品中坝酱油公众号”菜单栏的积分商城兑换实物奖品。“清香园”这一系列有创意的营销策划获得巨大的成功，市场销售量稳步增加。由此可见，食品企业的营销策划只有打破传统、进行系统化创新才能赢得未来。

6. 可调试性

食品营销策划方案必须具有因时、因地、因对象制宜的可操作弹性。如一家以生产蒙古特色食品风干牛肉干为主的民营企业，由于2020年新型冠状病毒疫情的影响，该公司产品销售受挫，营业额大幅下降，销售额从2000多万元下降至800多万元。面对困境，该企业将原来的实体店促销及时调整为线上促销，使产品销售额迅速回归到正常水平。

7. 动态性

食品营销策划的过程是食品企业可控因素与环境的不可控因素之间的动态平衡过程，食品营销策划则贯穿于整个食品营销管理过程。

案例链接

某家酒厂在推出新产品时为了取得良好的营销效果，决定促销中要突出产品气味芳香的特点。在考虑促销方式时，参考了茅台酒不慎打碎而一举夺魁的案例，将酒灌入洒水车中沿途喷洒，一时间引起了公众的关注和媒体的报道。可是，就在公司沉浸在兴奋情绪之中时，很多消费者却对这种推广方式产生了怀疑和抵触情绪。有些消费者认为这样大方的泼洒反映了这种酒不是高档产品，也有些消费者认为这种挥霍是对资源的浪费。

由此可见，虽然这家酒厂的营销策划思路是正确的，但是营销策划的方案及实施引起了消费者的反感，没有真正达到营销策划的目的。

三、食品营销策划的作用

1. 为食品企业确定营销目标

通过食品营销策划，可以使食品企业确立明确的营销目标。有了目标，食品企业的营销活动就有了方向，就可以进行人力、物力、财力的优化配置，采取措施调动职工的积极性和创造性，朝着目标不断努力。

2. 为企业营销决策提供依据

一个完整的食品营销策划，是在对食品市场情况、产品情况、管理情况等进行全面了解与考察的基础上，站在战略的高度上为食品企业所做的规划，它是食品企业未来进行营销决策的依据，将对未来相当长一段时间的食品企业营销起指导作用。由此可见，食品营销策划是一项高智能的脑力劳动，是关系到食品企业前途和命运的战略设计，必须遵循战略性原则，操作时要认真、细致、周密、完善。一旦策划失误，就可能影响食品企业的发展，甚至毁掉食品企业。

3. 提高食品企业资源利用效率

由于食品营销策划明确了食品企业较长时期内应该达到的目标，其有利于食品企业根据战略需要，前瞻性地组织和配置企业有限的资源，使资源用到最需要和最恰当的地方，最终使同样多的资源发挥出更大的作用。食品营销策划要对未来的营销活动进行周密的费用预算，并对费用的支出进行最优化的组合安排，这样能有效避免盲目行动所造成的巨大浪费。

4. 提升食品企业竞争力

食品营销策划要充分考虑到行业状况和业内竞争对手的竞争态势，采取有针对性的竞争战略措施，从而有利于企业在市场竞争中获得竞争优势。

案例链接

瑞金市凤岗村是国家级贫困村。2015年，瑞金市积极推行电子商务进农村战略，各类电商服务站如雨后春笋般出现在农村。当时“邮乐购”平台到凤岗村寻找试点，经过考察后，很快便决定合作，帮助廖奶奶的网店发展壮大起来。

廖奶奶咸鸭蛋专业合作社成立于2015年12月，注册资金40万元。合作社是顺应当下“互联网＋”潮流，在紧密联系精准扶贫的背景下注册成立的，采取“合作社＋电商＋贫困户”的产业化经营模式，实施“统一品牌、统一品种、统一方法、统一技术、统一收购、统一销售”的“六统一”原则。合作社根据咸鸭蛋的产品特色，精心策划防震运输包装和产品Logo，规范打包配送流程，有针对性地在各平台宣传推广，并协助注册了“廖奶奶咸鸭蛋”品牌。

为快速提升产品销售额和品牌影响力，当地政府与邮政企业结合自身宣传媒体资源，邀约中央电视台、人民日报、人民网、央视网等国内主流媒体及当地宣传平台进行了凤岗站点电商扶贫专访，进行强力造势宣传，并协助对接当地各大农产品展会，多次参展，使得产品知名度大幅提升，高峰期订单量达到日均2 000单，“廖奶奶咸鸭蛋”成了家喻户晓的知名产品，成功打响了品牌。

案例导入

一、典型案例

响水大米出产于黑龙江省宁安市渤海镇，渤海镇位于国家级名胜旅游区——镜泊湖、火山口地下森林、渤海风情园组成的旅游“金三角”地区，是著名的“鱼米之乡”，历史上素有“塞北江南”的美誉。历史上，响水大米曾作为贡米，供皇室享用。新中国成立后，响水大米又成为国宴用米，是名副其实的绿色食品。

随着人们生活水平的日益提高，人们在饮食方面不仅关注味道，更关注食物的品质和营养价值。正是由于人们这种心理，响水大米因其有多种保健功能而被消费者熟知，越来越受到广大人民群众的喜爱，正在逐渐升格成为百姓日常生活的必需品。

响水大米的成功离不开整体的营销策划，在有效的营销策划下，响水大米整体形象有显著提升，销售额提升近40%，连续多年荣获“中国绿色食品A级产品”“中国放心食品”等荣誉称号，堪称“中华第一米”“中国米王”。

二、案例分析

响水大米成功的营销策划主要体现在以下几个方面。

（一）产品策划

1. 努力打造品牌文化

响水大米借助美丽传说和历史背景丰富品牌文化。关于响水大米有个美丽的传说。相传古时候，李氏兄弟逃难到渤海国，路上一位道长送给他们一根木棒。兄弟俩各有一个漂亮的女儿，一个叫金水，一个叫银水。一天，姐妹俩拿着那木棒制成的棒槌来江畔洗衣，不知不觉金水脚下的青石板滑到江心，变成一个美貌少年。原来那石板是被囚禁的龙王三太子，那棒槌是除魔宝杖。于是，金水和三太子结成了恩爱夫妻，年年回乡省亲。一次洪水后大石板上留下了黑油油的沙土，人们便在上面种起了水稻。水稻越长越好，而金水姑娘却再也没有回来，人们想念亲人，于是就把这种米叫作“想水大米”，后来演绎为响水大米。借助这个美丽的传说，响水大米便不仅仅是一种食物，更是思念亲人、牵挂亲人的象征。

除此之外，响水大米的历史也很悠久。早在唐代，渤海国已经出现了先进的水利灌溉和水稻栽培技术，据《新唐・渤海传》记载，当时渤海国进贡给唐王朝的贡品之中，就有“太白之鹿、率滨之马、卢城之稻、北海之鳍”的描述，其中的“卢城之稻”指的就是响水大米，历史上响水大米名声之盛，由此可见。由唐代以来，至宋、元、明、清，响水大米始终是贡米，为皇室所享用。随着时代变迁，“皇室之米”如今已走进千家万户。响水大米正是利用这些美丽的传说和悠久的历史打造了自己独特的品牌文化，使品牌更加生动化和形象化。

2. 强调突出产品特色

响水大米是目前国内唯一生长在火山熔岩石板地上的大米。响水大米之所以好吃，是因为宁安市所处的地理条件特殊。这一带在第四纪更新世晚期，由于地壳运动，火山爆发出的岩浆凝结成熔岩台地，其面积达 200 km^2。经过长期的风化侵蚀作用，千洞万孔的玄武岩上积聚了一层厚度超过 30 cm 的腐殖土，土质松软、肥沃，加之牡丹江横贯其中，水源极为充足，最适宜种植水稻。在这块熔岩台地上种水稻，岩石的吸热和散热快，早晚温差大，借助石板的热辐射，水的温度高；多孔的玄武岩渗水、透气作用良好，但却不漏水，排水迅速，便于通风和晒田，这些条件都能促进水稻的扬花、灌浆和早熟。响水稻在生长过程中所需的温度、水分、空气条件都优于其他稻田。这独特的石板地，便是响水稻早熟、饱满、优质、高产的奥秘。

3. 独特的包装设计

响水大米作为高端大米其拥有精美的包装。好的包装不仅能吸引眼球，还能提升产品档次。包装的设计可以根据分析锁定的顾客群的消费偏好来制定，优秀的包装设计必须与产品的档次相匹配。

（二）宣传策划

响水大米种子曾搭载“神舟七号”遨游太空，为响水大米树立品牌形象，提升了响水大米品牌知名度和品牌美誉度，从而提炼品牌核心价值，提升响水大米的市场占有率。但是市场是瞬息万变的，因此响水大米也需要不断创新，将现代营销策划理念融入产品宣传中去，加强宣传力度。

响水大米采用网上宣传和现场宣传双管齐下的方式。一方面，在网上发布宣传视频、建立微信公众号，给大家讲述相关的知识，让消费者更了解响水大米。另一方面，选择大型超市，如沃尔玛、家乐福、世纪华联、百联、大福源等做现场宣传和促销。

二维码 1-5 休闲食品网络营销策划书

（三）销售渠道策划

响水大米还重点开发一些商行、礼品店、特产店，同时，还开设一部分企业的直营店，利用直营店、专卖店为团购客户、企事业单位以及广大消费者提供一个合理的平台。在高档社区精准投放灯箱广告和户外广告，还可以进行联合促销或产品展示，印发精美传单、海报、产品宣传册等。

任务设计与实施

一、任务实施内容

以小组为单位，深入了解某一品牌食品的营销策划方案；找出其食品品牌策划中的创意点；收集归纳汇总资料，撰写一份某品牌食品的营销策划报告并进行汇报交流。

二、任务流程设计

三、任务实施要求

(1)把学生分成若干任务实施小组，每个小组以 3～4 人为宜，便于合理分工，要以组为单位合作完成任务。

(2)选取的食品类别和品牌具有代表性；产品策划具有创意和特色，提炼总结准确。

(3)对查阅的信息进行归纳、整理、分析；撰写某品牌食品的营销策划报告，要求格式规范，字数在 3 000 字以上。

(4)提交书面的某品牌食品的营销策划报告，以组为单位制作 PPT 并派代表进行结果汇报与交流。

四、任务实施考核

请按照本项目任务一中任务实施考核的内容与标准执行。

任务三　认识食品营销组织

任务内容

了解食品营销组织的概念，掌握食品营销组织的特征和形式，并能够进行食品市场营销组织的设计。

二维码 1-6　食品市场营销组织概述

必学理论

一、食品市场营销组织概述

(一)食品市场营销组织的含义

食品市场营销组织是食品企业为了实现经营目标，发挥市场营销职能，由从事市场营销活动的各个部门及其人员所构成的一个有机体系。在现代市场经济条件下，企业从事市场营销活动，实施市场营销战略和策略，都离不开有效的市场营销组织。健全、有效的营销组织是企业实现营销目标的可靠保证。

理解这一概念必须注意以下两个问题：

(1)并非所有的市场营销活动都发生在同一组织岗位。比如，在拥有很多产品大类的公司中，每个产品经理下面都有一支销售队伍，而产品运输则由一位生产经理集中管辖，有些活动甚至还发生在不同的国家或地区。这同样属于市场营销组织，因为不同岗位的人员都是在从事市场营销活动。

(2)市场营销组织的范围是难以明确界定的。不同企业对其经营管理活动的划分也是不同的，同一个业务活动由于企业不同，可能会分属不同的部门；即使企业在组织结构中设有市场营销部门，企业的所有市场营销活动也不是全部由该部门来完成的。

市场营销组织有时也被理解为各个市场营销职位中人的集合。由于企业的各项活动总是由人来承担，所以，对企业而言，人的管理比组织结构的设计更为重要。有的组织从结构上看非常完整，但运作起来却效果不佳，这主要是由于有人的因素影响。正是在这种意义上，判断市场营销组织的好坏主要是看人的素质，而不单单是看组织结构的设计。这就要求市场营销经理既能有效地制订市场营销计划和战略，又能使下级正确地贯彻执行这些计划和战略。

知识扩展

市场营销组织的演变

现代市场营销组织是经过长期演变而来的。从 20 世纪 30 年代初发展到今天，大体经过五个阶段。

(1)单纯的销售部门。20 世纪 30 年代以前，西方企业以生产观念作为指导思想，销售部门的职能仅仅是推销生产部门生产出来的产品，生产什么、销售什么，生产多少、销售多少、产品库存管理等完全由生产部门决定，销售部门几乎没有任何发言权。

(2)兼有附属职能的销售部门。20 世纪 30 年代以后，市场竞争日趋激烈，企业大多以推销观念作为指导思想，需要进行经常性的市场营销研究、广告宣传以及其他促销活动，需要设立一名市场营销主管负责这方面的工作。

(3)独立的市场营销部门。随着企业规模和业务范围的进一步扩大，原来作为附属性工作的市场营销职能的重要性日益增强，市场营销部门就成为一个相对独立的职能部门。

(4)现代市场营销部门。销售经理趋向于短期行为，侧重于取得眼前的销售量，而营销经理则多着眼于长期效果，侧重于制订适当的产品计划和市场营销战略，以满足市场的长期需要。销售部门和营销部门之间矛盾冲突，形成了现代市场营销部门的基础，即由市场营销经理全面负责，管理所有市场营销职能部门和销售部门。

(5)现代市场营销企业。随着市场的发展，需要企业树立以顾客为中心的现代营销理念。由于市场营销部门直接面向市场，能够较好地传达顾客需求，其他部门积极自觉地配合营销部门做好工作，形成一致的营销理念，这样就形成了现代企业市场营销。

(二)食品市场营销组织的目标

食品市场营销组织的目标大体表现在三个方面。

(1)对市场需求做出快速反应。市场营销环境的变化是绝对的,只有对环境变化做出快速反应才能取得市场经营的主动权。一方面,企业要通过多种渠道搜集环境信息;另一方面,在了解到市场变化后,企业的反应则涉及整个市场营销活动,从新产品开发到价格确定乃至包装都要做出相应的调整。

案例链接

奉节县具有"无台风、无冻害、无检疫性病虫害"的三大柑橘种植生态优势,所产脐橙酸甜适度、汁多爽口、余味清香。据数据显示,2013 年奉节脐橙总销量 22 万 t,总产值达 12 亿元,平均收购价格在 5.4 元/kg。奉节县委、县政府采取统一品牌视觉系统、统一包装,统一宣传物料、统一宣传语、统一产品线,以及授权经营、规范市场、建立共识、凝心聚力等措施,从源头上控制了脐橙的销售市场。

在营销体系和销售渠道方面,主要以批发市场专销区、大型商超专柜、重庆本土直销辐射周边为主,构建线上分销渠道、跨界整合、移动互联整合营销,并携手顺丰速运,助推品牌化建设。同时还在腾讯、天猫、微博、微信、电视购物、新华网、人民网、新浪网、凤凰网等网络平台进行定点销售。

奉节脐橙还通过微电影、微视频、微博、微信、PC 端等平台开展"为奉节喝彩"节目,将全世界的目光聚焦于此。与顺丰速运签订战略合作协议,力争以最快的物流为消费者呈上最新鲜的奉节脐橙。

奉节县还强化"农超对接""农社对接""农校对接""农餐对接"等营销模式,按照"提质、升级、增益"的思路,在稳定 2 万 hm^2 种植面积的基础上,建设集中销售市场,制定宣传营销奖励办法。同时,利用长江沿岸、公路沿线脐橙旅游休闲观光园,将脐橙与旅游融合,提升"中国橙都"的知名度和美誉度。

(2)市场营销效率最大化。企业内部存在着许多专业化部门,为避免这些部门间的矛盾和冲突,市场营销组织要充分发挥其协调和控制的职能,确定各自的权利和责任,确保营销效率最大化。

(3)代表并维护消费者利益。企业奉行市场营销观念,就要把消费者利益放在第一位。企业必须在管理的最高层面上设置市场营销组织,确保消费者的利益不会受到损害。

企业市场营销组织的目标归根结底是帮助企业实现整个市场营销任务。事实上,组织本身并不是目的,协调、指导营销人员获得最佳市场营销成果才是最重要的。

二、食品市场营销组织的特征

一般而言,以市场营销观念为经营指导思想的企业,其营销组织具有系统性和适应性的特征。

1. 系统性

系统性是指企业内部各职能部门,如市场营销部门、市场调研和预测部门、生产部门、财务和人事等部门组成一个完整的系统。市场营销部门起着指挥和协调各部门的作用,各职能部门的活动均以顾客为基础和出发点来制订策略和计划,并通过从整体上满足消费者的需求,以实现企业利润目标。

2. 适应性

适应性是指企业的营销组织机构必须适应外界环境的变化，对瞬息万变的市场环境能做出迅速的反应和决策。如果企业营销组织不能根据外部环境的变化做出决策，就会坐失良机。

三、食品市场营销组织的形式

为了实现营销目标任务，食品企业必须选择合适的营销组织。大体上，有五种组织结构形式可供考虑。

(一)职能型组织

职能型组织是最古老也最常见的食品市场营销组织。它强调的是市场营销的各种职能如销售、广告和市场调研等的重要性。这种组织由各种营销管理部门构成，它们分别对营销负责人负责，由营销负责人协调它们的活动(图 1-4)。

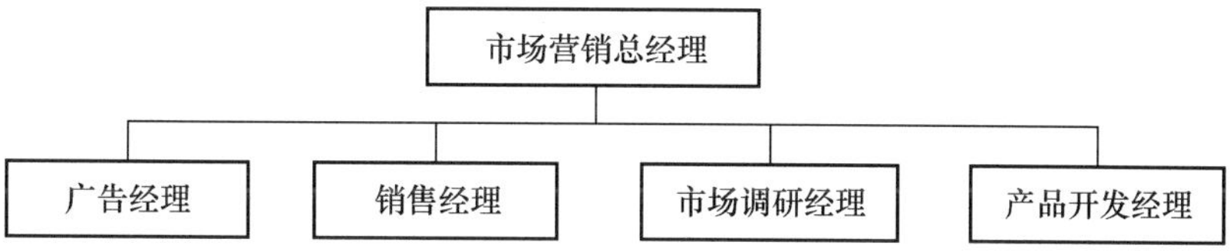

图 1-4　职能型组织结构图

按照营销职能设置营销机构的优点是结构简单、易于管理。这种组织结构通常适用于单一产品、单一市场的企业。但是，随着食品企业产品和市场的多样化，由于没有一个部门对一项产品或一个市场负全部责任，容易出现各个职能部门难以协调的局面，针对每项产品或每个市场制订的计划欠完整，有些产品或市场就很容易被忽略，因而这种组织形式会出现效率低的问题。此外，各个职能部门为了各自利益容易发生纠纷。

(二)地区型组织

业务涉及全国甚至更大范围的企业，可以按照地理区域组织和管理销售人员。比如在营销部门设有中国市场经理，下有华东、华南、华北、西北、西南、东北等大区市场经理。每个大区市场经理的下面，按省(自治区、直辖市)设置区域市场经理。再往下，还可以设置若干地区市场经理和销售代表(图 1-5)。

地区性组织明显增加了管理幅度，从全国市场经理依次到地区市场经理，所管辖下属人员的数目逐级增加。当然，如果销售任务艰巨、复杂，销售人员的工资成本太高，他们的工作成效

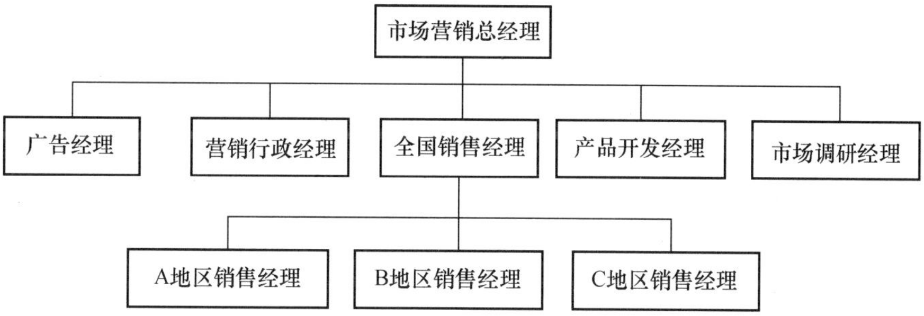

图 1-5　地区型组织结构图

又对利润影响重大，管理幅度就可以适当缩小。

（三）产品型组织

产品型组织是指在食品企业内部建立产品经理组织制度，以协调职能型组织中的部门冲突。在企业所生产的各产品差异很大、产品品种太多，以致按职能设置的市场营销组织无法处理的情况下，建立产品型组织制度是适宜的。其基本做法是由一名产品市场营销经理负责，下设几个产品线经理，产品线经理之下再设几个具体产品经理来负责各具体产品（图 1-6）。

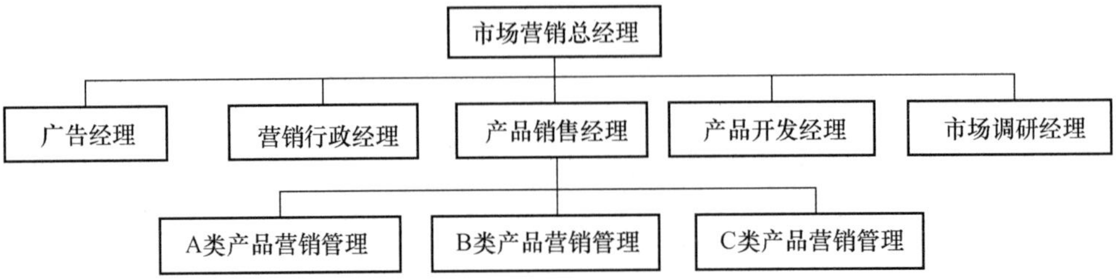

图 1-6　产品型组织结构图

产品市场营销经理的职责是制订产品开发计划并付诸执行，以及监测其结果和采取改进措施。其主要包括六个方面：第一，制定产品的长期经营和竞争战略；第二，编制年度市场营销计划和进行销售预测；第三，与广告代理商和经销代理商一起研究广告的文稿设计、节目方案和宣传活动；第四，激发推销人员和经销商经营该产品的兴趣；第五，搜集产品、市场情报，进行统计分析；第六，引导新产品开发。

二维码 1-7　产品型营销组织

产品型组织形式的优点在于产品市场营销经理能够有效地协调各种市场营销职能，并对市场变化做出积极反应。同时，由于有专门的产品经理，那些较小品牌的产品可能不会被忽视。但是，该组织形式也存在缺陷：第一，缺乏整体观念。在产品型组织中，各个产品经理相互独立，他们会为保持各自产品的利益而发生摩擦。事实上，有些产品可能面临着被收缩和淘汰的风险。第二，部门冲突。各产品经理未必能获得足够的权威来保证他们有效地履行职责，这就要求他们要靠劝说的方法取得广告部门、销售部门、生产部门和其他部门的配合与支持。第三，多头领导。权责划分不清楚，下级可能会得到多方面的指令。例如，某产品的营销经理可能就同一事件接受来自广告经理和产品开发经理的不同指令。

（四）市场型组织

市场型组织类似于产品型组织，由市场经理管辖若干个细分市场经理，各细分市场经理负责制订所管辖市场的年度销售利润计划和长期销售利润计划，分析市场动向及企业应该为市场提供哪些新产品等（图 1-7）。细分市场经理的工作成绩通常用市场占有率来衡量。

市场型组织的优点在于，企业可以根据特定客户的需要开展一体化的营销活动，而不是把重点放在彼此割裂开的产品或地区上，这有利于企业加强销售和开拓市场。在市场经济环境中，越来越多的企业组织是按照市场管理型组织结构建立的。一些营销专家认为，以各目标市场为中心来建立相应的营销部门和分支机构，是确保企业实现“以顾客为中心”的现代营销理念的唯一办法。其缺点是权责不清和多头领导，这与产品型组织很类似。

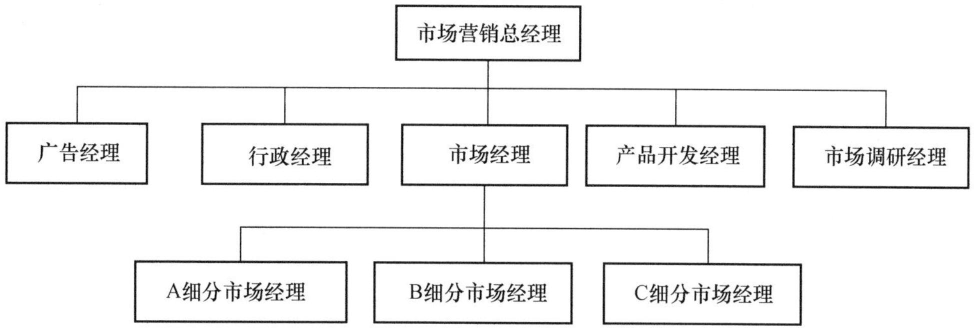

图 1-7　市场型组织结构图

(五)产品-市场型组织

这是一种既有产品经理,又有市场经理的二维矩阵组织。生产多种产品并向多个市场销售的企业,常常会遇到如何设置机构的难题,他们可以采用产品型组织,那就需要产品经理熟悉广为分散的各种不同的市场,也可以采用市场型组织,那就需要市场经理熟悉销往各市场的五花八门的产品。为了使这两个问题能很好地统一起来,企业必须建立一种既有产品经理又有市场经理的二维矩阵式组织。产品经理负责产品的销售利润和营销计划,为产品寻找更广泛的用途;市场经理开发现有的和潜在的市场,着眼市场的长期需要,而不只是推销眼前的某种产品。这种组织形式适用于多角化经营的企业,不足之处是费用较大,而且由于权利和责任界限比较模糊,易产生矛盾。

案例链接

河南某食品有限公司是一家以食品生产、加工、销售于一体的现代化民营企业,其麾下有 4 个生产基地,主要涉及膨化食品和豆制品两大系列的近 50 余个单品。公司占地面积近 200 亩(1 亩≈667 m^2),建有全封闭生产车间、办公大楼、化验室、成品库、食堂、员工宿舍、员工活动中心等。现有员工近 1 200 名,80%以上的行政管理人员具有大专及以上学历。公司设有生产中心、营销中心、企业发展部、人力资源部、物流部、质检部、财务部、法务部等 8 个部门。公司秉承用诚挚和持久的热情关注民生,用科学的技术手段生产安全、营养、健康食品的理念,经过十多年的发展,生产规模和市场占有率一直处于优势。但近年来公司面临产品品种更新慢、销售费用高、部门之间扯皮等多种困扰。经过专业团队调研,公司存在的主要问题是部门之间各自为政,缺乏有效沟通;生产中心墨守成规,多年来只生产有限种类的产品,产品对消费者吸引力降低;营销部门为把产品销售出去,扩大了销售人员队伍,缩小了利润空间,增加了销售成本,不能客观真实地把消费者喜好反馈给相关部门,有些品种产品销量很低,出现滞销;市场调研和新产品开发人员职能定位模糊;等等。为此,按照现代营销理念,在原有部门的基础上,对部门职能进行了设计和调整,明确了各自的职责,公司经营状况也因此得以改善。

四、食品市场营销组织的设计

食品企业对其营销组织进行设计一般要经过以下六个步骤。

(一)分析组织环境

任何一个市场营销组织都是在不断变化着的社会经济环境中运行的,要受这些环境因素的制约。由于外部环境是企业的不可控因素,因此,市场营销组织必须随着外部环境的变化而不断地调整。食品市场营销组织建立时应考虑的因素包括以下几点。

(1)企业规模。一般情况下,企业规模越大,市场营销组织越复杂;企业规模越小,市场营销组织则相对越简单。

(2)食品市场状况。如果市场由几个较大的细分市场组成,则需要为每一个细分市场任命一位市场经理;销售量较大的市场一般需要较大的市场营销组织,需要的各种专业人员和部门也就越多,组织形式也就越复杂。

(3)食品产品特点。包括食品企业的产品种类、产品特色、产品项目的关联性以及产品在技术服务方面的要求等。例如,当产品种类较多时,相应的,就需要较多的人员和部门。

(二)确定组织内部活动

市场营销组织内部的活动主要有两种类型:一是职能性活动,它涉及市场营销组织的各个部门,范围相当宽泛,企业在制定战略时要确立各个职能在市场营销组织中的地位,以便开展有效的竞争;二是管理性活动,涉及管理任务中的计划、协调和控制等方面。

营销组织结构只有在能满足组织内部各种活动的需要时,其营销功能才能达到最大化。企业通常是在分析市场机会的基础上,制定市场营销战略,然后再确定相应的市场营销活动和组织的专业化类型。假定一个企业满足下述条件:企业年轻且易于控制成本,企业的几种产品都在相对稳定的市场上销售,竞争战略依赖于广告或人员推销等技巧性活动。那么,该企业就可能设计职能型组织。同样,如果企业产品销售区域很广,并且每个区域的购买者行为与需求存在很大差异,那么,它就会建立地区型组织。

(三)建立组织职位

企业在建立组织职位时应考虑三个要素,即职位类型、职位层次和职位数量,从而弄清楚各个职位的权力、责任及其在组织中的相互关系。

1. 职位类型

每个职位的设立都必须与市场营销组织的需求及其内部条件相吻合。通常,对职位类型的划分有三种方法:一是划分为直线型和参谋型。处于直接领导职位的人员行使指挥权,能领导、监督、指挥和管理下属人员;而处于参谋职位的人员则拥有辅助性职权,包括提供咨询和建议等。二是把职位划分为专业型和协调型。显然,一个职位越是专业化,它就越无法起协调作用。但是各个专业化职位又需要从整体上进行协调和平衡,于是,协调型职位就产生了,项目经理或小组制都是类似的例子。三是把职位划分成临时型和永久型。严格地说,没有任何一个职位是永久的,它只是相对于组织发展而言较为稳定而已。临时型职位的产生主要是由于在短时期内企业要完成某项特殊任务,如组织进行大规模调整时,就需要设立临时职位。

2. 职位层次

职位层次是指每个职位在组织中地位的高低。比如,公共关系和销售管理的地位孰高孰低，在不同的企业中情况就大不一样。这主要取决于职位所体现的市场营销活动与职能在企业整个市场营销战略中的重要程度。

3. 职位数量

职位数量是指企业建立组织职位的合理数量，它同职位层次密切相关。一般来说，职位层次越高，辅助性职位数量也就越多。

市场研究经理在决策时要依靠大批市场分析专家和数据处理专家的帮助。职位决策的目的，就是把组织活动纳入各个职位。因此，建立组织职位时必须以市场营销组织活动为基础。市场营销核心活动是企业市场营销战略的重点，首先要根据核心活动来确定相应的职位，而其他的职位则要围绕这一职位并依其重要程度逐次排定。

（四）设计组织类型

企业在设计组织类型时必须注意两个问题：一是把握好分权化程度，即权力分散到什么程度才能使上下级之间更好地沟通；二是确定合理的管理宽度，即确定每一个上级所能控制的合理的下级人数。普遍认为，假设每一个职员都是称职的，那么，分权化越高，管理宽度越大，则组织效率也就越高。如果一支 20 人的销售队伍仅由 1～2 名经理来控制，那么，这支队伍就有较大的决策自主权，可能会取得较好的销售效果。

案例链接

娃哈哈公司创立之初，限于人力和财力，主要通过糖烟酒、副食品、医药三大国有商业主渠道内的一批大型批发企业来销售公司的第一个产品——儿童营养液。随着公司的稳健发展和产品多元化，其单一渠道组织模式很快成为企业的销售瓶颈，娃哈哈开始基于“联销体”制度（“联销体”制度是娃哈哈和代理商之间建立的一个共同经营产品的渠道体制，从厂家、经销商到终端每个环节的利益和义务都会得到明确）的渠道组织再设计：首先，娃哈哈自建销售队伍，拥有一支约 2 000 人的销售大军，隶属公司总部并派驻各地，负责联络厂商，为经销商提供服务并负责开发市场、甄选经销商；其次，娃哈哈在全国各地开发 1 000 多家业绩优异、信誉较好的一级代理商，以及数量众多的二级代理商，确保娃哈哈渠道组织重心下移到二、三线市场。这充分保证了娃哈哈渠道组织多元化战略的实施。娃哈哈针对多种零售业态，分别设计开发不同的渠道组织模式：对于机关、学校、大型企业等集团顾客，厂家组织上门直销；对于大型零售卖场及规模较大的连锁超市，采用直接供货；对于一般超市、酒店餐厅以及数量众多的小店，由分销商密集辐射。这种“复合”组织，既能够有效覆盖，又能够分类管理，有利于在每种零售业态中都取得一定的竞争优势，娃哈哈也由此完成了单一营销渠道组织向多元营销渠道组织的重要转型。

（五）配备组织人员

在分析市场营销组织人员配备时，必须考虑两种组织情况，即新组织和再造组织（在原组织基础上加以革新和调整）。相比较而言，再造组织的人员配备要比新组织的人员配备更为复杂和困难。这是因为，员工往往不愿意让原组织发生变化，也往往把再造组织所提供的职位和工作看作是一种威胁。

二维码 1-8 营销组织的设置原则

(六)评价与调整营销组织

任何一个组织中都存在冲突,组织在冲突中才能不断地完善和发展,市场营销的外部环境也在不断变化,因此,从市场营销组织建立时,市场营销经理就要经常地检查、监督、评价组织的运行状况,并及时加以调整,使之不断得到发展。

综上所述,企业市场营销组织的设计和发展大体要遵循以上六个步骤,这六个步骤是相互联系、相互作用的,形成一个动态有序的过程。为了保持市场营销组织的生机和活力,市场营销经理就要根据这一过程进行有效决策。

知识扩展

食品市场营销从业者的总体职业素质要求

1. 管理能力

(1)规划能力。指在企业现有的内部、外部环境条件约束下,组织、调动可以动员的资源,创造性完成部门的利润目标的能力。

(2)控制能力。这是一个优秀食品销售经理必须具备的能力,包括时间控制管理、业务进度控制管理、质量控制管理几个方面。

(3)执行能力。在规定的时间期限内、在当前的资源前提下独立组织本部门的人力、物力完成既定量工作任务的能力。

2. 经营能力

(1)食品市场开发能力。主要体现在能识别食品市场机会并提出较优解决方案的能力。

(2)食品营销决策能力。包括有效占领食品市场,扩大企业销售量,降低销售成本,以及食品营销者对产品定价、销售渠道、销售方式、销售时间与地点、推销服务等做出科学的计划与部署。

(3)食品营销商务沟通能力。主要体现三方面:第一是表达能力;第二是人际交往能力;第三是形象礼仪,食品营销人员要有良好的仪表形象,在和顾客交往的过程中要注重行为规范,养成良好的卫生习惯。

任务设计与实施

一、任务实施内容

根据营销组织设计的相关知识,在小组讨论的基础上,开展调查研究,为某一食品企业或超市构建市场营销组织结构图及岗位流程图,培养组织结构设计能力。制作 PPT 并进行汇报交流。

二、任务流程设计

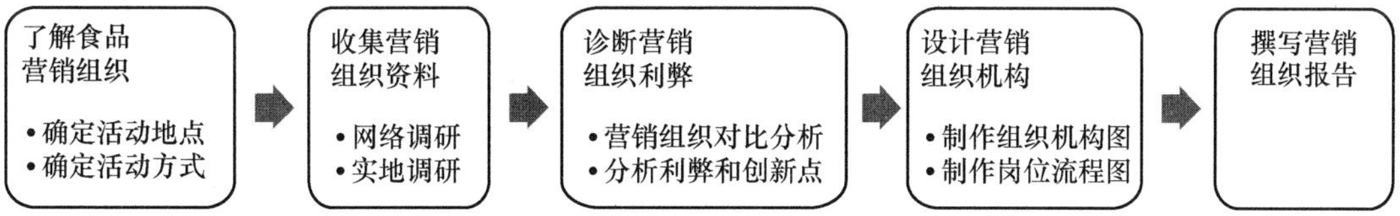

三、任务实施要求

(1)把学生分成若干任务实施小组，每个小组以 3～4 人为宜，便于合理分工，要以组为单位合作完成任务。

(2)选取的食品企业具有代表性，营销组织具有创意和特色。

(3)根据查阅的信息进行归纳整理、分析利弊。

(4)自行构建食品企业或超市营销组织机构图及岗位流程图并说明构建意图。

(5)撰写营销组织报告，要求格式规范，字数在 3 000 字以上。

(6)制作 PPT 并派代表进行汇报与交流。

四、任务实施考核

请按照本项目任务一任务实施考核的内容与标准执行。

任务四　认识食品市场的法律法规

任务内容

掌握从事食品市场营销策划活动相关的法律知识，培养学生树立正确的法治观念和法律意识。

必学理论

一、食品市场重要法律法规

食品安全事关人们的生命安全。近年来，疯牛病、口蹄疫、禽流感、二噁英、奶粉肉毒杆菌等重大食品安全事件接连不断，引起了人们对食品安全问题的持续关注。近年来，国家相继颁布并实施了一系列食品法律法规和标准，以确保食品市场的健康、稳定，保障食品的安全生产与流通。食品企业的营销策划活动必须严格遵守相关法律法规。

(一)中华人民共和国食品安全法

《中华人民共和国食品安全法》是为保证食品安全、保障公众身体健康和生命安全制定的，由全国人民代表大会常务委员会于 2009 年 2 月 28 日通过，是我国食品安全法律法规体系中最重要的法律文件。现行的《中华人民共和国食品安全法》于 2018 年 12 月 29 日正式通过，新版食品安全法共 10 章 154 条，其内容包括食品安全风险监测和评估、食品安全标准、食品生产经营、食品检验、食品进出口、食品安全事故处置、监督管理、法律责任等。这部法律经全国人大常委会第九次会议、第十二次会议两次审议，三易其稿，被称为“史上最严”的食品安全法。

(二)中华人民共和国产品质量法

本法为了加强对产品质量的监督管理，提高产品质量水平，明确产品质量责任，保护消费者的合法权益，维护社会经济秩序而制定，由1993年2月22日第七届全国人民代表大会常务委员会第三十次会议通过，自1993年9月1日起施行。现行的《中华人民共和国产品质量法》是2018年12月29日第十三届全国人民代表大会常务委员会第七次会议通过的。

(三)中华人民共和国农产品质量安全法

为保障农产品质量安全，维护公众健康，促进农业和农村经济发展，制定《中华人民共和国农产品质量安全法》，本法由中华人民共和国第十届全国人民代表大会常务委员会第二十一次会议于2006年4月29日通过，自2006年11月1日起施行，2018年10月26日修正。《中华人民共和国农产品质量安全法》从源头抓起，从“管”和“产”两方面实施最严格的监管制度，加强农产品全过程质量安全管理，通过建立涵盖全产业链信息化数据管控平台，保障食品质量安全。

(四)中华人民共和国进出口商品检验法

《中华人民共和国进出口商品检验法》是为了加强进出口商品检验工作，规范进出口商品检验行为，维护社会公共利益和进出口贸易有关各方的合法权益，促进对外经济贸易关系的顺利发展而制定的。本法于1989年2月21日第七届全国人大常委会第六次会议通过，1989年8月1日开始施行，2018年12月29日修改，是进出口商品检验和监督管理的法律依据。《中华人民共和国进出口商品检验法》的颁布实施标志着商检工作进入了法制管理的新阶段。

《中华人民共和国进出口商品检验法》突出了国家对进出口商品检验的重点，规定了商检机构对列入“种类表”内和其他法律法规规定必须经商检机构检验的进出口商品实行强制性检验。

(五)我国的食品法律法规体系

我国现行的食品法律法规体系主要包括以下几个层次：

(1)国家层面的法律体系。除以上四部重要法律之外，还包括《中华人民共和国农业法》《中华人民共和国渔业法》《中华人民共和国动物防疫法》《中华人民共和国种子法》和《中华人民共和国进出境动植物检疫法》等20多部法律。

(2)国家层面的法规体系。国务院制定了《中华人民共和国食品安全法实施条例》《中华人民共和国标准化法实施条例》等40多部与食品安全相关的法规，国务院相关管理部门制定的食品方面的规章有180余件。

(3)地方性法规体系。现阶段，各地方人大与地方政府制定了许多食品方面的地方性法规和规章，以加强对本地方食品安全的管理力度。如《湖北省食品安全条例》由湖北省第十二届人民代表大会常务委员会第二十三次会议于2016年7月28日通过，自2016年12月1日起施行。

(4)强制性的标准体系。包括国家和地方权威部门制定的国家标准、行业标准和地方标准等。

这些法律、法规、规章和标准涵盖了食品监管的主要方面，形成了多层次、分门类的包含立法、执法、法律监管、行政处罚以及刑罚在内法律体系和以国家标准为主体，行业标准、地方标准、企业标准为补充，门类齐全、相互配套的标准体系。

二、遵守法律法规是食品企业的法定义务

1. 遵守法律法规是食品企业生存发展的必要条件

遵守法律法规是食品企业生存和发展的前提，是食品企业开展营销活动的依据和条件。以出口为例，我国的水产品、畜牧产品、蜂蜜、蔬菜等都是重要的出口产品，其中，中国水产品销售额占全球水产品销售额的70%，日本有90%的蔬菜是从中国进口的。同时，我国还是世界最大的蜂蜜生产国和出口国。而与此同时，近年来由于某些出口企业对进口国的相关法律法规不熟悉，或是信息不对称，更有甚者，抱着侥幸的心理，导致出口产品触犯了相关法律法规，进而造成不可挽回的损失。如2020年4月，韩国食品药品安全部(MFDS)发布关于暂停进口中国产蛤蜊酱的通知。根据韩国《进口食品安全管理特别法》第20条第4款的规定，由于中国丹东荣正食品有限公司使用贝类产品加工的鱼酱和调料酱中检测出A型肝炎病毒，暂停受理中国相关产品进口申报。

2. 遵守法律法规是食品企业进行营销策划的行为准则

法律法规是企业进行营销策划最基本的行为准则，而违反法律法规的营销策划都会受到相应的惩处。譬如“西木左旋肉碱奶茶”食品广告，该广告宣传语称“使用该产品可以将肥肉彻底转化为瘦肉，激活自身左旋肉碱分泌机能，达到五年内不反弹”，并使用消费者名义证明产品功效。原国家工商总局在对部分省级电视台卫视频道和省会城市都市类报纸广告进行检查时，发现该广告宣传涉及未经国家有关部门核准的减肥瘦身功能，夸大产品功效、宣传治疗作用，欺骗误导消费者，侵犯了消费者的合法权益。市场监督部门已责令其停止发布，并依法进行查处。另外，其使用的广告图也有一部分是剽窃其他广告和电影海报来充当自己的效果图，严重违反《中华人民共和国广告法》和《药品、医疗器械、保健食品、特殊医学用途配方食品广告审查管理暂行办法》。

3. 遵守法律法规是食品企业提高经济效益、降低市场风险的强有力保障

合法经营是食品企业经营的前提，遵守法律法规也是食品企业提高经济效益、降低市场风险的强有力保障。例如，某市的甲、乙两个汽水厂生产的汽水都比较受欢迎，但是，乙厂为了提高本厂的销量，故意悄悄购进甲厂的汽水，并使其变质，再偷偷地投放市场，使消费者误认为是甲厂的汽水质量不行，败坏了甲厂的名誉，给甲厂造成了较大的损失，构成了侵权事实。根据《中华人民共和国反不正当竞争法》的规定，乙厂的行为已构成了不正当竞争，必须承担相应的法律责任。

案例链接

2017年7月，有关部门接到投诉，投诉者声称发现江杨农产品市场某经营户在某电商网站上销售的土豆粉存在夸大宣传的嫌疑。市场营运部在获悉相关情况后，立刻对该户网络销售行为进行调查，发现了该经营者所销售土豆粉的广告宣传语存在问题。

近年来，随着网络电商的高速发展，网络食品营销风生水起。部分经营者已经或准备尝试网络营销，在传统渠道之外，寻求新的利润增长点。网络营销有着快速、便捷、成本低

等特点，但也正是因为这些特性，使得在网上销售的食品容易产生食品安全、物价、广告等方面的问题。

《中华人民共和国食品安全法》将网购食品纳入监管范围，并明确规定，网络食品交易第三方应当对入网食品经营者进行实名登记，明确其食品安全管理责任；依法应当取得许可证的，还应当审查其许可证。消费者通过网络食品交易第三方平台购买食品，其合法权益受到损害的，可以向入网食品经营者或者食品生产者要求赔偿。网络食品交易第三方平台提供者不能提供入网食品经营者的真实名称、地址和有效联系方式的，由网络食品交易第三方平台提供者赔偿。网络食品交易第三方平台提供者赔偿后，有权向入网食品经营者或食品生产者追偿。

案例导入

一、典型案例

2011 年 2 月 17 日，一条名为《内地“皮革奶粉”死灰复燃 长期食用可致癌》的新闻报道被广大网友热议。此报道一经发布，便被纷纷转载，从而迅速地登上了各大商业门户网站的首页。报道中声称，不法商家把皮革废料或动物毛发等物质加以水解提炼成“皮革水解蛋白”，再将其掺入奶粉中，企图以此来提高奶里的蛋白质含量以蒙混过关。经过一系列食品安全事件，民众对中国乳业的信任几乎到了一碰即碎的地步，受“皮革奶事件”影响，内地消费者对于国产奶粉的信心明显不足。2011 年 2 月 27 日，中央电视台《国产奶粉的“危”与“机”》节目调查显示，有七成受访者表示不选择国产奶粉。由于消费者对国产奶粉的信心不足，导致大部分超市和专卖店中，进口奶粉的销量都明显好于国产奶粉。国产奶粉和整个乳制品行业经受的煎熬实际是重建公共信任的高成本付出。

“皮革奶”的主要添加物——“皮革水解蛋白”是利用皮革下脚料甚至动物毛发等物质，经水解而生成的一种粉状物。因其蛋白含量较高，故人们称之为“皮革水解蛋白”。“皮革水解蛋白粉”多用皮革厂制作服装、皮鞋后的下脚料来生产，因此这种“蛋白粉”中混进了大量皮革鞣制、染色过程中添加进来的重铬酸钾和重铬酸钠等有毒物质。如果长期食用含有此类“皮革水解蛋白”的食物，重金属离子便会被人体吸收，积累于骨骼之中，长期积累便会中毒，使人体关节疏松肿大，甚至造成儿童死亡。

二、案例分析

1. “皮革奶”涉及的违法行为

“皮革奶”生产企业违反了《中华人民共和国食品安全法》第三十四条关于禁止生产非食品原料生产的食品或者添加食品添加剂以外的化学物质和其他可能危害人体健康物质的食品，或者用回收食品作为原料生产的食品的相关规定。《中华人民共和国食品安全法》还明确规定，对生产经营营养成分不符合食品安全标准的专供婴幼儿和其他特定人群的主辅食品的行为，由县级以上人民政府食品安全监督管理部门没收违法所得和违法生产经营的食品，还可以没收用于违法生产经营的工具、设备、原料等物品并处以罚金，若造成消费者人身损害，可追究其民事责任乃至刑事责任。《中华人民共和国刑法》第一百四十条也对生产、销售伪劣产品罪做出了规定，生产者、销售者在产品中掺杂、掺假，以假充真，以次充好或者以不合格产品冒充合格产品的，应依据其具体犯罪情节予以相应处罚。

2.“皮革奶”给企业造成巨大的损失

“皮革奶”事件给当事者之一——晨园乳业公司带来了重创，企业遭受巨大的经济损失，多年努力打造的品牌毁于一旦，失去了消费者的信赖，丧失了市场竞争的主动权。因此，此类事件应该引起企业的高度重视，要引以为戒，以免多年辛苦努力付诸东流。

3.“皮革奶”给行业和社会造成严重影响

“皮革奶事件”对金华当地乳业甚至国产乳业造成沉重打击，引发了一系列连锁反应。不管是上游的养殖环节、收购环节还是中下游的生产环节都受到了影响。奶农是乳制品产业链的第一节，奶农体会最深刻的是“奶贱伤农”。对于金华的奶农来说，在 2007 年的“三鹿奶粉事件”后他们已经经历了最困难的时期，鲜奶的收购价格一路下跌至每千克 2.5 元。而“皮革奶”事件的爆发使得鲜奶的价格跌到历史最低位，每千克只能卖到 2.2 元，严重损害了奶农们的利益。

另外，“皮革奶”使内地消费者对于奶粉的信心再次受到打击，正是由于消费者对国产奶粉的信心不足，导致大部分超市和专卖店中，进口奶粉的销量都明显好于国产奶粉。这一事件带给我们太多启示，需要我们足够警醒，食品企业只有脚踏实地，认真履行各自的责任，注重食品安全，才有可能重新赢得消费者对国产乳制品的信任。

任务设计与实施

一、任务实施内容

以小组为单位，调查食品市场法律法规的应用情况及本地食品企业比较突出的违法违规现象。

二、任务流程设计

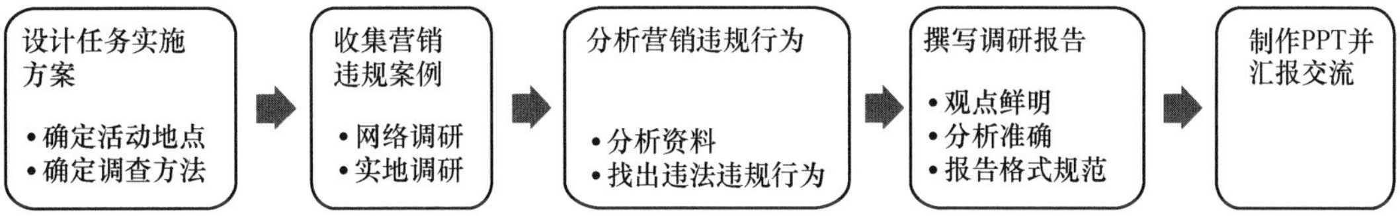

三、任务实施要求

(1)把学生分成若干任务实施小组，每个小组以 3～4 人为宜，便于合理分工，要以组为单位合作完成任务。

(2)以小组为单位调查当地食品市场法律法规的应用情况(含食品企业违法违规现象等)。

(3)将调查研究及查阅的信息归纳、整理、分析，撰写调研报告，字数在 3 000 字以上。

(4)各小组制作 PPT 并派代表进行展示分享，对 PPT 内容进行讨论和修改完善。

四、任务实施考核

请按照本项目任务一任务实施考核的内容与标准执行。

思考与练习

一、名词解释

市场　市场营销　策划　食品营销策划　食品市场营销组织

二、单项选择题

1. 从营销学的角度来说，食品市场指的是(　　)。
A. 食品交换的场所　B. 食品交换关系的总和
C. 食品现实和潜在购买者的集合　D. 食品销售商

2. 构成市场的要素包括人口、购买欲望和(　　)。
A. 购买力　B. 资源　C. 市场规模　D. 购买者

3. 市场营销的核心是(　　)。
A. 赚钱　B. 交换　C. 满足需求　D. 一种社会管理过程

4. 食品营销的出发点是(　　)。
A. 市场需求　B. 产品　C. 企业　D. 各级代理商

5. 食品营销的最终目的是(　　)。
A. 赚钱　B. 交换
C. 满足食品顾客需求　D. 一种社会管理过程

6. 需要转化为需求必须具备的条件是(　　)。
A. 价格合理　B. 优质食品　C. 购买能力　D. 优质服务

7. 关于交换和交易的关系，说法正确的是(　　)。
A. 交换强调的是结果　B. 而交易强调的是过程
C. 交换和交易都至少需要双方
D. 交易是交换的基本组成单位，是交换双方之间的价值交换。

8. 市场营销者指的是(　　)。
A. 买方　B. 卖方　C. 双方　D. 更积极的一方

9. 关于策划与计划，说法错误的是(　　)。
A. 策划必须有创意，而计划不一定有创意
B. 策划是掌握原则和方向，而计划是处理程序和细节
C. 策划灵活变化多，而计划灵活性小
D. 策划要有目标，而计划没有目标

10. 下列不属于食品营销策划的特征的是(　　)。
A. 目的性　B. 预见性　C. 创新性　D. 规则性

11. 当企业所生产的产品差异很大，产品品种太多，建立(　　)是适宜的。
A. 地区型组织　B. 职能型组织　C. 产品型组织　D. 市场型组织

12. 以目标市场为中心来建立营销部门和分支机构，体现“以顾客为中心”的现代营销观念，要建立(　　)。
A. 地区型组织　B. 职能型组织　C. 产品型组织　D. 市场型组织

13. 生产多种产品并向多个市场销售的企业，要建立(　　)。
A. 地区型组织　B. 产品-市场型组织　C. 产品型组织　D. 市场型组织

14. 业务涉及全国甚至更大范围的企业，更适宜建立(　　)。

A. 地区型组织　　B. 职能型组织　　C. 产品型组织　　D. 市场型组织

15. 评价企业营销目标、营销战略与现行的、预期的营销环境相适应的程度，属于(　　)。

A. 年度计划控制　　B. 盈利能力控制　　C. 效率控制　　D. 战略控制

16. 盈利能力控制，通常通过对(　　)和盈利能力的考核指标进行分析来达到控制目的。

A. 市场营销成本　　B. 销售利润率　　C. 资产收益率　　D. 资产周转率

17. 新版的《中华人民共和国食品安全法》，被称为"史上最严"的食品安全法，其是(　　)开始施行的。

A. 2009 年 2 月 28 日　　B. 2009 年 6 月 1 日

C. 2018 年 12 月 29 日　　D. 2019 年 10 月 1 日

18. (　　)的颁布实施标志着商检工作进入了法制管理的新阶段。

A.《中华人民共和国进出口商品检验法》

B.《中华人民共和国农产品质量安全法》

C.《中华人民共和国食品安全法》

D.《中华人民共和国食品卫生法》

19. 从源头抓起，从"管"和"产"两方面实施最严格的监管制度，加强农产品全过程质量安全管理，通过建立涵盖全产业链信息化数据管控平台，保障食品质量安全的法律法规是(　　)。

A.《中华人民共和国进出口商品检验法》

B.《中华人民共和国农产品质量安全法》

C.《中华人民共和国食品安全法》

D.《中华人民共和国食品卫生法》

三、判断题

1. 食品营销认为只有产品好才是王道，无须考虑顾客需求。(　　)

2. 从策划的内容来看，一个完整的策划，基本上包含了预测和决策两大步骤。(　　)

3. 凡是有决策、计划的领域就有策划，只要有管理就存在策划活动。(　　)

4. 自觉遵守法律法规可以让食品企业规避一定的经营风险，寻求市场机会。(　　)

5. 法律法规对食品企业具有权威性和强制性。(　　)

6. 并非所有的市场营销活动都发生在同一组织岗位。(　　)

7. 判断市场营销组织的好坏主要是看人的素质，而不单单是看组织结构的设计。(　　)

8. 企业的营销组织机构必须适应外界环境的变化，对瞬息万变的市场环境能做出迅速的反应和决策。(　　)

9. 以各目标市场为中心来建立相应的营销部门和分支机构，是确保企业实现"以顾客为中心"的现代营销观念的唯一办法。(　　)

10. 市场型组织的建立是基于顾客特有的购买习惯和偏好。(　　)

四、简答题

1. 根据所学知识，分析"中国是一个大市场"这句话。

2. 市场营销和推销有哪些区别？

3. 食品营销策划有哪些特征？

4. 食品营销策划有哪些作用?
5. 为什么说遵守法律法规是食品企业的法定义务?
6. 食品企业营销组织设计一般要经过哪些步骤?
7. 食品市场营销组织的形式有哪些?

二维码 1-9
模块一 思考与练习参考答案

模块二

食品市场营销策划

项目一　撰写食品市场营销策划书

知识目标

1. 掌握制订策划方案的原则。
2. 了解食品营销策划的实施手段及方法。
3. 了解撰写营销策划书的方法与技巧。

能力目标

1. 能够掌握制订食品营销策划方案的基本原则。
2. 能够掌握食品营销策划的实施手段及方法。
3. 能够掌握制订营销策划方案的技巧与方法。

素质目标

1. 能够坚持科学严谨的态度与良好的职业道德。
2. 具有较强的食品营销策划及实施的专业素质和规范操作能力。
3. 能够在学习和实践的过程中融入团队,具有团队合作和团队互助的意识。

项目概述

食品市场营销策划书的撰写是从事食品营销和策划工作的基本功,它既包括运用制订营销策划方案的技巧与方法,制订最适用的食品市场营销策划方案。还包括随形势变化,及时调整策划目标与修正策划方案。食品营销策划实施的效果关乎食品企业的营销业绩,因此在食品营销中具有极其重要的战略意义。

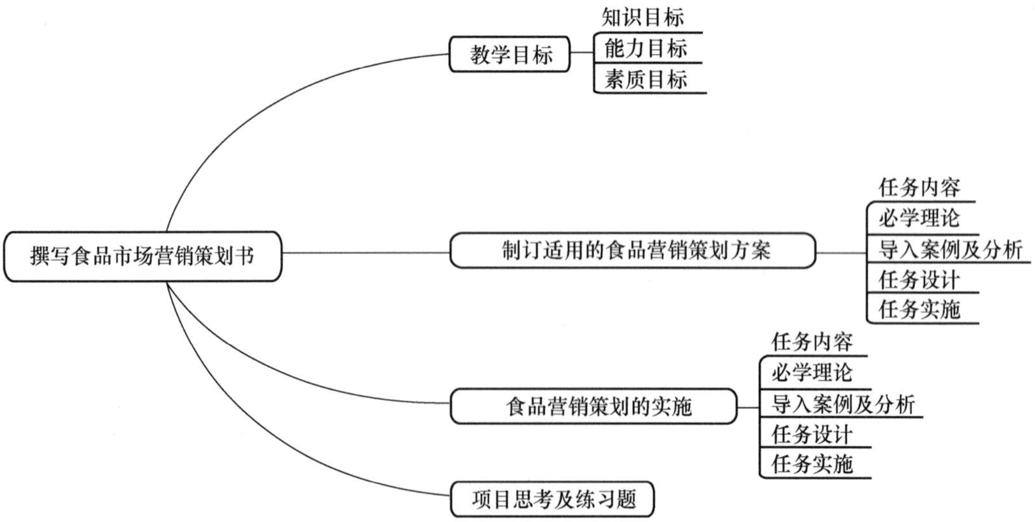

任务一　制订适用的食品营销策划方案

任务内容

了解制订营销策划方案的原则，掌握制订营销策划方案的技巧与方法。

必学理论

一、设计营销策划方案的基本原则

营销策划方案是一个以销售为目的的计划，是在市场销售和服务之前，为了达到预期的销售目标而进行的各种销售促进活动的整体性策划。营销策划方案的设计是整个营销策划过程的开始，十分重要。营销策划方案设计中，需要把已经确定的市场营销策划问题转化为具体的策划内容，并通过具体的营销活动和方式表现出来。

（一）科学性原则

设计营销策划方案必须遵循科学性原则，这是毋庸置疑的。如果要依据营销策划数据资料来确定整体营销策划方案的参数，就要采用市场营销相关学科的理论进行设计，并有具体的实施措施，否则，设计就是不科学、不完善的。营销策划效果的确定必须有理论依据，根据具体的策划方式及控制要求，采用规定的计算方式进行。此外，在因果关系的研究中，如果采用试验法，就必须有针对控制因素的具体实施措施，并且要选择合理的、符合理论框架的控制因素，这样才能保证营销策划结果的有效性。

（二）可行性原则

可行性原则要求策划人员要时时刻刻关注策划方案的客观性，避免出现差错。营销方案不仅要科学，而且要具有可行性，食品营销策划方案在技术、资源、方法等方面是否具有可操作性，是否有切实可行的目标，这些都依赖于营销策划方案是否符合实际情况。只有可行性强的营销策划方案才能真正成为营销策划工作的行动纲领。

食品营销策划不仅要提出开拓市场的思路，还要在创新思维的基础上制订出与之匹配的行动方案，给出如何创造新市场和开拓新市场的方法，提出改善市场的整体性、系统性的措施。策划方案在特定资源条件下必须具有高度可行性，为了保证食品营销策划的可行性，需要食品企业组织过硬的营销策划团队，设计出既务实又有很强操作性的食品营销策划方案。

在食品营销策划过程中，需依据食品企业实力和现实情况，将未来目标与现实状况结合起来。例如，太子奶在奶业成功的基础上，不关注现实情况，疯狂地进行多元化，进军童装、商业、化妆品、食品、传媒等，使得未来目标与现实脱节，分散了资源和精力，最终导致资金链断裂，使企业受到重创。

（三）有效性原则

这里的有效性是指在一定的经费约束下，营销策划设计方案的精度可以满足实际需要。在费用相同的条件下精度高，或在精度相同的条件下费用少的营销策划方案是最好的。当然，实际中的问题要复杂一些，有效性是衡量依据。所以在方案设计中追求科学、可行的同时，还要考虑到营销策划方案的效率。

（四）简洁朴实原则

食品营销策划要注意突出重点，在方案设计和活动选择上简明扼要，不需要有多余的内容；内容真实可信、不夸大；要抓住食品企业营销中所要解决的核心问题，深入分析，提出相应对策，针对性强，具有指导意义。

（五）创意新颖原则

营销策划的创意要新、内容要新，表现手法也要新。新颖的创意是营销策划的核心内容。创意新颖就是在有意义的时空范围内，以非传统、非常规的方式先行性地、有成效地满足企业需求的创意过程，包括以下含义：

(1)创意新颖的目的是解决企业的实践问题，是一项激发新创意的活动。

(2)创意新颖的本质是突破传统、突破常规。

(3)创意新颖是一个相对的概念，其价值与时间、空间有关。同样的创意在今天看来是新颖的，明天可能是追随潮流，后天可能就变成传统了。创意新颖的策划方案必须在一定范围内具有领先性，有的是世界领先，有的是地区领先。

(4)创意新颖以取得的成效为评价尺度。有成效才能认为是创意新颖，根据成效，创意新颖可以分成若干等级：有的是划时代的，如“二锅头”等；有的是时尚的创意，比如“江小白”。

二、制订营销策划方案的技巧与方法

（一）制订营销策划方案的技巧

1. 策划前要进行深入的调查研究

任何一个食品营销策划，首先要做的便是调研、访谈、调查，尽可能摸清真实情况，掌握第一手资料。除了依靠专人调查外，自己还要身临现场细查、深究。因为调查是一切营销策划的基础和源头，策划成功与否，取决于掌握的情况准不准、全不全、深不深。

2. 策划中要发挥集体的创造性

实践证明，很多食品企业的金点子、新创意，都是在掌握大量第一手市场信息的基础上，营销人员善于思考、勤于思考的结果。好的营销策划人员，不仅要善于思考，还要善于发挥集体的智慧，强调团队精神，把每个人的积极性都调动起来，达到创新的目的。

3. 策划要在遵循市场法则的前提下创新创奇

食品企业在制订营销策划方案时，在遵循基本的市场法则前提下，要出奇制胜。奇就是独创、变化、标新，寻求差异化本质上是对企业特性的发挥和张扬，如运用合理得当，可收奇效。例如，王老吉采取了一个技巧，即突出“预防上火”这个人们熟知的中医学理念，避开了北方人并不认同的“凉茶”概念。

4. 策划过程中要多方融合

食品企业在制订营销策划方案时要避免单一，讲究交融、贯通，做到边界渗透和资源整合。具体而言，要做好市场调查、行业背景分析、区域环境分析，总结消费模式，洞悉消费心理，注重营销策略和企业发展战略。做企业形象设计，要运用经济学、社会学、心理学、美学知识。做文本设计，要运用图文、电脑、多媒体方面的知识。做策划方案，要避免过分严肃、艰涩、机械的文风，用语清新活泼、生动形象。因此，食品营销策划方案设计中除了需要专业技能之外，还要用到各种相关知识，以便融会贯通、灵活应用。

5. 策划方案务求清晰简洁

食品企业在制订营销策划方案时一定要注意效率，效率就是效益，而效率则取决于实施过程的是否简便、快捷。因此营销策划方案必须简洁明了，如对市场前景、行业背景、竞争对手、功能定位、形态布局、营销策划、整合推广等都要有清晰的结论和量化的依据，使方案容易理解、便于操作。

(二)制订营销策划方案的方法

1. 食品营销策划方案的制订方法

不同的食品企业、不同的产品、不同的地理位置、不同的时间段需要不同的营销方案来指导营销活动。这就给营销策划方案的制订提出了要求，针对不同情况，营销策划方案的制作有以下方法：

(1)事实依据营销策划法。这种制订营销策划方案的方法的特点是强调社会经济生活对营销策划方案制订的限制。这种方法将制订营销策划方案建立在收集和记录事实的基础上，只研究实际资料，只表述事实内容和结果，不建议进行主观加工，只反映客观现象，内容具有可操作性，不关注策划中理论原理和技术的适用性，这种策划适合简单和缺乏竞争的营销环境。

(2)技术手段营销策划法。这种制订营销策划方案的方法的特点是强调运用高技术手段对营销项目相关信息进行推理，只研究信息的分析和处理方法，而忽视营销策划对客观实际状态的依赖和前后的因果关系。其过分强调以技术手段解决营销策划方案中的问题，而把营销策划引导到只关心高技术的方向上去，往往使其脱离现实。

(3)经验模板营销策划法。该策划方法忽视对生产现实、生活实际状态的实地调查，不关心社会生产、生活方式因时代发展而发生的新变化，只凭人们通过经验总结而形成的习惯方法和程序、现有的规范、资料及专家的个人经验进行营销方案的策划。由于该法不关心社会生产、生活方式的改变对营销策划的影响，总是以既成的、有限的策划方案作为新方案的蓝本，因此该策划方法所策划的方案是停滞且僵死的。

(4)综合营销策划法。综合营销策划法就是将上述三种营销策划方案制订的方法综合起来，以克服上述三种营销策划方案的缺点。综合营销策划法就是从现实的状况调查入手，用规范的程序，参照专家的既有经验和以往的资料，运用现代技术手段，经过营销策划小组的综合分析论证，最终完成营销策划方案的制作。

(5)头脑风暴法。这种制订营销策划方案的方法要集中有关专家召开专题会议，主持人以明确的方式向所有参与者阐明营销策划的主题，说明会议的规则，提供必要的相关信息，创造一个自由的空间，让各位专家充分表达自己的想法。实施时，参加会议的专家的地位应当差不多，避免产生权威专家影响非权威专家发挥创造性思维的情况。

(6)德尔菲法。德尔菲法是指采用函询的方式或电话、网络咨询的方式，反复咨询专家们的建议，然后由组织者进行统计，如果结果不趋向一致，那么就再征询专家，直至得出比较统一的方案。这种制订营销策划方案的方法的优点：专家们互不见面，不会互相产生权威压力，因此，可以自由且充分地发表自己的意见，从而得出比较客观的策划方案。

除了上述所说的策划方法，在策划过程中还常用到联想创意法、灰色系统法和智能放大法等方法来形成创意。

2. 营销策划方案的制订流程

在营销方案策划过程中，我们需要掌握营销策划方案制订的基本步骤，其对我们营销策划方案的制订实践起指导作用。按照食品营销策划方案制订的实际操作来说，食品营销策划方案的制订可以按以下步骤实施。

(1)明确目标。市场营销策划是一种目标导向性很强的活动，它是为解决企业营销中的问题而进行的一种运筹谋划性工作，确定目标是整个营销策划过程的起点。

明确营销策划的目标，首先要了解策划动机，即使针对同一策划对象，策划动机不同，使用的策划方案的侧重点就不同，也会有不同的目标和效果要求。如农夫山泉的“东方树叶”就是为了树立中国古典的茶文化形象，这样也点出了企业走高端品牌形象的目标。

明确营销策划的目标，还要明确主题。明确主题一般要经过挖掘、过滤、选择和确定四个阶段。挖掘主题要求策划人员尽可能多地将营销问题挖掘出来，对挖掘出来的主题进行过滤，过滤去除相对不重要的问题，专注于解决重要的问题。最后还要经过与当事人之间多方的沟通与交流，才能确定好主题。

(2)收集和分析信息。通过调查与分析了解企业的营销环境，了解企业所拥有的资源，为企业的营销策划提供真实可靠的信息。值得注意的是，策划的目标有时是在收集信息和分析信息之后提出来的，策划目标和收集分析信息这两个环节往往是交叉反复进行的。信息收集与分析可以通过第一手资料和第二手资料进行，第一手资料是指通过市场调查(如观察、问卷、座谈、访问等)获得的直接的资料；第二手资料是指通过查阅有关文件、大事年表、财务报表、刊物杂志、经营计划、统计资料、网络资源等文字材料获得的资料。

由农夫山泉的策划案例(二维码 2-1)中，可以看到其对消费者、竞争对手及饮品市场的信息进行详细的分析，并在占有大量信息资料的基础上，策划人员采用 SWOT 分析法，对企业外部的机会与威胁、内部的优势与劣势进行了分析，为营销策划提供依据。

(3)创意的构思与提炼。创意是策划中必不可少的要素，是否有创意也是策划与计划的区别所在，一个没有创意的方案只能称为计划而不是策划。在初步确定了企业的营销策划目标之后，策划人员应利用各种获得的资源，运用不同创意方法进行创意构思，对策划对象进行系统设计，分析创意的可行性并进行提炼。

农夫山泉的创意：“东方树叶”品牌定位在“健康时尚的茶饮料”，其自身独特的价值在于100%茶叶萃取、纯正的中国茶、零热量、天然绿色，可以让消费者，特别是女性消费者放心饮用。广告创意上采用讲故事的手段——1610 年中国茶叶乘着东印度公司的商船漂洋过海，饮茶之风迅速传遍欧洲大陆。因一时不知如何命名，且其来自神秘的东方，故被称为“神奇的东方树叶”。最后的“神奇的东方树叶”的创意广告语更是点睛之笔。

(4)方案制订与筛选。通常情况下，策划人员需要制订几个不同的方案以供选择。营销策划方案的制订是营销策划的实质性程序，也是极富创意的过程，在制订了多种方案后，策划者必须认真评估方案的优劣，并从中选定一个可行方案。可行方案需要包含三个必要条件：

第一，方案具备可操作性。每一个策划方案都会受到现实条件的制约，在选择方案时，一定要以现有资源为前提，“可行的”创意往往比“最好的”创意还要理想。

第二，方案要得到高层主管的信任与支持。因为策划方案的实施需要大量投入，而效果往往不是立竿见影的，如果没有高层主管对策划方案的信任与支持，方案实施很难继续进行下去。

第三，方案的执行需要其他职能部门的全力配合。要使方案能顺利推行，除了高层主管的支持外，还需要获得财务、销售、人事、生产等部门的认同与配合。这就需要与有关部门进行有效的沟通，使方案得以顺利实施。

(5)编写策划方案文件。经过反复沟通、调整后的策划方案最终要通过方案文件的形式表现出来。市场营销策划方案是表现和传达营销策划内容的载体，它既是营销策划活动的主要成果，也是企业进行营销活动的行动计划。如农夫山泉的营销策划方案的第三项“目标市场策略”就说明了策划主要面对哪些人，他们有什么特点，如何去打动他们；第四项“媒体投放策略”给出了媒体选择和投放的行动方案；第五项“营销策略”给出了产品、价格、渠道、促销的行动计划。

二维码 2-1　农夫山泉“东方树叶”营销策划书

知识扩展

市场营销策划方案的结构

市场营销策划方案没有固定不变的格式，它依据产品或营销活动的不同要求，而在策划的内容与编制格式上有所不同，其一般所包含的主要内容如表 2-1 所示。

表 2-1　营销策划书的基本结构

构成		内容	基本要求
封面		策划案名称、客户名称、策划人名称、策划完成日期、策划适用时间段、保密级别及编号	信息完整
前言		策划目的、方法、意义等说明	背景交代清楚
目录		策划案提纲	一目了然
摘要		策划案主要内容	要点提示
正文	环境分析	重要环境因素分析	策划依据和基础
	SWOT 分析	分析优势、劣势、问题与机会	提出问题
	营销目标	市场目标、财务目标等	明确营销目标
	营销战略	STP 营销(市场细分、选择目标市场、市场定位)	总体布局
	营销组合策略	产品策略、价格策略、渠道策略及促销策略	对症下药
	行动方案	人员安排、道具设备、时间计划、地点选择	保证实施
	财务分析	费用预算、效益分析	计算准确
	控制方案	执行控制、风险预测、应急方案	保障成功
结束语		总结、突出、强化策划人意见	总结主张、前后响应
附录		数据资料、问卷样本及其他背景材料	提高可信度

案例导入

二维码 2-2 市场营销策划方案的格式及内容要求

一、经典案例

通江县是银耳的发源地。“巴雪耳”银耳糖片，能解决以往家庭自己用银耳炖汤过程复杂、操作烦琐的问题，既能满足消费者的营养需求，又方便快捷。

经过资料收集和市场分析，撰写此策划方案，希望能对该类农产品进行深度开发，提升价值。

（一）市场宏观环境分析

1. 经济

2017年上半年，全国居民人均可支配收入12 932元，其中用于医疗保健的消费占8.1%，民众健康意识的改变，更多的人愿意在保健品上消费。

2. 政治

经省（自治区、直辖市）食品药品监督管理部门批准，具有同剂型生产条件的保健食品生产企业可以接受委托生产保健食品。

3. 文化

健康对每个人来说是很重要的，拥有健康是每个人对自己、对家人最大的承诺。与其有病求医，不如“防患于未然”。“投资营养，储蓄健康”的理念已成共识。

4. 行业现状

2014年中国保健品行业规模1 610亿元，预计到2020年年底有望突破5 000亿元。中国保健品市场其成长正在加快，草本、非草本的膳食补充剂是增速最快的两个领域。

美国、日本膳食补充剂市场渗透率分别为85%、70%，而中国仅为20%。市场未来成长空间可观，中产阶级及富裕群体为主要的销售增长点。

中国保健品市场空间巨大，但市场中竞争者众多，集中度低。

（二）竞争对手分析

从加工科技、优势、不足等方面对“安发甘诺宝力”牌银耳片进行分析。

（三）消费者的行为分析

1. 影响消费者需求因素分析

①动机因素；②收入因素；③价格因素；④观念因素；⑤喜好因素。

2. 消费者购买习惯分析

①购买渠道分析；②顾客忠诚度分析。

（四）市场机会分析

1. 本公司产品市场现状

(1)渠道建设处于初级阶段。

(2)产品知名度低。

(3)采用新技术。

(4)全新的保健理念。

(5)竞争对手采取防御策略，掠夺市场利于品牌建设，可拓展市场范围大。

2. 有利因素分析

(1)潜在的市场消费需求大。

(2)新产品的宣传包装变化空间较大，易于进行产品定位。

(3)借助“巴食巴适”的品牌形象，在进入市场时较为顺利，但在营销一段时间后，应该逐渐树立自己的品牌形象，淡化“巴食巴适”品牌。

(4)银耳糖片含有人体所需要的丰富蛋白质、矿物质、氨基酸等，针对不同的消费群体，拥有不同的功效。

(5)融合了传统技术和现代生物技术，在视觉和味觉上都给人一种全新的体验。

3. 不利因素分析

(1)艰苦的品牌树立过程：市场竞争激烈，需要大量的广告宣传投入，方可鹤立鸡群。

(2)漫长的消费引导过程。

(3)巨大的市场投入。

(4)零售价位较高，在功能及品牌鲜为人知的情况下，很难与对手抗衡。

(5)若过分强调功能性，会导致功能外的消费者不采用，将损失一大部分潜在客户，造成消费群体减少。

4. 市场细分

结合银耳糖片的市场和企业自身实际状况采用新的市场细分变量，以购买人群、产品档次以及消费人群为细分变量，对银耳糖片市场进行立体交叉细分。

(1)按购买人群进行细分。根据消费者年龄、家庭人口、收入、职业和购买力等因素，购买人群主要划分为低端消费者和中高端消费者。

(2)按年龄进行细分。将市场分为儿童、青年、中年人、老年人四个市场，儿童市场注重趣味性，青年人市场注重时髦，中年人市场注重档次，老年人市场注重功效。

5. 选择目标市场

经过对消费者的分析，以及对各个细分市场的研究分析，结合企业的实际情况，银耳糖片将进军中高端市场，把中高收入水平的消费者作为主要的目标客户，主要以质量上乘的中高端银耳糖片作为主打产品。通过高品质来征服市场上的消费者，建立起消费者对产品的信任。

(五)市场定位

1. 基本定位

新型银耳糖片，功能明显。

儿童：补充维生素、蛋白质、润肠益胃。

女士：滋阴、美容嫩肤、活润气色。

2. 产品宣传定位

(1)在市场和宣传推广的时候，要突出其功效宣传，但是不要使消费者误以为这是一种药，避免产生负面效果，否则会导致消费者失去对这个产品的信任。

(2)在宣传时，反复提示消费者“长期使用，效果更佳”。

(3)消费形式基本是自己食用和作为礼品购买。

(4)概念结构：优质通江银耳＋现代生物技术＋传统养生文化。

(六)4PS 策略

1. 产品策略

(1)产品本身。银耳糖片(每片 0.25 g,每盒 12 片,礼盒装 4 盒),具有不同的口味,分为维生素银耳糖片、红枣银耳糖片、雪梨银耳糖片、百合银耳糖片、木瓜银耳糖片、草莓银耳糖片。

(2)产品与目标市场需求分析。随着生活水平的提高,人们更加追求生活的质量,对自身以及家庭的健康更加关注。目前市场上只有药品银耳孢糖,不能满足日常需求。家庭用银耳炖汤一是方法不当,造成营养流失,二是步骤烦琐,操作起来麻烦,因此银耳糖片可满足消费者的养生需求。

(3)产品质量选择。通江银耳弥足珍贵,原材料以及所含营养价值决定了产品应走高档路线。

(4)包装策略。根据目前的市场细分以及市场调研获得的信息,将包装设计为以下款式:

①儿童款。糖片的形状设计为可爱的当红卡通人物的形象,外包装符合儿童的审美,包装上面可设计为游戏或者动画中的人物形象,颜色绚丽多彩。

②青年款。独特、个性,结合时髦的网络用语,形成文案,引起青年的好感与共鸣,如"每到冬天,总想起妈妈的银耳汤,还好有你,满足我在异乡的思念"。

(5)销售目标对象。青年人和中年人是家庭的主心骨,其关爱老人与小孩的健康,同时经济实力逐渐稳定,具有较强的健康意识与支付能力,愿意为家人的健康保健进行消费。

(6)产品营销策略选择。目前,市场上尚未有针对不同年龄阶段的银耳糖片,因此选择以市场补缺者的身份打开市场,实行专业化补缺策略,包括地理市场专业化、产品线专业化、产品特征专业化、垂直专业化、渠道专业化。

2. 价格策略

根据以上分析,银耳糖片应该采取高价格的策略,因为银耳糖片针对较高消费层次的消费者,且产品自身技术含量高。儿童款 399 元/礼盒,青年款 499 元/礼盒。

3. 渠道策略

(1)渠道形式。

①银耳糖片生产企业—零售店—消费者。这是一种相对简单的营销渠道,利润空间相对较大。要求企业拥有雄厚的实力,覆盖面广,能完成较繁杂送货、铺货、回款等工作。

②银耳糖片生产企业—代理商—批发商—零售商—消费者。这是最长、最复杂、销售环节最多的一种营销渠道,会相应增加流通时间和费用,但它对产品的流通和广泛推销都有积极作用。

(2)渠道成员的激励措施。包括:①折扣政策;②对中间商返利;③放宽信用条件;④帮助渠道成员共同成长。

(3)评估渠道成员。定期评估,内容一般包括:销售配额的完成情况、回款情况、中间商的经营管理水平和开拓能力、中间商的区域优势、与公司促销和培训计划的合作情况。

4. 促销策略

(1)促销推广活动。

①活动一。主题:"巴雪耳"新品投入市场新闻发布会。

方式:以参与、体验式的方式邀请新闻媒体的朋友在悠闲地环境下试用、品尝,媒体朋友可以带上家属。

目的：在新品上市的第一环节，以此新闻发布会，宣传其产品功能、特点，新闻媒体参与宣传有助于消费者认识本产品。

②活动二。主题：新品特卖——咨询促销活动。

方式：在高端购物商场以及保健品零售商开展新品促销活动。

目的：充分与主要消费目标群体和潜在消费目标群体接触。

③活动三。主题：新品展示——明星代言。

方式：邀请符合本产品形象的代言人，为产品代言宣传。

目的：利用明星效应，提高产品知名度与曝光度。

(2)传统媒体投放。考虑预算，媒体投入主要用以配合促销活动，并以专文报道本产品市场所独有的成分和功能，达到宣传产品及树立形象，从而吸引消费群体，提高销售额。投放形式主要是电视、报纸等媒介的广告投放。

(3)网络营销策略。除了传统的渠道之外，“巴雪耳”银耳糖片也应该开拓线上营销渠道，加强网络营销，才能在激烈的市场竞争中突出重围。

①网络渠道的建立。包括第三方平台及电商渠道，自建平台—“巴雪耳”银耳糖片网购商城，微信营销。

②网络推广策略。包括网络社交平台；网络视频、微电影；“银耳糖片 ID”建立食品安全追溯信息平台。

(七)品牌设计与决策

1. 品牌名称与文化

(1)品牌名称说明。“巴雪耳”银耳糖片的名称中，“巴”说明产品来源于巴中市，属于地域宣传，“雪耳”是对通江银耳的美称，不仅代表银耳雪白透亮，更是有产品的品质上乘之意。

巴雪耳

图 2-1 “巴雪耳”标志设计

(2)品牌文化(广告)设想。巴中雪耳是历代王公贵族的珍贵养生食品。每天清晨，太后寝宫里一有光亮，宫人就开始悄悄无声无息地准备一应事物。寝宫的西南角上，最先亮起一道红光，这是老太监熬了一夜的银耳，此时拿开护罩，准备给太后送上起床后的第一道养颜美容的敬献。宫里的人口耳相传，银耳是保健、防病、养颜、美容和延年益寿的保健食品。

2. 品牌表现

(1)标志设计。标志混合了不同的绿色，绿色是保健品安全的象征，同时也代表不同年龄阶段的人，人形朝上，代表积极健康向上，青春洋溢；Logo 看着也像一个反向的字母 B，反映品牌的地域属性。

(2)色彩与包装。①市场营销的主流模式；②保健食品包装信息。

3. 产品推广与品牌推广

(1)主题化推广。主打“巴雪耳”银耳糖片主题，推广系列产品，绘制已有的产品分布图，发现隐藏于产品背后的价值主张，提高推广投入的递延收益。

(2)风格化推广。透过造型、色彩、质感等元素，形成清晰的，独特的风格。在不同产品的外观设计中融入共同的品牌价值，让消费者感受产品的定位和价值，提高消费者的忠诚度。

(3)持续化推广。通过产品推广向品牌推广的转换有效延长产品生命周期，推迟产品的老化。

4. 品牌“六度”

(1)知晓度、知名度、知名度的管理规划。

①独特并易于记忆的广告;②抢占第一的位置。

(2)美誉度、满意度、自豪度的管理规划。

①利用名人效应,提高顾客自豪度。邀请符合产品价值的名人,一方面,可利用名人已经形成的知名度;另一方面,名人具有比品牌更容易获得传播和关注的故事、情感化的色彩,更加容易吸引消费者的注意。

②利用品牌延伸提高美誉度。“巴雪耳”银耳糖片采用品牌延伸的策略,是消费者在各个地方均能看见“巴雪耳”的品牌,在顾客心中形成良好的品牌印象,一传十,十传百,极大提高产品美誉度。

(本案例引自知乎,原作者为 shmily)

二、案例分析

(一)前言或序言

前言或序言是策划方案正式内容前的情况说明部分,内容应简明扼要,案例前言中基本阐明了接受当地委托进行策划的概况。

(二)正文

1. 竞争战略分析

(1)宏观环境分析。着重对与策划活动相关的政治、经济、文化及行业现状等宏观环境进行了分析。

(2)竞争者分析。主要分析本企业竞争对手“安发甘诺宝力”牌银耳片的加工科技、优势和不足。

(3)消费者分析。主要从影响消费者需求因素和消费者购买习惯进行了消费者分析,内中又分为若干小的影响因素。

2. 市场机会与问题分析

先从渠道、知名度、新技术和全新的保健理念来分析市场,再从竞争对手防御策略和掠夺的市场战略来分析品牌树立的有利因素和不利因素,并为制订具体方案做了铺垫。

3. 确定具体营销方案

针对营销中的问题点和机会点进行分析,提出达到营销目标的具体方案。营销方案主要由市场定位和 4P 组合两部分组成,具体体现两个主要问题:

(1)本产品的市场定位。案例中通过市场细分,确定基本的市场定位是新型银耳糖片,功能明显,并针对不同人群确定不同的定位,再进一步确定了宣传定位。

(2)本产品的 4P 组合。策划方案中详细从质量、销售对象、产品本身等阐明了产品策略。

产品分析确定了采取高价策略——儿童款 399 元/礼盒、青年款 499 元/礼盒等,接下来策划方案中从渠道的形式、成员的评估和激励阐明了渠道策略,然后对产品的促销活动在产品推广方面制订了三个方案,媒体选择传统媒体和网络媒体结合的方式。

最后,策划方案从品牌名称与文化、品牌表现和产品推广与品牌推广三个方面对品牌管理进行了阐述。

(三)费用预算

该策划因为是初创期的战略和品牌方案策划,因此在费用预算与行动方案控制表方面并未详述，后期还需要具体的实施策划补充。

任务设计与实施

一、任务实施内容

以小组为单位，为某食品企业的新产品制订适用的食品营销策划方案；在调查研究基础上确定主题，列出提纲，收集相关资料；构思与提炼营销策划创意；制订适用的食品营销策划方案，并进行汇报交流。

二、任务流程设计

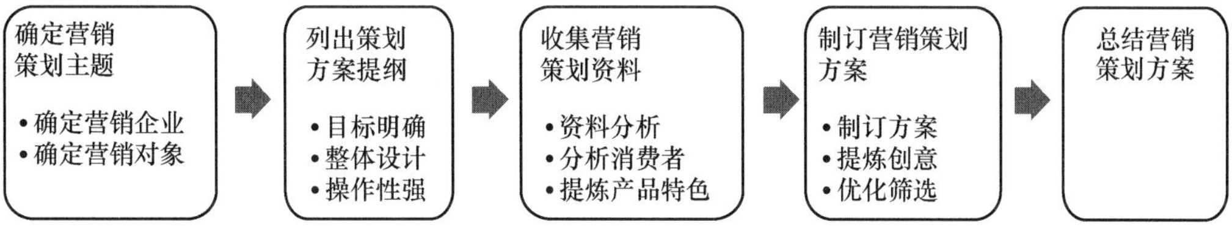

三、任务实施要求

(1)把学生分成若干小组，每个小组以 5～6 人为宜，便于合理分工，要以组为单位合作完成任务。

(2)以小组为单位调查本地有代表性的食品企业，了解与分析企业营销要求，将调查研究及查阅的信息进行归纳、整理、分析，拟出适用的食品营销策划主题及营销策划方案提纲。

(3)收集、归纳、整理适用的食品营销策划方案所需信息，对适用的食品营销策划创意构思进行再提炼；编制适用的食品营销策划文件；要求格式规范(营销策划书的基本结构详见表 2-1 营销策划方案的基本结构及二维码 2-2 的内容)，字数在 3 000 字以上。

(4)各小组整理、总结营销策划方案并制作 PPT，派代表进行食品营销策划方案的汇报。

四、任务实施考核

表 2-2　任务实施考核内容与标准

考核类别	考核项目	考核要点	考核分值	考核方式			
				自我评价	组内评价	组间评价	教师评价
专业技能(60%)	任务方案设计	主题选取准确性、创新性	5				
		方案提纲设计合理性	5				
		小组分工合理性	5				
	任务实施过程	数据真实性(参考资料在近 1 年内)	5				
		策划方案设计创新性	10				
		任务实施过程中的表现和贡献	15				
	任务实施成果	策划方案合理性	5				
		PPT 制作规范性	5				
		PPT 汇报答辩流畅性	5				

续表 2-2

考核类别	考核项目	考核要点	考核分值	考核方式			
				自我评价	组内评价	组间评价	教师评价
职业素养（40%）	学习态度和纪律性		8				
	发现问题、解决问题的能力		8				
	团队协作能力		8				
	沟通能力		8				
	吃苦耐劳精神		8				

任务二　食品营销策划的实施

任务内容

了解食品营销策划的原则，掌握食品营销策划的实施手段与方法。

必学理论

一、食品营销策划的原则

食品营销策划不是简单的制订行动计划，而是食品企业的一项战略性决策，是一种系统的推出全新食品乃至食品企业的全方位决策。食品营销策划的原则主要有以下几个方面。

（一）战略性原则

食品营销策划是从战略高度对食品企业进行的谋划，必须对营销目标和营销手段进行整体性、动态性和长期性的规划设计。策划方案一旦确定，就会成为食品企业在未来一段时间内的营销指南，在这段时间内，食品企业整体工作必须依照策划方案实施。也正是因为这个原因，在进行食品企业营销策划时，一定要站在食品企业发展全局的高度去审视和策划，务求做到全面细致、周密完善。因此，从战略高度进行食品营销策划所起的作用是至关重要的。战略性原则的具体要求包括以下几方面。

1. 策划的全局性

食品营销策划要从整体和全局出发，关注全局目标效益和效果，它规划出食品企业发展的整体蓝图，注重对企业未来发展方向的谋划，在整体视角下进行规划，使部分和整体统一，局部和全局相适应，避免纠缠于细枝末节。

食品营销策划是食品企业进行营销决策的依据，将对食品企业未来工作起指导作用。因此，一个优秀的食品策划方案，是在对食品行业市场情况、产品情况、管理状况、生产情况、发展趋势等进行全面了解和考察的基础上，站在战略高度进行规划。食品企业营销策划方案既要考虑到食品营销环境影响，又要考虑到食品企业内部各部门间的能力匹配与协作。只有全面综合地分析每一个可能影响营销策划方案实施的因素并加以控制，才不会导致营销资源的浪费，在食品市场调研分析中，不深入了解当时的市场状况、竞争态势、对手强弱以及宏观政策等问题，盲目进行策划将会造成严重后果。

2. 策划的长期性

食品营销策划的立足点是提高食品企业市场竞争力，使食品企业兴旺发达、长盛不衰，谋求的是食品企业可持续发展，而不是追逐短期利益，因此食品营销策划一定要处理好眼前利益和长远利益的关系，为食品企业长远战略目标服务。食品营销策划一旦完成，就成为食品企业在相当长一段时间内营销工作的指导方针，要求食品企业中每一个部门、每一名员工都必须严格执行。

3. 策划的方向性

食品营销策划指出了食品企业未来一定时期内的经营方向，是食品企业宏观管理的战略性纲领。它为食品企业的发展指明了基本方向和前进道路，是各项管理活动的指南。它有利于调动职工的积极性、主动性和创造性，使广大员工心往一处想，劲往一处使，为实现食品企业的目标而不懈努力。

4. 策划的稳定性

策划着眼于解决长远性、全局性的问题，影响面大。因此，要保持其相对的稳定性，不能朝令夕改，只有当食品企业的外部环境和内部条件发生重大变化后才能作战略性调整和转移。食品营销策划要注意全局的动态变化，市场是变化莫测的，变化发展有时会影响全局。这时，策划人要善于抓住市场动态规律，掌握全局，避免市场变化触动企业的根基。

营销战略与战术的关系：战略是战术的灵魂，是战术运用的基础。比如，一个食品企业中长期营销策划的指导原则是为消费者提供健康、安全的有机食品，这就是战略目标。为达到这一战略目标，每年制订的产品生产计划、原材料采购计划、食品添加剂改善计划等是战术行为。一个系统的、完整的食品营销策划方案是为食品企业长远发展目标服务的，要保持相对稳定，但也要有一定适应性和灵活性。

5. 策划的层次性

食品营销策划既要总揽全局要也要具有层次性，营销策划分为三个层次，即宏观策划、中观策划和微观策划。宏观策划提出制订方案的总原则和指导思想，是一种战略性整体策划；中观策划的主要任务是贯彻宏观策划的整体思想，提出微观策划实施的具体方案，是宏观策划与微观策划的中间环节；微观策划给出了实施的步骤、要求等细节规定，是活动策划最基础、最具体的层次。营销策划的层次之间是相互关联的，宏观策划是主导、是提纲，原则性最强，而微观策划则是最具体、最真实、最生动的策划，没有宏观和中观策划，策划方案是零乱、无序的，容易出现偏差；没有微观策划，宏观策划的思想则不能得到有效的贯彻与实施。

（二）信息性原则

食品营销策划必须在掌握大量有效营销信息的基础上进行，没有这些信息将导致食品营销策划有盲目性和误导性，并且在执行食品营销策划方案的过程中也会出现方案和现实有出入而无法进行的情况。当然，调整方案也要在充分调研收集信息的基础上进行，大量的市场信息是食品营销策划实施成功的保证。比如，大家熟知的“三只松鼠”通过制造“新闻热点”、建立微信公众号、网络直播等方式提高企业亲和力，拉近企业与用户间的距离，从而获得及时的反馈与建议。此外，通过营销活动可以对产品和品牌进行实时有效的监控。

（三）系统性原则

食品营销策划的系统性原则是指任何食品营销策划都必须站在食品企业全局的高度来系

统地设计和实施。不管是在对食品企业组织结构、发展史、企业营销环境等因素的分析上，还是在食品营销策划方案的制订、实施、监控过程中，都要系统地进行研究，只有做到这一点，才能保证食品营销策划的成功。

（四）时机性原则

食品营销策划，要把握好“上市时机”和“推出时间”等重要节点时机，时机的把握在食品营销策划的各节点上都显得尤为重要，有时候甚至会影响到策划的成败，时机是市场创造的，又反作用于市场。例如，在端午节前，一些食品企业会提前进行考察、设计，并在大型超市组织包粽子比赛活动，但是这个活动在端午节前到端午节期间进行会很应景，节日一过，再好的策划方案也失去了实施的时机。

（五）权变性原则

很多食品营销策划实践表明，在策划设计和实施过程中，经常会遇到一些对策划产生巨大影响，甚至影响企业生存和发展的变化因素，这些因素变幻莫测，是食品企业想不到和难以控制的，若不能很好地适应，则会直接影响到策划实施及效果。因此，食品企业在策划方案设计和实施之前，应尽量对各种可能的因素进行预测分析，设法增加食品营销策划方案的灵活性，使之对突发事件有足够的应变能力，做到因时而变、因势而变、因地而变。

1. 增强动态意识和随机应变意识

食品企业是处在自身不可控的动态营销环境中，在策划的设计和实施中有可能遇到一些对策划产生一定影响的突发事件和风险因素，这就增加了策划的风险性。突发事件和风险一旦发生而无应对措施，很有可能导致策划方案流产或失败。例如，在新冠肺炎疫情突如其来的情况下，为了抗击疫情，保障百姓基本生活，美团外卖及时地在国内率先推出“无接触配送”，这一方面避免了骑手和就餐者的交叉感染，另一方面也使企业在疫情中得以生存和发展。

2. 预见变化趋势，掌握主动性

策划中要时刻掌握对象的信息变化情况，及时预测对象的变化趋势。策划对象信息是策划的基础材料和客观依据，这个基础和依据变化了，策划也应随之变化，否则其策划就失去了准确性、科学性和有效性。以 2020 年初暴发的新冠肺炎疫情来说，1 月 24 日，湖北启动重大突发公共卫生事件一级响应，1 月 29 日，全国启动一级响应，一直到 3 月份中国抗疫态势好转，逐渐复工复产，国外疫情开始暴发，这个时候必须广泛了解、全面收集和及时分析处理这些信息。作为食品企业，应该根据疫情的分布，根据不同国家的国情来分析判断哪些国家会在什么时段封锁边境，会造成哪些食品短缺及可能的后果。例如，很多国家关闭农产品出口通道，这会直接影响我国相关粮食产品的进口等，营销策划人员应及时掌握具有真实性、时效性、系统性和可靠性的信息资料。

3. 及时调整策划目标，修正策划方案

当客观情况发生变化且影响到策划目标的基本方面或主要方面时，要对策划目标做出必要的调整，并对策划方案进行修正，以保证策划方案与调整后的策划目标保持一致。比如，在新冠肺炎疫情中由于人们无法出门，一直是到店选购的生日蛋糕滞销，一些蛋糕企业就通过微信群联系会员，并通过推荐优惠、定制配送的方式来进行生日蛋糕生产和销售。

（六）创新性原则

在个性化消费需求日益强烈的现代营销环境中，食品营销策划要具有更多的创造性。从产品的定位到设计理念、策划方案的创意及营销推广策略，如果没有独创、毫无新意，就意味着被淘汰。独到、差异化、有个性、有创新的创意才能唤起消费者的购买欲望，把潜在消费者转化为实际消费者，创新能使企业脱颖而出，拥有更多的成功机会。要符合创新性原则，在进行策划时应做到以下几点。

1. 策划观念的创新

策划观念是否独创、新颖是直接影响食品营销策划方案成败的关键，没有创新的观念就无法形成具有独创性的策划方案。

2. 策划主题的创新

主题是策划方案的主导思想，是策划的“灵魂”。策划主题是否独创，立意是否创新，关系到策划的品质和层次。大到整个策划主题，小到网络广告主题无不是这样，策划主题的独创性源于发展潮流又超越发展潮流，具有一定的前瞻性。

3. 策划手段的创新

独创的策划手段和一般的策划，取得的效果不一样。在很多企业还在用单一手段策划食品营销方案时，阿里巴巴公司已经率先开始结合网络订餐、智能机器人等要素进行未来无人操作食品的策划。

(七)效益性原则

食品营销策划的最终目的就是获得效益，如果策划实施中的费用高于策划实施后增加的收入，那么这个策划就是无意义的；即使是策划能够获得收益的情况下，策划实施前后收益变化不明显，且也不能使企业形象提升，也是不符合策划目标的。遵循效益性原则有以下几点要求。

1. 开源节流

策划实施中有时候采用高价反而更能达到“开源”的效果，例如，贵宾服务就需要高价来衬托，大品牌服饰也需要与之相匹配的价格，高价格有时候代表高质量，这样不仅能带来更多的收入，而且效果也很好。策划实施中的“节流”是指减少一些不必要的开支，但应注意，对于会使营销效果降低的必须开支不能缩减，否则不是节约，而是对营销资源变相的浪费。

2. 精打细算

策划方案中需要列出详细的预算方案，只有通过详细的预算，才能核查每一个项目、每一个投入是否合理，从而做到每一笔支出都有依据，使资金投入节约化，效果最优化。才能使得每一笔钱都能发挥最大的效能，营销的投入才是经济的。

3. 效益优先

食品营销策划必须产生经济效益，没有经济效益的食品营销策划是失败的，经济效益的高低是评价食品营销策划方案优劣的最主要标准。

二、食品营销策划方案实施的基本手段与方法

(一)食品营销策划方案实施的基本手段

为了保障食品营销策划方案的顺利实施，食品企业必须采取一些有效手段来保障营销方案的实施。

1. 诊断手段

诊断手段是指能通过一定的诊断方法和程序发现和揭示企业营销策划方案实施过程中存

在的问题和困难,并有针对性地提出相应对策和解决办法的手段。例如,营销策划活动中督察、财务制度及监管、效果的测定等,营销策划管理人员在企业营销策划方案实施中,可以根据这些反馈信息不断修正营销策划方案。诊断手段对于了解食品企业内部的情况、有效地实施营销策划方案具有重要意义。

2. 分配手段

分配手段是指营销策划管理人员在营销策划实施过程中合理安排时间、经费和人力的能力。比如,营销策划管理人员可以决定在营销推广活动中的预算,对不同品级的产品给出不同的质量要求,对每项营销活动给出实施时间安排等,这些都是营销策划实施的分配手段的内容。

3. 监控手段

监控手段是指如何建立和管理一个控制营销方案实施关键节点和反馈结果的监控系统。管理人员应该通过营销信息收集系统,连续不断地搜集企业内部和外部的环境信息及其变化,监控营销策划实施节点和结果的信息动态,从而及时有效地处理因环境变化而产生的各种问题,保障营销策划的实施过程在可控范围内,使食品企业营销策划活动顺利开展。

4. 组织手段

组织手段是指如何设定营销策划人员之间为实现策划目标而应具有的组织关系和结构。营销策划管理人员必须将组织的集中化程度和组织结构的正规化程度掌握在与控制系统相适应的范围内,并重视非正式营销策划机构的地位和作用,促使非正式营销实施机构与正式营销实施机构相互配合,并能预见这种配合对企业营销策划方案实施活动的效果将会产生的影响。

5. 协作手段

协作手段是指营销策划管理人员通过借助其他力量来协助自己完成策划实施工作的能力。营销策划管理人员要能动员食品企业内部的员工有效地实施营销策划活动,而且要有很强的组织和社交能力,能够通过充分借用企业外部的力量(比如信息调研公司、广告代理公司等,尽管这些外部组织与本企业的目标并不全然一致)来帮助自己最终达到预期的营销策划目标。2020 年 4 月,广东服务行业联合当地商会对某外卖平台发起集体控诉,而该外卖平台声称 8 成佣金都分给外卖配送员。对于这样的说法,很多网友纷纷表示不解,外卖配送员也表示根本没有收到这么多的佣金,平均一单的佣金只有 6 元。该平台因涉嫌垄断、高额佣金以及不公平竞争等问题被众多商家、用户举报,最后导致很多外卖产品下架,各方多有不满。因此,在策划实施时需要高水平的相互配合,要调和水平渠道或垂直渠道内出现的矛盾,避免大规模的冲突发生。

(二)食品营销策划方案实施的方法

食品营销策划方案实施的方法有 5 种,即领导指令法、组织转化法、管理层协作法、企业文化引导法和向上推进法。

1. 领导指令法

领导者通过领导权威来发布各项指令,通过指令来推动产品营销策划方案的实施,具有很强的正式集中指导,这种方法的特点是强调策划领导者在食品营销策划方案实施中的重要作用。这种方法实施的前提条件是食品企业先对市场营销状况进行了大量分析,然后再进行营销策划方案的实施行动,在实施前和实施过程中,策划领导者拥有足够大的权力和可靠的信息,但这种方法要受到信息的准确与否和策划方案实施的难易程度等诸多因素的制约。例如,新疆特丰集团的“佳佳钙”口服液就是因为公司领导发现打补钙针的孩子很多，但打针会导致孩子哭闹，因此策划了一款儿童补钙口服液，公司以此产品发展壮大起来。

2. 组织转化法

组织转化法重点要考虑的是如何通过激励手段和控制系统来推进营销策划方案的实施。这种方法的特点是策划领导者同时起设计者的作用，协调实施策划方案，通过行为科学把策划中的组织纳入整个策划方案的实施轨道。转化法对指令法有补充与完善的作用，两者配合使用能使营销策划方案的实施更加科学有效。这种方法的缺点是存在可靠信息难以收集和营销策划方案实施动力不足等诸多问题。

3. 管理层协作法

这是扩大食品营销策划方案决策范围，将企业高层管理人员都纳入进来，充分调动大家的积极性，在实施过程中领导者主要起协调作用的策划方法。这种方法的特点是营销策划领导者能更加接近一线的管理人员，从而能获得更加准确的信息，并且由于营销策划方案的制订和实施是集体共同智慧的结果，营销策划方案的实施会更加顺畅，成功的可能性也会大大提高。因此，该种方法非常适合复杂且缺乏环境稳定性的组织和企业。值得关注的是，管理层协作法并不是说让组织和企业的全体员工都参与决策活动，绝不仅是不同观念、不同目的的参与者简单协商的产物，其结果有可能会牺牲经济合理性。

4. 企业文化引导法

用企业文化来促使营销策划方案的实施，这种方法的特点是添加了基层人员的加入，从而降低营销策划方案的制订者与执行者之间的隔阂。策划领导者起指导作用，主要任务是通过食品企业文化来引导企业的成员，激励食品企业中所有人员遵循企业的使命，参与制订与自己岗位相关的部分策划。企业文化引导法中参与者涉及各层员工，使食品企业全体参与者同舟共济，这就使策划方案实施风险降低，执行速度增加，促进策划实施过程中企业平稳发展。但这种方法是以假设食品企业的员工都具有相当的文化素质为前提，这实际上较难办到。此外，过分强调企业文化，有可能会掩盖企业营销活动中存在的一些问题，从而阻碍了对问题的解决。所以，企业文化引导法也存在其局限性，例如以前的食品企业文化强调做大、做强、“狼性”，但是随着时代的变迁，现在更关注“以人为本”和“食品安全与健康”。

5. 向上推进法

该法中营销策划方案的实施是从下层部门向上层部门推进的，不是由上层部门向下层推进。策划领导者在策划实施过程中的主要作用是用组织制度来刺激创新，为每一步选择出更具有可行性的营销计划。这种方法的特点是将向上推进、领导负责和集体决策结合起来，保障营销方案的成功实施。当然，为减少集体决策风险性，需要制定出一定的策略和措施。比如，建立一个小组，对规划进行控制，提高营销策划方案实施的准确性和正确性，提出营销策划实施的主题和重点，给出营销策划方案评价的标准，使食品营销策划方案在实施中始终遵循科学性原则。

以上 5 种营销方案实施方法侧重点各有不同，企业应根据自己的实际情况和营销策划方案的特征来选用合适的方法，也可以根据情况进行组合使用。

总之，市场营销策划方案实施是一个整体过程，必须通过一定的手段选择合适的方法才能顺利进行。因此，为了有效地实施食品企业的营销策划方案，实现企业的战略目标，策划方案的领导者必须选取合适的实施方法，策划实施管理人员必须将营销策划实施的诊断、分配、监控、组织和协作几种手段结合起来，相互配合，只有这样，才能保证食品营销策划的有效实施。

案例导入

一、经典案例

麦趣尔集团股份有限公司是新疆维吾尔自治区内规模较大、技术含量较高的现代化食品企业，主营业务是乳制品的生产和销售，以及烘焙食品的连锁经营。在烘焙食品方面，麦趣尔集团股份有限公司拥有36家烘焙食品直营连锁门店，总经营面积6 132.85 m^2，主要分布在新疆和北京，公司建有烘焙食品加工厂、区域性的加工中心和连锁店的现场烤制及加工间，烘焙连锁经营所需产品绝大部分由公司自主生产，公司生产的烘焙食品包括面包、蛋糕、中西式糕点、月饼四大系列共400余种产品。

麦趣尔食品公司1988年建于昌吉市，5个工人，一台旧烤炉，生产蛋糕和饼干，创始人李玉瑚对蛋糕食品的品质异常在乎，以1 800元的高薪，专程从外地聘请了一位好手艺的师傅，精心制作了第一批西饼上市。20世纪90年代中期麦趣尔公司强势登陆乌鲁木齐，向当时占据市场优势的“麦粒来”和“华美都”发起挑战。麦趣尔公司一直都在追求产品质量优良、健康、营养，立志做出“中国味道”。随着企业不断发展，公司凭着以人为本的创业宗旨，先后聘请了近10位国内外知名的食品生产技术专家来公司指导工作，分批选派企业优秀员工外出参加各种培训，并对车间员工进行质量、卫生、操作规程等培训。在不断完善质量管理模式的前提下，为了进一步提高产品质量，公司还购置了先进的化验检测设备，培养了一批专职检验人员与质量保障人员，并制定了一套完善的质量管理制度。食品公司生产的月饼、面包类产品在2005年荣获新疆维吾尔自治区“新疆名牌”称号，2002—2008年，麦趣尔牌月饼连续7年获得“国饼十佳”荣誉称号，并在2006年9月荣获“中国名牌产品”称号。2014年，麦趣尔公司在深圳证券交易所上市，其“中国味道”走向全国。

二、案例分析

麦趣尔公司是如何从一个只有5个人的小作坊一步一步成为全国知名的上市公司的呢？

1. 优秀的策划战略是麦趣尔公司成功的关键

首先，我们看一看麦趣尔公司的发展历程：

1998—2002年，麦趣尔月饼在中国月饼节上连续荣获“质量信誉”和“中国金饼奖”，被授予中国唯一清真品牌金奖；

2002年12月麦趣尔集团有限责任公司被评为国家级农业产业化重点龙头企业；

2003年7月麦趣尔月饼首次荣获“国饼十佳”；

2006年5月麦趣尔集团有限责任公司ERP项目启动大会隆重召开，ERP项目的启动实施，加快了公司各方面的建设与发展，也加快了其与国际企业接轨的步伐；

2007年10月麦趣尔集团有限责任公司及其子公司一次性通过ISO 9000、ISO 14000、ISO 22000国际质量体系认证；

2008年7月，麦趣尔月饼喜获“国饼十佳”七连冠。

从麦趣尔的发展历程中可以看出，该公司从初次获奖到成为龙头企业再到与国际接轨，进行质量认证，最后获得“国饼十佳”七连冠都展现了其营销策划战略的全局性。从1988年就花费1 800元的高薪聘请师傅制作第一批西饼到获七连冠，说明了策划战略的长期性和稳定性，而其从始到终对质量的追求则体现了策划的方向性。

2. 诊断、监控和协作手段是成功的保障

在营销策划实施上，麦趣尔公司初建时将领导指令法和企业文化引导法结合，从一开始就追求并树立“质量优良、健康、营养”的企业文化。由领导者率先用高薪聘请来获得优质人才，随着企业的发展，通过聘请、指导、培训形成质量管理体系，采用了管理层协作法和激励法。同时，质量管理制度的完善和质量检测人员的配备又保证了企业在策划方案实施过程中的诊断、监控和协作手段的运用。

3. 策划的效益性原则

20 世纪 90 年代中期麦趣尔作为一个不知名的企业进军乌鲁木齐市场，没有用低价进入，却采用了高价策略，进而形成高质高价，充分体现了策划中的效益性原则。

任务设计与实施

一、任务实施内容

(1)以小组为单位，编制食品营销推广实践活动方案，选择出适合本次活动的实施方法。

(2)实施一次针对某一食品的现场食品营销推广实践活动。

(3)通过营销策划实施组织、分配手段进行现场活动的组织及资源的分配，并进行汇报交流。

二、任务流程设计

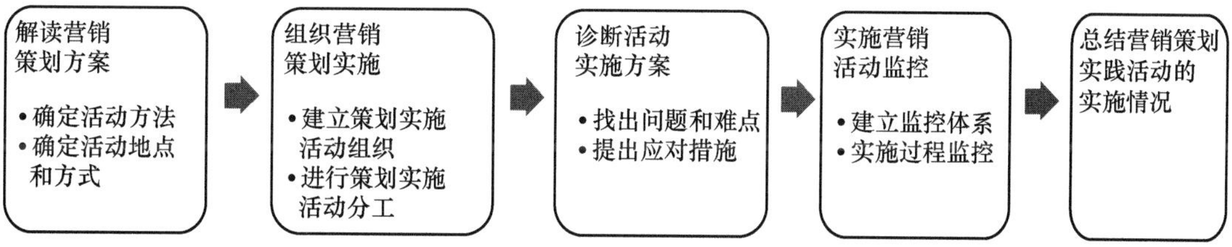

三、任务实施要求

(1)把学生分成若干小组，每个小组以 5～6 人为宜，便于合理分工，要以组为单位合作完成任务实施。

(2)收集、归纳、整理、分析资料，编制某一食品的现场营销推广实践活动实施方案，选定活动的方法、确定活动的地点和方式，并根据营销策划活动内容进行组织和分工。

(3)进行现场营销推广实践活动实施方案的诊断和分析，找出问题和难点，提出应对措施；实施营销推广实践活动，并设立监控反馈机制，

(4)各小组制作 PPT，并派代表对现场营销推广实践活动实施方案执行情况汇报与交流。

四、任务实施考核

请按照本项目任务一任务实施考核的内容与标准执行。

思考与练习

一、名词解释

营销策划方案　头脑风暴法　德尔菲法

二、不定项选择题

1. 设计营销策划方案的基本原则有(　　)。

A. 科学性原则　　B. 可行性原则
C. 有效性原则　　D. 简洁朴实原则
E. 创意新颖原则

2. 制订营销策划方案的技巧有(　　)。

A. 策划前要进行深入的调查研究
B. 策划中要发挥集体的创造性
C. 策划要在遵循市场法则的前提下创新创奇
D. 策划过程中要融合多学科、多资源、多方法
E. 策划方案务求清晰简洁

3. 强调运用高技术手段对营销项目相关信息进行推理，只研究信息的分析和处理方法，而忽视营销策划对客观实际状态的依赖和前后的因果关系，这种营销策划方案的方法是(　　)。

A. 事实依据营销策划法　　B. 技术手段营销策划法
C. 经验模板营销策划法　　D. 综合营销策划法
E. 头脑风暴法

4. 集中有关专家召开专题会议，说明会议的规则，提供必要的相关信息，让各位专家充分表达自己的想法。这种营销策划方案的方法是(　　)。

A. 事实依据营销策划法　　B. 技术手段营销策划法
C. 经验模板营销策划法　　D. 综合营销策划法
E. 头脑风暴法

5. 可行方案需要包含的必要条件是(　　)。

A. 方案具备可操作性　　B. 方案要足够创新新颖
C. 方案要得到高层主管的信任与支持　　D. 方案的执行需要其他职能部门的全力配合
E. 方案要运用多种促销

6. 营销策划书的基本结构有(　　)。

A. 封面　　B. 前言　　C. 目录　　D. 正文
E. 结束语　　F. 附录

7. 食品营销策划的战略性原则包括(　　)。

A. 策划的全局性　　B. 策划的长期性
C. 策划的方向性　　D. 策划的稳定性
E. 策划的层次性

8. 创新性原则指哪几方面的创新？(　　)

A. 策划观念的创新　　B. 策划主题的创新

C. 策划手段的创新　　D. 策划格式的创新

E. 策划方法的创新

三、判断题

1. 食品营销策划只要够新颖就能吸引顾客，可行性可以先不用考虑。(　　)

2. 新颖的创意是营销策划的核心内容。(　　)

3. 一个优秀的食品策划方案，只需要对食品行业市场情况进行充分分析，不需要综合分析。(　　)

4. 诊断手段对于了解食品企业内部的情况，有效地实施营销策划方案具有重要意义。(　　)

5. 市场营销策划方案实施是一个整体过程，必须通过一定的手段选择合适的方法才能顺利有效地进行。(　　)

四、问答题

1. 制订营销策划方案的方法有哪些？

2. 请简述制订食品营销策划方案的步骤。

3. 食品营销策划的原则有哪些？

4. 食品营销策划方案实施的基本手段有哪些？

5. 食品营销策划方案实施的方法有哪些？

二维码 2-3　模块二项目一思考与练习参考答案

项目二　食品营销计划的编制

知识目标

1. 认识食品营销计划的内涵、类型和成效。
2. 了解食品营销计划的内容和程序。
3. 了解食品营销控制的概念和内容。

能力目标

1. 能够制订食品营销计划并解决在实施过程中出现的问题。
2. 能够选择合适的方法和指标对食品营销进行有效控制。

素质目标

1. 客观公正履行工作职能，熟悉企业文化，适应企业现代管理；培养学生依法规范自己行为的意识和习惯。
2. 坚持科学严谨的工作态度与良好的职业道德，具有精益求精的工匠精神，具备创新思维和发展能力。
3. 具有良好的沟通能力以及团队合作、团队互助的精神。

项目概述

食品营销管理是食品企业从业者从事食品营销和策划工作的基本工作内容。它包括科学制订营销计划和有效进行食品营销控制。营销管理是现代市场营销理论与管理实践的有机结合,能对食品企业具体的市场营销行为进行科学指导。了解与把握这些知识与技能,食品企业经营者就能做到以理论指导实践,更好地挖掘市场潜力,提高食品企业的经济效益。

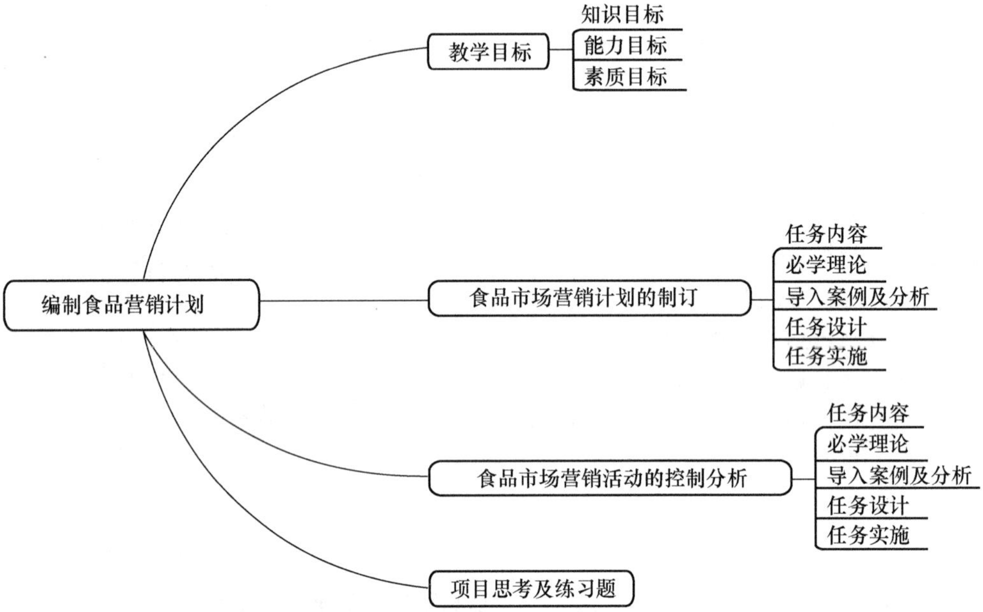

任务一　食品营销计划的制订

任务内容

认识食品营销计划的内涵和类型,掌握食品营销计划的内容和程序,能够正确制订食品营销计划并能够解决在实施过程中出现的问题。

必学理论

一、食品营销计划的内涵

食品市场营销计划是在对食品企业市场营销环境进行调查、研究、分析的基础上,明确企业及各业务单位的营销目标以及实现这一目标所应采取的策略、措施及实施步骤的具体安排和详细说明。一个好的市场营销计划,可以帮助企业落实营销战略和策略,实现其预期目标,协调企业各部门、各环节的工作,保证企业计划内资源的合理分配,对企业开展营销及相关活动起到基础性的作用。

二、食品市场营销计划的类型

（一）按计划时期的长短划分

按计划时期的长短，食品市场营销计划可分为长期计划、中期计划和短期计划。长期计划的期限一般在5年以上，主要是确定企业未来发展方向和奋斗目标的纲领性计划。中期计划的期限为1～5年。短期计划的期限通常为1年或1年以下，如年度计划、季度计划等。

（二）按计划涉及的范围划分

按计划涉及的范围不同，食品市场营销计划可分为总体营销计划和专项营销计划。总体营销计划是企业营销活动的全面性、综合性计划。专项营销计划是针对某一产品或特殊问题而制订的计划，如品牌计划、渠道计划、促销计划、定价计划等。

（三）按计划的重要程度划分

根据计划的重要程度不同，食品市场营销计划可分为战略计划、策略计划和作业计划。战略计划是对企业将在未来市场中占有的地位及采取的措施所做的策划。策略计划是对营销活动某一方面所做的策划。作业计划是各项营销活动的具体执行性计划，如一项促销活动需要对活动的目的、时间、地点、活动方式、费用预算等做策划。

案例链接

某方便面生产企业是标准的地方民营企业，有20多年的历史，最高峰时年销售额将近6亿元，员工有300人，但是到了2015年，因为整个方便面市场下滑，销售额直线下降至不足一个亿。经过市场调研，发现该企业主要存在产品老化，行业利润透明、竞争激烈、公司对市场问题解决滞后、渠道管理混乱等问题。针对这些问题，公司对市场营销计划做了调整。

从战略计划层面，针对产品老化、竞争激烈、市场占有率急剧降低问题，大胆砍掉了袋装方便面系列，不再生产销售，而专一生产不容易引起竞争对手关注还能避免价格战的地方特色面系列。

从策略计划层面，对销售任务进行了创新性的升级。让经销商和业务员共同在月初汇报下月销售规划，然后公司进行统计，看这个区域与公司的计划销售额还相差多少，比如说，计划销售100万元，实际上当前市场能完成的只有80万元，剩下的20万元就要进行新的市场开发或者新的网络渠道开发来完成。这就要求业务员将30%的精力放在经销商上，70%的精力放到其他市场上，来保证剩余20万元任务的完成。

在作业计划层面，也进行调整。原来给予客户的订单奖励政策是销售100件赠送10件，对赠送的这部分产品客户怎么用，一般都不再管理。现改为100件赠送20件或30件，促销力度加大，但有一个条件，这20件或30件产品仅作为终端新网点开发奖励，利用经销商的资源提升促销力度。

调整后，通过调查，客户对公司的满意度达到了92%；第一个月份销售额增长了3%，第二个月份销售额增长了12%，第三个月份销售额增长了32.07%，而且客户还没有不良库存；在效率提高的同时，整体成本下降了5.23%。

三、食品市场营销计划的内容

在现实的市场营销活动中，市场营销计划的内容是广泛的，有时指企业的整体计划，有时仅仅指企业整体计划的一部分，如产品决策计划。事实上，凡是企业营销活动中制订的与营销目标相关的计划都是市场营销计划的组成部分。所以，这里讲的营销计划一般包括以下内容。

（一）企业计划

企业计划指食品企业全部营销活动的整体计划，包括企业的营销任务、营销目标、发展战略、营销组合决策、投资决策等，但不包括整个业务单位的活动细节。企业计划既可以是短期计划，也可以是长期计划。

（二）部门计划

部门计划指食品企业各部门在企业整体计划指导下制订的分计划，包括营销、财务、质检、生产制造和人事等部门的计划。从时间上说，分计划也有短期、中期、长期计划。

（三）产品计划

产品计划指产品决策计划，包括新产品的开发、老产品的更新换代与淘汰、产品结构调整和产品最佳组合、产品管理和出口产品销售计划等。产品计划的主要内容是围绕特定产品的开发制定相应的战略和具体战术。

（四）市场信息调查和预测计划

市场信息调查和预测计划包括市场信息收集、处理、存贮、传输计划，市场营销信息系统建立规划，市场调研和预测计划等。其主要目的是选择特定的目标市场，找准企业营销的市场机会。

（五）促销与分销计划

促销与分销计划包括人员促销、宣传广告促销、营业推广和公共关系、促销策略组合、分销渠道选择、销售网络建立和发展、流通渠道完善计划等。其主要目的是缩短产品推销时间，节省销售费用，提高企业的经济效益。

二维码 2-4 食品市场营销计划的内容

企业市场营销计划是一个完整的计划体系，在现实的市场营销活动中，必须把上述计划全部组织在计划体系之中，进行综合平衡、全面安排，使之能统筹兼顾、相互协调。同时，还要体现市场营销计划体系的目的性、全面性、完整性及系统性，把营销观念、营销方针、目标、战略、市场营销因素及组合等定性计划，以及提高企业市场营销竞争能力、市场开拓能力、适应环境能力、提高经济效益能力等方面的措施列入计划，组成综合营销计划。

四、制订食品市场营销计划的程序

（一）明确营销计划编制的原则

制订营销计划一般要坚持以下原则。一是营销计划应贯彻落实企业发展战略。营销计划是落实企业发展战略的具体化、程序化、科学化的方案，不论是长期计划，还是中、短期计划都应该围绕企业发展战略来进行。二是要遵循市场规律。营销计划要准确把握和反映市场规律，经得起市场的严峻考验。三是要抓住关键，明确表述。要将产品定位、销量、利润、市场占有率、促销策略、新产品开发、目标市场拓展等关键性问题作为计划的重要内容，并提出具体明确的规定和要求，尽可能避免用模糊含混的语言进行表述。四是要切实可行、灵活调整。没有可行性的营销计划注定是要失败的；营销计划一旦制订实行，一般应相对稳定，但也要根据内部、外部条件的变化做相应的调整。

案例链接

洛阳润双食品有限公司成立于2010年，位于洛阳市洛常路，是肉制品生产加工行业的后起之秀。公司拥有标准化厂房、专用冷藏库房、先进的专业设备和生产线，拥有专门的科研、产品开发和营销队伍。公司研制生产的台湾风味烤肠畅销全国各地，年生产能力千余吨，是洛阳地区最大的专业生产台湾风味烤肠的企业。面对激烈的竞争，为进一步扩大市场，巩固和提高市场占有率，公司组织相关人员，针对不同的产品制订不同的市场营销计划。

（二）营销现状分析

营销现状分析主要是运用市场信息、情报、预算等资料，对企业当前的营销状况做出明确的分析，为编制计划提供客观依据。分析对象主要包括市场现状、产品现状、竞争现状、分销现状、宏观环境现状等。

1. 市场现状分析

主要分析过去几年目标市场的规模状况和增长趋势，这要通过消费者需求、观念和购买行为变化的趋势等方面的数据来进行分析。

2. 产品现状分析

主要是分析过去几年产品销售量、价格、利润等指标的变化。

3. 竞争现状分析

主要分析主要竞争者的规模、目标、市场占有率、产品质量、市场营销策略，并了解他们的意图和行为。

4. 分销现状分析

分析各个分销渠道上产品的销售量以及每个渠道重要程度的变化。这种变化不仅包括分销商、经销商能力的变化，也包括激励他们经销热情所需要的价格和贸易条件。

5. 宏观环境现状分析

需要分析与营销前景有某种联系的客观环境的主要趋势，如人口因素、经济因素、技术因素、政治法律因素、社会文化因素等的发展趋势。

（三）分析市场营销机会和风险

要对计划期内食品企业的某种产品所面临的主要机会和风险、企业的优势和劣势以及主要问题进行系统分析。所谓机会是指企业营销环境中所存在的对企业营销有利的因素，即企业可取得竞争优势和差别利益的市场机会，而风险是指在企业营销环境中对企业营销不利的因素。所谓优势是指企业的目标和资源，包括资金、技术、设备、分销、品牌等在某类产品的生产和经营中所具备的有利条件；反之，在上述方面不利的条件即为劣势。在分析了机会与风险、优势与劣势的基础上，食品企业就可以确定在该计划中所必须注意的主要问题。

（四）确定营销目标

营销目标是营销计划的核心部分。营销目标是确定营销计划在市场占有率、销售额、利润率、投资回报率及顾客知晓程度、分销覆盖面等领域在一个计划期内所应达到的目标，是在分析现状、预测威胁与机会，并进行综合平衡的基础上制订的。大多数企业、业务单位或业务人员可能同时追求多个目标，一个较大的目标也可分为若干较小的、次一级的目标，要注意目标体系的层次化、各目标之间的因果关系或主次关系、目标之间的一致性，防止相互消长的现象。还要保证这些目标既有可行性，能够达到，又具有足够的挑战性，能激发员工的积极性。

（五）制定营销战略

营销战略是食品企业用以达到营销目标的基本途径或手段，包括目标市场的选择、产品市场定位、市场营销组合、市场调研等。

企业营销每一个目标都可通过各种途径去实现。如企业的利润指标增加，既可以通过提高单位产品销售价格，也可以通过扩大产品销售量去取得。营销战略就要从这些途径中选择最佳方案。提高单位产品售价，可能会引起销售量下降，扩大产品销售量又可能会受企业生产能力制约等，这就需要企业注意各方面的分析，保证计划的可行性。

（六）落实行动方案

行动方案是指将营销战略转化为具体的行动措施。食品企业解决了营销目标和方向以后，欲达到目的还需要解决手段和工具的问题。行动方案就是解决如何做、谁来做、什么时候做的问题。它以行动的时间、空间、人力、步骤、经费为要素，分析哪些行动有利于目标的实现，防范那些背离和干扰目标的行动，克服混乱和浪费。

（七）编制预算表

根据行动方案编制预算方案，收入方列出销售数量及单价，支出方列出生产、实体分销及市场营销费用，收支差即为利润或亏损。主管部门负责预算的审查、批准和修改，而且批准后，此预算即成为购买原料、安排生产、支出营销费用的依据。

（八）组织实施和检查控制

这是营销计划编制的最后环节，用来监控整个计划过程。基本做法是将计划规定的目标和预算按季度、月份来分解，这样便于主管部门对计划执行情况随时监督检查，督促未完成计划任务的部门改进工作，确保市场营销计划的完成。另外，还要根据市场的变化及时修正计划，或改变战略策略，对营销计划进行调整。许多企业的实践也证明，修订计划是必要的、正常的；计划不可能一成不变，要具有一定的灵活性。

知识扩展

营销计划报告的基本格式

营销计划报告是企业营销活动的指南。不同企业的营销计划报告形式是不一样的，但基本格式要求是一样的。

(1)封面。封面需作规范性设计，上面需要标明“营销计划报告名称”“报告日期”“报告人姓名、所属单位”等。

(2)引言。营销计划报告是企业营销活动的指南，是营销目标实现的保证，要从营销角度简单说明进行计划撰写的必要性。

(3)目录。通过目录可以让人们对计划报告有概括性的了解。在目录中，应包括计划报告的各章标题，如果计划内容较多的话，还需标上各节标题。

(4)正文。正文是营销计划报告的主体部分。首先确定产品营销计划目标；然后对影响产品营销的市场环境和企业条件进行分析，为产品计划方案奠定设计基础；正文的重点是对产品计划方案进行全方位的设计。

(5)附件。计划报告中如有具体的操作方案，较大的表格、图表以及需要附加说明的材料都可以作为报告的附件。如“产品包装设计图”“产品品牌设计图”都可以独立成为一个指导文件，这样阅读和操作起来较清晰、方便。

五、食品营销计划制订和实施中存在的问题

二维码 2-5　食品市场营销计划的格式

食品营销计划在制订和实施中一般存在以下几个问题。

(一)计划脱离实际

食品营销计划通常由管理者制订，但由基层人员操作实施。由于管理者与基层人员面对计划的着眼点不同，因此，计划的制订和实施难免出现相互脱节的现象。为解决这一矛盾，建议管理者制订计划时可将基层人员也纳入制订计划的团队中，因为基层人员可能更了解市场状况，这样的计划更有利于实际操作。

(二)长期目标和短期目标相矛盾

食品营销计划常常涉及长期目标，但企业对具体执行计划的营销人员通常是根据他们短期的绩效，如销量、市场占有率或利润率等进行评估和奖励，营销人员不得不选择短期行为。解决这一矛盾，设法求得两者之间的平衡是十分重要的。

(三)因循守旧的惰性

任何计划都必然涉及新的目标、新的战略、新的方法、新的结果，这就会给所有相关者造成不确定的感觉，当人们出现不确定的感觉时，由于不符合传统和习惯，往往会有抵触情绪，食品营销计划也是如此。为了有效地解决这一问题，企业可以将计划带来的全新情况与预估结果告知相关者，必要时还可以重新组建新的机构。

(四)缺乏具体明确的实施方案

有些营销战略和营销计划之所以失败,是因为制订者没有进一步制订具体明确的实施方案。企业的决策者和营销管理人员必须制订详尽且具操作性的实施方案,规定和协调各部门的活动,编制详细周密的实施时间表,明确各部门经理的职责。只有这样,企业的营销战略和营销计划的实施才能有保障。

案例导入

一、经典案例

2019 年 11 月 13 日,爱尔兰食品局在北京召开新闻发布会,宣布了明年在中国市场的营销计划。该计划将以爱尔兰食品局与京东商城在“双十二”的联合营销活动为起点,通过京东专设的爱尔兰食品推广页面,向消费者推广爱尔兰牛肉、乳制品和海鲜等产品。

公开资料显示,爱尔兰是全球主要的食品出口国之一,中国作为爱尔兰食品出口的前五大国际市场之一,占爱尔兰全球食品出口量的 6%以上。2018 年,爱尔兰对中国的食品出口总值约为 57.8 亿元人民币,较 2017 年出口量增长 6%。在 2019 年的前 8 个月,爱尔兰对中国的食品出口额增长了 17%,达到约 46.6 亿元人民币,创爱尔兰与中国食品贸易额新高。

作为世界第五大牛肉出口国,爱尔兰 90%的牛肉(每年超过 55 万 t)出口至其他国家。2019 年 10 月,中国海关总署宣布,14 家爱尔兰牛肉工厂经过中方的严格审核,获准向中国市场出口牛肉,从而使准入中国的爱尔兰牛肉工厂总数达到 21 家。

爱尔兰食品局首席执行官塔拉·麦卡锡表示,与京东的合作是我们深耕中国市场的第一步,爱尔兰食品局将在 2019 年末及 2020 年开展一系列针对渠道合作伙伴及消费者的营销活动,重点推广肉类、乳制品和海鲜产品。中国是一个有着丰富的烹饪多样性和美食文化底蕴的国家,中国消费者对于食品来源的关注度也在与日俱增。爱尔兰食品局长期以来进行了广泛的消费者调研,致力于为中国消费者量身定制适应其烹饪习惯和口味喜好的产品。14 家爱尔兰牛肉工厂获得准入资格证明了爱尔兰食品行业的实力、口碑以及在中国市场的良好记录。为了巩固爱尔兰高品质牛肉在中国市场的独特定位,爱尔兰食品局进行了广泛而深入的市场研究以及时掌握中国消费者和客户的需求。新增准入工厂使我们能够加快市场拓展的进程,基于牛肉产品的营销策略,在食品服务、电商平台及其他各渠道加强与中国客户的合作。研究报告显示,随着中国消费者对爱尔兰食品信赖度的不断增长,新产品进入市场的机会也会相应增加。中国市场对于爱尔兰牛肉的需求不断增加,我们相信未来两年内中国将成为爱尔兰牛肉的主要出口市场,预计年出口量将达到 35 000 t。

二、案例分析

1. 根据营销现状制订计划

营销计划要在对市场现状、产品现状、竞争现状、分销现状、宏观环境现状等营销现状分析的基础上制订。

中国作为爱尔兰食品出口的前五大国际市场之一,中国市场对爱尔兰食品和牛肉的需求不断增加，爱尔兰食品和牛肉在中国存在巨大的市场潜力。同时，爱尔兰是全球主要的食品出口国之一，具备强大的生产能力。爱尔兰为中国消费者量身定制产品，加上爱尔兰食品行业的实力、口碑以及在中国市场的良好记录，显示了爱尔兰食品具有极强的竞争力。爱尔兰食品局进行了广泛而深入的市场研究，掌握了中国消费者和客户的需求，爱尔兰高品质牛肉有独特的中国市场定位。基于以上对营销现状的分析，爱尔兰食品中国发展计划是切实可行的，极具发展潜力。

2. 制订切实可行的实施方案

爱尔兰食品局进行了广泛的消费者调研，量身定制了适应中国消费者烹饪习惯和口味喜好的产品；有 14 家爱尔兰牛肉工厂经过中方的严格审核获准向中国市场出口牛肉，准入中国的爱尔兰牛肉工厂总数达到 21 家；在食品服务、电商平台及其他各渠道加强与中国客户的合作，能够加快市场拓展的进程；京东是中国电子商务的旗帜性企业，极具市场影响力，爱尔兰食品局与京东商城在“双十二”的联合营销活动为起点，通过京东专设的爱尔兰食品推广页面，向消费者推广爱尔兰牛肉、乳制品和海鲜等产品；在 2019 年末及 2020 年将开展一系列针对渠道合作伙伴及消费者营销活动，重点推广肉类、乳制品和海鲜产品。这些实施方案和措施为爱尔兰食品中国发展计划奠定了基础、提供了保障。

任务设计与实施

一、任务实施内容

以小组为单位，根据营销计划制订的基本理论知识，利用网络搜集资料，在对某一企业市场调查的基础上，共同为食品制订一份食品市场营销计划，并进行汇报交流。

二、任务流程设计

三、任务实施要求

(1)把学生分成若干小组，建议每个小组 4～6 人，要求每个同学参与，分工合理要以组为单位合作完成任务实施。

(2)选择一个本地较大的食品企业，开展调查研究活动，分析其现有营销策划的优缺点。

(3)并以小组为单位，共同为食品企业制订一份书面食品市场营销计划；要求格式规范(详见本任务相关知识扩展及二维码 2-5 内容)，字数 2 000 字以上。

(4)各小组制作 PPT，并派代表汇报食品市场营销计划。

四、任务实施考核

表 2-3 任务实施考核内容与标准

考核类别	考核项目	考核要点	考核分值	考核方式			
				自我评价	组内评价	组间评价	教师评价
专业技能（60%）	市场营销调研	调研规范性	10				
		信息分析准确性	5				
		营销目标定位准确性	5				
	营销计划制订	营销计划制订规范性	5				
		营销计划诊断准确性	10				
		任务实施过程中的表现和贡献	10				
	任务实施成果	营销计划报告规范性	5				
		PPT 制作规范性	5				
		PPT 汇报答辩流畅性	5				
职业素养（40%）	学习态度和纪律性		8				
	发现问题、解决问题的能力		8				
	团队协作能力		8				
	沟通能力		8				
	吃苦耐劳精神		8				

任务二 食品市场营销活动的控制分析

任务内容

认识食品营销控制的概念，能运用计划控制工具对食品营销实践过程进行有效控制。

必学理论

一、食品营销控制的概念

食品营销控制是指食品市场营销管理者对市场营销组织的实际运行是否符合预定的目标进行测定，如果不一致或没有完成计划，就要找出原因，并采取适当措施和正确行动，来保证市场营销计划的完成，确保组织目标的实现。

有效的食品营销控制对营销活动具有十分重要的意义，它是使营销的计划过程与实施过程保持一致必不可少的重要手段，它有利于及早发现问题，有效地避免可能的失误和损失，它可以监督和激励全体营销人员的营销活动更符合企业的营销目标和任务。

二、食品营销控制的内容

（一）年度计划控制

年度计划控制是指对企业在本年度内营销战略与计划实施结果进行衡量与评估，检查实际绩效与计划之间是否有偏差，并采取改进措施以确保营销计划的实现和完成。它是一种短期的及时控制，一般由高层管理者负责。

年度计划控制可运用 5 种工具来检查年度计划的执行情况。

1. 销售分析

销售分析主要用于衡量和评估经理人员所制订的计划销售目标与实际销售额之间的关系。这种关系的衡量和评估主要有两种方法。

(1)销售差异分析。这种方法用于衡量和评估不同因素对销售绩效差异的影响。

例如，某食品公司年度计划要求第一季度销售 4 000 件产品，每件 1 元，即销售额 4 000 元。在该季度结束时，只销售了 3 000 件，每件 0.8 元，即实际销售额 2 400 元。那么，这个销售绩效差异为 1 600 元，或比预期销售额少 40%。问题是，绩效的降低有多少归因于价格下降，又有多少归因于销售量的下降，我们可以用如下计算来回答：

售价下降的差异＝(1－0.8)×3 000＝600(元)，占销售绩效差异的 37.5%。

销售量减少的差异＝1×(4 000－3 000)＝1 000(元)，占销售绩效差异的 62.5%。

由此可知，约有 2/3 销售差异归因于未能实现预期的销售量。由于销售数量通常较价格容易控制，企业应该仔细检查为什么不能达到预期的销售量。

(2)地区销售量分析。这种方法用于地区销售量或销售额未能达到预期份额的分析。

例如，某食品公司在 A、B、C 三个地区的计划销售量分别为 1 500 件、500 件和 2 000 件。而实际销售量分别是 1 380 件、530 件、1 100 件，计划完成情况分别是 92%、106%和 55%。由此可见，引起销售差距的原因主要在于 C 地区销售量的大幅度减少，应进一步查明销售量减少的原因，加强对该地区营销工作的管理。

2. 市场占有率分析

企业的销售绩效并没有反映出相对于竞争者企业的经营状况。如果企业销售额增长了，可能是由于企业所处的整个经济环境的发展变化，也可能是因为市场营销工作较之其竞争者有相对改善。市场占有率正是剔除了一般的环境影响来考察企业本身的经济工作状况，如果企业的市场占有率上升，表示它较其竞争者的情况更好；如果下降，则说明相对竞争者其绩效较差。

市场占有率分析有 4 个指标：

(1)全部市场占有率。以企业的销售额占全行业的销售额的百分比来表示。

(2)可达市场占有率。以企业的销售额占企业服务市场的产品销售额的百分比来表示。所谓可达市场，一是产品最适合的市场，二是企业市场营销力所能及的市场。因计算范围的差异，企业可能在有非常高的可达市场占有率的同时，只拥有很小的全部市场占有率。

(3)相对市场占有率(与三个最大竞争者相比)。以企业销售额相对于最大的三个竞争者的销售额总和的百分比来表示。例如，某企业有 30%的市场占有率，其最大的三个竞争者市场占有率分别为 20%、10%、10%，形成 30%对 40%的局面，则该企业的相对市场占有率是 30/40＝75%。一般来说，相对市场占有率高于 33%即被认为是强势方。

(4)相对市场占有率(与领先竞争者相比)。以企业销售额相对于市场领先竞争者的销售额的百分比来表示。相对市场占有率超过100%,表明该企业是市场领先者;相对市场占有率等于100%,表明该企业与竞争者同为市场领先者;相对市场占有率低于100%时,相对市场占有率的增加表明企业正接近市场竞争领先者。

食品企业市场占有率不是一成不变的,造成市场占有率波动有以下4个原因:

一是市场占有率的下降可能出于企业战略上的考虑。有时候企业调整经营战略或营销战略,主动减少一些不能盈利的产品,从而导致总销售额下降,影响到市场占有率。如果企业的利润反而有所增加,这种市场占有率的下降就是可以接受的。

二是市场占有率的下降可能是新竞争者进入所致。通常,新的竞争者加入本行业会引起其他企业的市场占有率在一定程度上的下降。

三是外界环境因素对参与竞争的各个企业的影响方式和程度往往不同,产生不一样的影响力。例如,原材料价格的上涨,会对同一行业的各个企业都产生影响,但不一定所有企业及同类产品都受到同样的影响。有些企业推出创新的产品设计,在市场上争取到较多的客户,市场占有率反而可能上升。

四是分析市场占有率,要结合市场机会。机会程度高的企业,市场占有率一般应高于机会程度低的竞争者,否则其效率就有问题。

3. 市场营销费用分析

年度计划控制需要检查与销售有关的市场营销费用,确保企业在达到销售计划指标的同时将营销费用控制在合理范围内。管理者应该对各项费用率加以分析,如果费用率变化不大,处于安全范围内,则不需要采取任何措施。如果变化幅度过大,或是上升速度过快,以至接近或超出控制上限,则必须采取有效措施。

4. 财务分析

市场营销管理人员应就不同的费用对销售额的比率和其他的比率进行全面的财务分析,以确定企业以何种方式及在何处开展活动以获得盈利,尤其是利用财务分析来判别影响企业资本净收益率的各种因素。

5. 顾客态度追踪

年度计划控制除了采用数量分析和财务分析的定量分析外,还需要对市场营销的发展变化进行定性分析和描述,企业需要采取电话访问、调查问卷等多种方式来追踪其顾客、经销商以及其他市场营销系统参与者的态度。如果发现顾客对本企业和产品的态度发生了变化,企业管理者就能较早地采取行动,争取主动权。

企业一般主要利用以下系统来追踪顾客的态度。

(1)抱怨和建议系统。企业对顾客书面或口头的抱怨应该进行记录和分析,并做出适当的反应。对不同的抱怨应该分析归类,较严重的和经常发生的抱怨应及早予以注意。企业应该鼓励顾客提出批评和建议,使顾客经常有机会发表意见。这样才能收集到顾客对企业产品和服务的反应的完整资料。

(2)固定顾客样本。有些企业建立了有代表性的固定顾客样本,定期地由企业通过电话访问或邮寄问卷了解其态度。这种做法有时比抱怨和建议系统更能代表顾客态度的变化及其分布范围。

(3)顾客调查。企业定期让一组随机顾客回答一组标准化的调查问卷,问题中包括员工态度、服务质量等。通过对这些问卷的分析，企业可及时发现问题，并及时予以纠正。

通过以上分析，企业在发现实际绩效与年度计划发生较大的偏差时，可考虑采取削减产量、降低价格、对销售队伍施加更大的压力、削减费用支出、裁减员工等措施对年度计划进行控制。

(二)盈利能力控制

盈利能力控制，是指企业衡量和评估各产品、地区、顾客群、分销渠道和订单规模等方面的获利能力，来帮助管理者决定哪些产品或者营销活动应该扩大、收缩或取消。通常通过对市场营销成本和盈利能力的考核指标进行分析来达到控制目的。

1. 市场营销成本

市场营销成本是指与市场营销有关的各项费用支出。市场营销成本直接影响企业营销的利润。因此，企业不仅要控制销售额和市场占有率，也要控制营销成本。市场营销成本主要包括：

(1)直接推销费用。包括推销人员的工资、奖金、差旅费、培训费、公关费用等。

(2)促销费用。包括广告媒体费、产品说明书印刷费用、赠奖费用、展览会费用、促销人员工资等。

(3)仓储费用。包括租金、维持费、折旧、保险、包装费、存货成本等。

(4)运输费用。包括托运费用等，如果是自有运输工具，则要计算折旧、维护费、燃料费、牌照税、保险费、司机工资等。

(5)其他市场营销费用。包括市场营销管理人员工资、办公费等。

营销成本同企业的生产成本构成了企业的总成本，直接影响企业经济效益。其中有些与销售额直接相联，称为直接费用；有些与销售额无直接关系，称为间接费用。

2. 盈利能力的考核指标

获得利润是企业的最重要的目标之一，盈利能力控制在市场营销管理中占有重要的地位。考查盈利能力的指标主要有以下几方面。

(1)销售利润率。一般来说，企业将销售利润率作为评估获利能力的主要指标之一。销售利润率是指利润与销售额之间的比率，计算公式如下：

$$\text{销售利润率}=\frac{\text{本期利润}}{\text{销售额}}\times 100\%$$

在同一行业各个企业间的负债比率往往不同，而对销售利润率的评价又常需通过与同行业平均水平来进行对比。所以，评估企业获利能力时在利润中不扣除利息支出，这样能消除由于举债经营而支付的利息对利润水平产生的影响。销售利润率的计算公式如下：

$$\text{销售利润率}=\frac{\text{税后息前利润}}{\text{产品销售收入净额}}\times 100\%$$

(2)资产收益率。资产收益率是指企业总利润与企业全部资产的比率，计算公式如下：

$$\text{资产收益率}=\frac{\text{本期利润}}{\text{资产平均总额}}\times 100\%$$

由于同样存在影响利润水平的税费和利息支出两个因素，为了在同行业间有可比性，资产收益率可以用如下公式计算：

$$资产收益率=\frac{税后息前利润}{资产平均总额}\times 100\%$$

这里用资产平均总额，是因为年初和年末余额相差很大，如果仅用年末余额作为总额显然不合理。

(3)净资产收益率。净资产收益率是指税后利润与净资产的比率。净资产是指总资产减去负债总额后的净值。其计算公式如下：

$$净资产收益率=\frac{税后利润}{净资产平均余额}\times 100\%$$

由于净资产不包含负债，利润中不考虑利息支出。

(4)资产管理效率。资产管理效率可通过以下比率来分析。

①资产周转率。资产周转率是产品销售收入净额与资产平均总额的比率。该指标可以衡量企业全部投资的利用效率，资产周转率高说明投资的利用效率高。其计算公式如下：

$$资产周转率=\frac{产品销售收入净额}{资产平均占用额}$$

②存货周转率。存货周转率是指产品销售成本与存货(指产品)平均余额的比率。存货周转率用来考察存货的流动性，一般来说，存货平均余额取年初和年末余额的平均值，存货周转率越高，周转越快，资金使用效率越高。资产管理效率与获利能力密切相关，资产管理效率高，获利能力相应也高。其计算公式如下：

$$存货周转率=\frac{产品销售成本}{存货平均余额}\times 100\%$$

(三)效率控制

效率控制就是企业采用有效的方法对销售队伍、广告、销售渠道等活动进行控制，从而实现综合效率的最大化。

1. 销售人员效率控制

企业进行销售人员效率控制，需要各地区的销售经理记录本地区内销售人员效率的几项主要指标：每个销售人员每天平均的销售访问次数；每次会晤的平均访问时间；每次销售访问的平均收益；每次销售访问的平均成本；每次销售访问的订购量；每个访问周期的新顾客数；每个访问周期丧失的顾客数；销售成本对总销售额的百分比。

企业可以从以上分析中发现一些非常重要的问题。例如，销售人员每天的访问次数是否太少，每次访问所花时间是否太多，是否增加了足够的新顾客并且保留住原有的顾客等。通过分析可采取针对性的改进措施。

2. 广告效率控制

进行广告效率控制，应至少做好以下统计：每一媒体类型、每一媒体工具接触每千名购买者所花费的广告成本；顾客对每一媒体工具注意、联想和阅读的百分比；顾客对广告内容和效果的意见；广告前后对产品态度的衡量；受广告刺激而引起的询问次数。

营销人员可根据市场情况进行阶段性调整，通过进行更加有效的产品定位、重新确定广告目标、选择更适合的广告媒体等措施来提高广告效率。

3. 促销效率控制

为了提高促销效率，企业应对每一促销活动的成本和对销售的影响进行记录、统计和分析。主要包括由于优惠而销售的百分比；每一销售额的陈列成本；赠券收回的百分比；因示范而引起询问的次数。企业还应观察不同促销手段的效果，使用最有效果的促销手段。

4. 分销效率控制

分销效率控制主要是对企业存货水准、仓库位置及运输方式进行分析和改进，以达到最佳配置并寻找最佳运输方式和途径。

效率控制的目的在于提高人员推销、广告、促销和分销等市场营销活动的效率，市场营销者必须重视各个重要比率。这些比率表明了市场营销职能执行的有效性，以及应该如何采取措施以改进执行情况。

（四）战略控制

战略控制，是指对整体营销效果进行全面审查，以确保企业目标、政策、战略和计划与市场营销环境相匹配。因为市场环境复杂多变，企业战略和计划很可能赶不上形势的变化，所以应定期对整个市场营销活动进行全面检查和评价。企业战略是总体性的和全局性的，战略控制侧重的是控制未来，必须根据最新的情况评价计划和执行情况，难度相对较大。目前，越来越多的企业运用市场营销审计进行战略控制。

（五）营销审计

营销审计，是指对企业的营销环境、目标、战略、组织和活动诸方面进行的独立的、系统的、综合的定期审查。通过营销审计可以发现存在的机会和问题，提出改善营销工作的计划和建议。营销审计通常由公司高级职员和专门的营销审计机构共同进行。要拟订一个包括审计目标、范围、资料来源、报告形式及期限等方面的详细计划，以便既经济又快速地做好审计工作。在审计过程中，不能单方面依赖公司主管人员提供的资料和意见，还必须对顾客、经销商及其他有关外部团体进行访问。

二维码 2-6
营销审计

营销审计的内容主要包括以下几方面。

1. 营销环境审计

对宏观环境因素和微观环境因素中的关键部分进行审计。包括对市场规模、市场增长率、顾客和潜在顾客对企业的评价，竞争者的目标、战略、优势、劣势、规模、市场占有率，供应商的分销方式，经销商的分销渠道等的审计。

2. 营销战略审计

评价企业营销目标、营销战略与现行的、预期的营销环境相适应的程度。包括企业能否按照市场导向确定自己的任务、目标并设计企业的形象，能否选择与企业任务、目标相一致的竞争地位，能否制定与产品生命周期、竞争者战略相适应的市场营销战略，能否进行科学的市场细分并选择最佳目标市场，能否恰当地分配市场营销资源并确定合适的市场营销组合，企业在市场定位、企业形象、公共关系等方面是否有成效等。

3. 营销组织审计

评价企业的市场营销组织在执行市场营销战略方面的组织保证程度和对市场营销环境的应变能力。包括企业是否有坚强有力的市场营销主管人员及其明确的职责与权利，能否按产品、用户、地区等有效地组织各项市场活动，是否有一支训练有素的销售队伍，对销售人员是否有健全的激励、监督机制和评价体系，市场营销部门与采购部门、生产部门、研究开发部门、财务部门以及其他部门的沟通情况如何以及是否有密切的合作关系等。

4. 营销系统审计

主要是对市场营销信息系统、计划系统、新产品开发系统和控制系统的审计。

(1)对市场营销信息系统的审计。主要是审计企业是否有足够的有关市场发展变化的信息来源，是否有畅通的信息渠道，是否进行了充分的市场营销研究，是否恰当地运用了市场营销信息进行科学的市场预测等。

(2)对市场营销计划系统的审计。主要是审计企业是否有周密的市场营销计划，计划的可行性、有效性以及执行情况如何，是否进行了销售潜量和市场潜量的科学预测，是否有长期的市场占有率增长计划，是否有适当的销售定额及其完成情况如何等。

(3)对新产品开发系统的审计。主要是审计企业开发新产品的系统是否健全，是否组织了新产品创意的收集与筛选，新产品的程序包括开发前充分的调查研究、开发过程中的测试以及投放市场的准备及效果等。

(4)对市场营销控制系统的审计。主要是审计企业对年度计划目标、盈利能力、市场营销成本等是否有准确的考核和有效的控制。

5. 营销效益审计

审核企业的不同产品、不同市场、不同地区以及不同分销渠道的盈利能力，审核进入或退出、扩大或缩小某一具体业务对盈利能力的影响，审核市场营销费用支出情况及其效益，进行市场营销费用销售分析，包括销售队伍对销售额之比、广告费用对销售额之比、促销费用对销售额之比、市场营销研究费用对销售额之比、销售管理费用对销售额之比，以及进行资本净值报酬率分析和资产报酬率分析等。

6. 营销职能审计

对企业的产品、价格、渠道、促销等营销组合因素的审计。主要是审计企业的产品质量、特色、式样、品牌的顾客欢迎程度，企业定价目标和战略的有效性，市场覆盖率，企业分销商、经销商、代理商、供应商等渠道成员的效率，广告预算、媒体选择及广告效果，销售队伍的规模、素质以及能动性等。

知识扩展

营销审计的基本程序

(1)由企业管理者和营销审计人员拟定营销审计协议，内容包括审计目标、涉及面、深度、资料来源、报告形式以及时间安排等。

(2)审计人员根据协议内容，制订详细的审计计划，内容涉及要会见哪些人、询问什么问题、接洽的时间等。需要注意的是，在营销审计过程中，审计人员不能仅仅向公司经理征询意见，还必须访问顾客、经销商以及外界其他有关人士。

(3)审计计划通过后，严格按计划开始调查和收集各种资料。

(4)根据调查结果拟订审计总结，对企业存在的问题提出合理化建议。

二维码 2-7 营销总监如何做好营销控制

二维码 2-8 营销审计案例分析

案例导入

一、经典案例

麦当劳作为世界快餐食品龙头企业，曾在全球各地市场受到了其他快餐品牌的挑战。在中国市场，麦当劳一直屈居肯德基之下。2002 年的麦当劳可谓麻烦不断，10 月份，麦当劳股价跌至 7 年以来的最低点，比 1998 年缩水了 70%，2002 年第四季度公司第一次出现了财务亏损。2002 年 11 月 8 日，麦当劳总部宣布，公司将从 3 个国家完全撤出，并关闭其他 10 个国家的 175 家连锁店。在中国内地，麦当劳各方面的表现一直比肯德基逊色不少。麦当劳在本土被汉堡王等快餐店抢去了不少市场份额，在亚洲、中东等地销售额下降明显。

麦当劳面临的最大困扰就是"品牌老化"的问题。米尔顿·科特勒先生表示，麦当劳以前并没有首席营销官的职位，50 年不变的"麦当劳叔叔"就是麦当劳的"首席营销官"。以前，笑容可掬的"麦当劳叔叔"对于儿童、青少年、父母等细分市场都非常有亲和力，是不错的"品牌代言人"。但是，随着时间的推移，麦当劳的定位以及品牌的概念随着社会外部环境的变化已经很陈旧了。顾客调查表明，很多年轻消费者认为"麦当劳叔叔"的形象非常老土、可笑。年轻的"嘻哈一族"觉得麦当劳是小孩子去的地方，他们更喜欢"酷"、刺激和冒险的举动。

麦当劳如果再不更新品牌的话，只有一年年地老下去。"我就喜欢"系列营销活动把目标顾客定在了麦当劳流失得最快、公司最需要抓住的年轻一族，所有的品牌主题都围绕着"酷""自己做主""我行我素"等年轻人推崇的理念。以中国地区为例，首先，麦当劳的广告语就赢得了很多年轻人的好评，一个中学生在被问及对麦当劳广告的看法时说："'我就喜欢'里面的'就'字很酷，我特别欣赏。"与此同时，麦当劳连锁店的广告海报和员工服装的基本色都换成了时尚前卫的黑色。配合品牌广告宣传，麦当劳推出了一系列超"酷"的促销活动，比如只要对服务员大声说"我就喜欢"，就能获赠圆筒冰激凌。一些大学生认为这样的活动很新鲜、很有意思，麦当劳的这一系列活动很受敢作敢为的年轻人欢迎。麦当劳在全球同步推出的"我就喜欢"品牌更新活动，被很多人称为麦当劳的"变脸"行动，麦当劳一改几十年不变的"迎合妈妈和小孩"的快乐形象，变成年轻化、时尚化的"嘻哈"形象。

另外，麦当劳在中国一直坚持自己独资开设连锁店，没有采取肯德基等快餐连锁的特许经营的扩张方式，其最关键的原因是担心公司对加盟店的控制力不强，不利于维护麦当劳的整体形象和服务的标准化。麦当劳和肯德基两大洋快餐巨头在中国的策略不同，主要是因为这两个公司一个遵循的是"全球化"策略，而另一个实行的是"本地化"策略。但是，面对肯德基每几个月就推出一种符合当地人口味、颇受当地消费者欢迎的食品，连锁店越开越多，麦当劳再也坐不住了。2003 年 8 月，麦当劳批准了中国内地第一个特许加盟商，并表示近期将批准 5 个特许加盟商。根据麦当劳2002年底做的市场调查，中国消费者在用餐的选择上，最看重的食物口味，其次才是卫生环境和地点便利等条件，消费者尤其对于米饭类食品有极高的需求。2003年，麦当劳在中国内地推出了"板烧鸡腿汉堡"。麦当劳公司的营销人员称，麦当劳未来还会不断有新的产品推出，以顺应消费者求新求变的需求。

这给麦当劳带来了巨大的市场效应，麦当劳公司2003年11月份销售收入增长了14.9%，亚太地区的销售收入增长了16.2%。公司的股价逆市上涨，创下了16个月以来的新高。摩根大通集团2003年12月称，麦当劳在全球的经营已经有了很大的改变，并将麦当劳的股票评级从"一般市场表现"调升至"超出市场表现"。

二、案例分析

1. 营销控制对营销活动有重要意义

麦当劳在对市场调查和营销控制中，通过对各类经济指标的分析发现，快餐食品对消费者健康的影响、民族和文化意识、品牌老化是麦当劳在全球和中国步入低谷的主要原因。随即针对性地采取了有效的营销控制手段，建立了年轻化、时尚化的品牌形象，增设了加盟连锁店，开发了新产品，带来了巨大的市场效益。

2. 麦当劳在营销控制中采取了切实有效的手段

麦当劳通过对销售额、市场占有率、市场营销环境的分析，对儿童、青少年、父母和年轻消费者态度追踪，发现顾客对企业和产品的态度发生了变化，随即围绕"酷""自己做主""我行我素"等年轻人推崇的理念，采取了一系列有效措施，抓住了年轻一族消费者。在提高广告效率方面，麦当劳广告语"我就喜欢"，以及麦当劳连锁店的广告海报和员工服装的基本色都换成了时尚前卫的黑色，给年轻消费者超"酷"的感觉，迎合了年轻人的心理。还根据消费者多元的口味选择和极高的求新求变消费需求，增设了加盟连锁店，推出了"板烧鸡腿汉堡"等新产品，给麦当劳带来了巨大的市场效益。

任务设计与实施

一、任务实施内容

根据营销控制的基本理论知识，利用网络收集资料，在对你所在地某一食品营销企业进行市场调查、掌握销售相关数据及运用计划控制工具的基础上，为企业撰写一份市场营销控制建议书，对食品市场营销活动控制进行有效分析，并汇报与交流。

二、任务流程设计

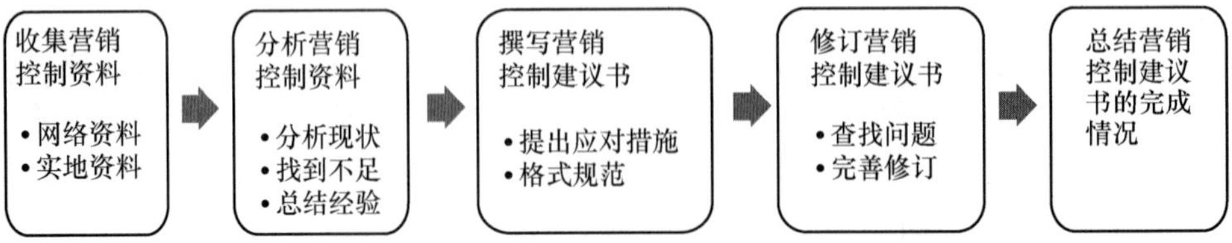

三、任务实施要求

(1)把学生分成若干小组,建议每个小组4～6人,要求每个同学参与,合理分工。

(2)以小组为单位选择当地不同的食品营销企业,先通过网络收集企业相关资料,熟悉企业销售体系,制订调查方案,列出调查的问题清单。

(3)根据食品营销企业营销数据和资料,运用计划控制工具,制订营销控制建议书,要求营销控制建议书的格式规范,内容全面,具有可操作性,字数3 000字以上,对食品市场营销活动进行控制分析。

(4)各小组制作营销控制建议PPT并派代表进行展示汇报。

四、任务实施考核

请按照本项目任务一任务实施考核的内容与标准执行。

思考与练习

一、名词解释

食品市场营销计划　战略计划　策略计划　作业计划　食品营销控制　盈利能力控制　战略控制　营销审计

二、不定项选择题

1. 制订食品市场营销计划要对企业(　　)等市场营销现状进行分析。

A. 市场现状　B. 产品现状　C. 竞争现状　D. 分销现状　E. 宏观环境现状

2. 食品市场营销计划按计划时期的长短划分为(　　)。

A. 长期计划　B. 中期计划　C. 短期计划　D. 年度计划　E. 季度计划

3. 市场营销长期计划的期限一般在(　　)年以上,主要是确定未来发展方向和奋斗目标的纲领性计划。

A. 1　B. 5　C. 10　D. 15　E. 20

4. 下列属于专项营销计划的是(　　)。

A. 品牌计划　B. 渠道计划　C. 促销计划　D. 定价计划　E. 包装计划

5. 食品市场营销计划根据重要程度可分为(　　)。

A. 战略计划　B. 渠道计划　C. 促销计划　D. 策略计划　E. 作业计划

6. 营销计划的内容一般包括(　　)。

A. 企业计划　B. 部门计划

C. 产品计划　D. 市场信息、调查、预测计划

E. 促销与分销计划

7. 营销计划报告的基本内容有(　　)。

A. 封面　B. 引言　C. 目录　D. 正文　E. 附件

8. 年度计划控制可运用(　　)工具来检查年度计划执行情况。

A. 销售分析　B. 市场占有率分析

C. 顾客态度追踪　D. 财务分析

E. 市场营销费用对销售额比率分析

9. 市场营销控制包括(　　)。

A. 年度计划控制　　B. 盈利能力控制
C. 效率控制　　D. 质量控制
E. 价格控制

10. 市场占有率分析的指标有(　　)。

A. 全部市场占有率　　B. 可达市场占有率
C. 相对市场占有率(与三个最大竞争者相比)
D. 相对市场占有率(与领先竞争者相比)
E. 部分市场占有率

11. 造成食品企业市场占有率波动的原因有(　　)。

A. 企业战略上的考虑　　B. 新竞争者进入
C. 外界环境因素影响　　D. 市场机会
E. 价格竞争

12. 盈利能力控制通常通过(　　)考核指标进行分析来达到控制目的。

A. 市场营销成本　　B. 渠道成本
C. 盈利能力　　D. 生产成本
E. 促销成本

13. 市场营销成本主要包括(　　)。

A. 直接推销费用　　B. 促销费用
C. 仓储费用　　D. 运输费用
E. 其他市场营销费用

14. 考查盈利能力的指标主要有(　　)。

A. 销售利润率　　B. 资产收益率
C. 净资产收益率　　D. 资产管理效率
E. 成本收益率

15. 效率控制就是企业采用有效的方法对销售队伍、广告、销售渠道等活动进行控制,包括(　　)。

A. 战略控制　　B. 销售人员效率控制
C. 广告效率控制　　D. 促销效率控制
E. 分销效率控制

三、判断题

1. 制订营销计划没有必要考虑市场营销机会和风险。(　　)

2. 市场营销计划一旦制订就要严格执行,不需进行调整。(　　)

3. 凡是企业营销活动中制订的与实现营销目标相关的计划都是市场营销计划的组成部分。(　　)

4. 促销与分销计划的主要目的是缩短产品销售时间,节省销售费用,提高企业的经济效益。(　　)

5. 企业的市场占有率上升,表示企业较其竞争者的情况差;市场占有率下降,则说明企业较其竞争者的情况好。(　　)

6. 资产管理效率与获利能力密切相关,资产管理效率高,获利能力相应也高。(　　)

7. 通过营销审计可以发现企业存在的机会和问题,提出改善营销工作的计划和建议。(　　)

四、问答题

1. 简述食品市场营销计划的编制程序。
2. 食品营销计划制订和实施中存在哪些问题?
3. 简述食品营销控制的内容。
4. 营销审计主要包括哪些内容?

二维码 2-9　模块二项目二
思考与练习参考答案

模块三

食品市场信息的收集与分析

项目一　食品市场调研与分析

知识目标

1. 认识食品市场调研与分析的重要性和必要性。
2. 了解食品市场调研与分析的方法与技巧。
3. 了解食品市场预测的方法与技巧。

能力目标

1. 能够制订食品市场调研方案及实施相应的食品市场调研。
2. 能够分析各种调研资料，并能据实撰写市场调研分析报告。
3. 能够合理运用食品市场预测的方法与技巧对食品市场趋势进行科学预测。

素质目标

1. 吃苦耐劳，具备市场调研与分析的专业素质和职业精神。
2. 能恪守职业道德，科学严谨，撰写客观真实的市场调研分析报告。
3. 具有良好的社会调查能力，在学习中养成团队互助的精神。

项目概述

制订食品营销策划方案的前提是拥有食品市场营销信息。营销策划人员应及时收集食品营销环境与市场营销策略等方面的资料，并能对其进行科学的分析与研究，从中了解食品企业产品当前与潜在的市场，对市场供求变化及价格变动趋势进行预测，为企业经营决策提供科学依据。掌握食品市场调研、分析与预测的方法与技巧是开展食品营销与策划的基础，其不仅是市场营销活动的起点，而且贯穿于食品营销活动的全过程。

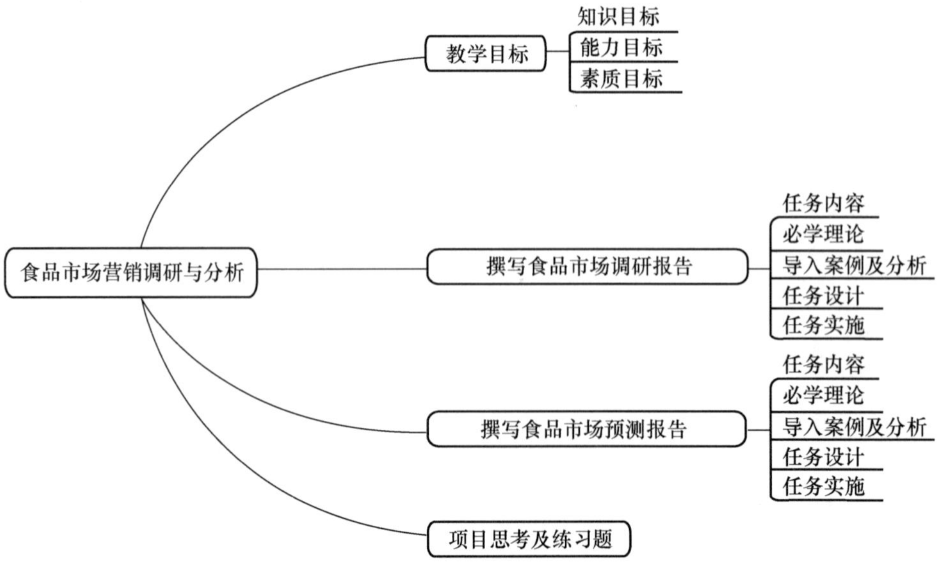

任务一　撰写食品市场调研报告

任务内容

认识食品市场调研的重要性，掌握食品市场调研分析的步骤和方法，学会撰写食品市场调研报告。

必学理论

一、食品市场调研

（一）食品市场调研的概念

食品市场调研就是指运用科学的方法，根据调研目的，系统地收集、记录、整理有关食品市场营销的信息和资料，分析食品市场情况，了解食品市场的现状及其发展趋势，撰写一份完整的市场调研报告，为市场预测和营销决策提供客观、真实和准确的资料。

（二）食品市场调研的重要作用

（1）市场调研是市场营销活动的重要环节。企业通过市场调研，能够识别食品目标细分市场的需求，发现市场机会，评估与优化营销组合，监测市场环境的变化，测评产品或服务质量以及经营业绩等。

（2）市场调研能够架起生产者、经营者和消费者之间沟通的桥梁，让食品生产者或经营者了解消费者对其产品或服务质量的评价、期望和想法。

（3）市场调研可以帮助食品企业决策者了解当前营销策略以及营销活动的得失，有针对性地制定市场营销策略和企业经营发展策略。

（三）食品市场调查的类型

食品市场调查是获取准确、全面信息的重要保证。在食品市场调查中，由于市场调查目的和要求不同，所涉及的市场范围、信息、时间等也就不同，从而形成多种市场调查类型。

1. 按照调查的目的和性质划分

可分为探索性调查、描述性调查、因果关系调查和预测性调查。

（1）探索性调查。探索性调查是企业对需要调查的问题尚不清楚，无法确定应调查哪些内容时所采取的方法。一般处于整个调查的起始阶段。例如，某食品企业近年来销售量持续下降，但公司不清楚是什么原因，可能是经济衰退的影响、广告支出不足、销售代理效率低，还是消费者习惯的改变，要明确问题原因就可以采取探索性调查的方式，这种调查一般不必制订严密的调查方案，往往采取简便的方法以尽快得出调查的初步结论即可。至于问题如何解决，则应根据需要做进一步调查。

（2）描述性调查。描述性调查是通过详细的调查分析，对市场营销活动进行客观描述，如实反映市场营销状况的一种市场调查，往往是为了进一步研究问题症结所在而实施的。例如，在销售研究中，收集不同时期销售量、广告支出、广告效果的事实资料，经统计说明广告支出什么时候增加几个百分点、销售量有了多少个百分点的变化等；又如收集某种产品的市场潜量、顾客态度和偏好等方面的数据资料。描述性调查是比较深入、具体地反映调查对象全貌的一种调查活动。进行这类调查必须拥有大量的信息情报,调查前需要有详细的计划和提纲,以保证资料的准确性。一般采用实地调查的方法。

(3)因果关系调查。因果关系调查是通过调查来找出关联现象或变量之间的因果关系的一种市场调查。例如,销售研究中,收集不同时期说明销售水平的销售量(额)、市场占有率、利润等变量资料,收集不同时期影响销售水平的产品价格和广告支出、竞争者的广告支出与产品价格、消费者的收入与偏好等自变量资料,在这些资料基础上决定这些自变量对一因变量(如销售量)的关系,其中何者为决定自变量。因果性调查是在描述性调查的基础上进一步分析问题发生的因果关系,并弄清楚原因和结果之间的数量关系。

(4)预测性调查。预测性调查是食品企业为了推断和预测市场未来变化而开展的一种市场调查。预测性调查的主要对象是影响未来市场变化的因素,特别是影响一定时期内市场需求量变化的因素及其影响程度。食品企业只有对未来的市场需求有比较清楚的了解,才能合理设计营销计划,正常开展营销活动,最大限度地规避市场风险。市场的未来需求决定着食品企业的生存和发展,决定食品企业的经营策略和活动安排,所以预测性调查在所有市场营销调查工作中,意义更为重要。

2. 按照调查的对象和特征划分

可分为普遍调查、典型调查、重点调查和抽样调查。

(1)普遍调查。这是一种全面性的调查,是以整个食品市场为调查对象,对食品市场上某些产品的生产、供应、销售、贮存和运输情况在一定时间点上的专门调查。如食品原料的普遍调查,食品需求普遍调查,库存食品的普遍调查。普遍调查获得的资料完整、全面,但是调查所消耗的人力、物力和时间较多,所以不常采用,除非调查对象总体数量较少,项目比较简单。

(2)典型调查。这是一种非全面的调查,是对食品市场的某些典型对象、典型内容、典型单位进行的调查。它是在对调查总体进行初步分析的基础上,从中有意识地选取具有代表性的部分进行深入调查,以此来了解总体的市场状况。当总体样本较多时,也可采取"划类分典"的方法,即先把总体按一定的标准划区分类,然后选择典型调查对象。例如,调查乳品市场销售情况,可以根据乳品在市场中的销售量分成大型乳品企业、中型乳品企业和小型乳品企业三种类别,然后在每一类中选取一两个有代表性的对象进行调查,以此来反映整体情况。典型调查具有调查范围小、调查对象少、调查内容细、调查时间短、花费人力少、了解问题深、反映情况快、调查效果好等优点。

(3)重点调查。重点调查是指在所要调查的全部对象中,选择出一部分重点对象进行调查。所谓重点对象在总体样本中,要占有绝大比重,能够反映全部现象的基本情况。如想调查某一区域内的乳品销售情况,只需要调查在这一区域所占比重比较大的几家重点食品企业就可以基本反映整体情况。该方法具有花费力量小、效果好,便于及时掌握情况、发现问题、采取措施等优点。

二维码 3-1 食品营销调研的内容、步骤和方法

(4)抽样调查。抽样调查是按随机原则在总体样本中抽取一部分调查对象进行调查,用以推算总体情况的一种调查方法。例如,某食品企业购进某种食品,需要进行质量和等级检验,这种情况不必将食品全部打开进行全面验收,而可以采用随机抽样,从中抽取一部分进行检验,计算出等级品率以及抽样误差，从而推算出这批食品的质量和等级情况，并用概率表示推算的可靠程度。这种方法既能排除人们的主观选择，又简便易行，是广泛使用的方法。根据抽样调查的方法不同又可分为随机抽样、等距抽样、分层抽样、整群抽样、机械抽样、分类抽样等。

(四)食品市场调研的内容

1. 调研宏观市场环境

调研宏观市场环境主要包括政治法律、经济、人口、社会文化和技术环境等。

2. 调研微观市场环境

主要对影响企业市场营销的微观环境进行调研，掌握影响企业市场营销的微观环境的发展变化趋势，以利于企业根据市场环境的要求组织营销策划。主要包括以下几个方面：

(1)消费者范围与结构调研。消费者范围是指消费者的人数及其分布，消费者结构是指具有不同购买力以及不同性别、年龄的消费者的构成。消费者的范围决定着企业市场的大小，消费者的结构决定着市场中产品需求的类别。

(2)消费者动机与行为调研。主要了解消费者对本企业产品买或不买的原因，购买的时间、地点与方式，消费者对某种产品的喜好、忠诚、偏爱的程度及其原因等。通过对消费者动机与行为调研，确定企业产品的质量、品种、式样、价格、销售渠道、促销方式等。

(3)食品原材料供应情况调研。食品原材料的价格、品质、数量等因素直接影响食品企业的生产经营水平。食品原材料供应情况调研，就是调研食品原材料的来源及主要供应商的构成与分布状况，包括其生产规模、生产结构、生产布局、技术水平等的现状及发展趋势。

(4)竞争者情况调研。竞争者情况调研包括一般竞争状况调研和主要竞争对手调研两个方面，重点是对主要竞争对手进行调研。了解的内容是它们的产品状况、价格状况、利润状况、市场占有率及其发展趋势、竞争策略与手段等。通过对竞争状况的调研，可以了解本企业与竞争者各自的优势及劣势，以便扬长避短，发挥优势，掌握竞争的主动权。

二、食品市场调研的步骤

(一)确定调研目标

进行市场调研，首先要明确市场调研的目的、范围和要求。按照食品企业的不同需要，市场调研的目标有所不同。例如，企业在制定经营战略时，必须调研宏观市场环境的发展变化趋势，尤其要调研食品行业未来的发展状况；食品企业制定市场营销策略时，要调研市场需求状况、市场竞争状况、消费者购买行为和营销要素等情况；当企业在经营中遇到了问题时，应针对存在的问题和产生问题的原因进行市场调研。

(二)制订调研方案

武汉市某食品工业有限责任公司是一家专业从事饼干及面包研发与生产的大型企业，公司坐落于武汉市东西湖区台商投资区，拥有九省通衢的便利地理交通位置。公司有一支高素质的科研生产和销售队伍，能根据市场需求不断开发新产品。最近，公司为满足消费者需求，准备开发一款新产品——木糖醇杂粮饼干。为此，销售部门制订了调研方案。

一个完善的食品市场调研方案一般包括以下几方面内容：

1. 明确调研总目的

根据调研总目的,在调研方案中列出本次市场调研的具体要求。上述案例中市场调研的总目的是了解木糖醇杂粮饼干市场情况。具体任务包括该产品的主要消费群体有哪些,他们的消费水平、饮食习惯、口味要求,主要竞争对手情况,营销渠道是否畅通等。

2. 根据调研目的与任务确定调研对象

例如,木糖醇杂粮饼干为健康理念产品,特别适合患有高血脂、高血压、高血糖等慢性病的“三高”人群,他们是产品的主要消费群体;同时该产品对身体健康但非常注重养生的中老年消费者群体也很有吸引力。主要消费群体确定以后,就要调研他们的消费水平、饮食习惯、口味要求等。对竞争者的调研对象主要是同类或相似产品的生产企业。对营销渠道的调研对象为各级批发市场和零售终端。

3. 拟定调研内容

调研内容是收集资料的依据,是为实现调研目标服务的,可根据市场调研目的确定具体的调研内容。如本案例中,针对消费群体的调研内容应包括年龄结构、健康状况、消费理念、消费水平、购买渠道等。

4. 绘制调研问卷和调研表

调研问卷和调研表是市场调研的基本工具,一定要把握科学合理的原则,否则会直接影响到市场调研的效果(图 3-1)。

尊敬的顾客:

您好!我们是武汉市某食品工业有限责任公司的营销人员。我公司是一家专业从事饼干及面包研发与生产的大型企业。最近,公司为满足消费者需求,准备开发一款新产品——木糖醇杂粮饼干。为最大限度地满足您的需求,请您配合进行以下调研,以便我们生产出您最喜欢的产品。

1. 您的年龄为:

A. 20 岁以下　B. 21～40 岁　C. 41～60 岁　D. 61 岁以上

2. 您的健康状况怎样?

A. 很健康　B. 亚健康　C. 轻微的“三高”　D. 重度“三高”

3. 您的饼干的消费习惯为:

A. 每天必吃　B. 经常吃　C. 偶尔吃　D. 基本不吃

4. 您最喜爱的饼干口味是:

A. 清淡　B. 辣味　C. 甜味　D. 其他

5. 您最能接受什么价位的饼干?

A. 5 元以下　B. 6～10 元　C. 11～20 元　D. 21 元以上

6. 您的主要消费理念是:

A. 价廉物美型　B. 追求品牌　C. 注重健康　D. 其他

7. 您的购物渠道主要是(可多选):

A. 大型超市　B. 小区门店　C. 互联网　D. 其他

图 3-1　武汉市某食品工业有限责任公司调研问卷(节选)

5. 确定调研地区范围

调研地区范围应与企业产品销售范围相一致。本案例中,调研范围应该包括本企业产品所覆盖的所有区域。如果是新产品试点,可以选择武汉市部分城区作为调研区域,然后深入到各街道社区,还可以辐射到周边人口比较密集的市县,最大限度地保障调研资料的准确性。

6. 确定调研方法

调研方法的选择要根据调研的目的、内容，也要根据一定的时间、地点、条件下市场的客观实际状况来确定。由于同一市场调研课题可以采用的方法不止一种，同一调研方法又能够用不同的调研课题。因此，调研者必须认真地比较，选择一种恰当、有效的调研方法，最终实现既节省调研费用又能达到调研目的的目标。

（三）拟定工作计划

1. 组织领导及人员配备

建立市场调研的组织领导机构，可由企业的市场部或企划部来负责调研项目的组织领导工作，针对调研项目需要成立相应的市场调研小组，负责项目的具体组织实施工作。

2. 调研人员的招聘及培训

调研人员可以是本公司员工，也可从社会、学校招聘，根据调研项目、内容、时间等因素来核定调研人员的人数。

3. 工作进度

根据市场调研项目整个进行过程安排时间表，确定各阶段的工作内容及所需时间。

4. 费用预算

市场调研的费用预算主要有调研问卷、调研表的设计和印刷费，调研人员培训费，调研人员劳务费，调研结果统计处理费用等。企业应核定市场调研过程中将发生的各项费用支出，合理确定市场调研总的费用预算。

（四）开展实地调研

市场调研的各项准备工作完成后，开始进行实地调研工作，组织实地调研要做好两方面工作。

1. 做好实地调研的组织领导工作

实地调研是一项较为复杂烦琐的工作。要按照事先划定的调研区域确定每个区域调研样本的数量、调研人员的人数、每位调研人员应访问样本的数量及访问路线，每个调研区域配备一名督导人员。明确调研人员及访问人员的工作任务和工作职责，做到工作任务落实到位，工作目标、责任明确。

2. 做好实地调研的协调、控制工作

调研组织人员要及时掌握实地调研的工作进度完成情况，协调好各个调研人员间的工作进度；要及时了解调研人员在访问中遇到的问题并帮助解决；对于调研中遇到的共性问题，应提出统一的解决办法。

（五）进行整理分析

实地调研结束后，即进入调研资料的整理和分析阶段，收集好已填写的调研表后，由调研人员对调研表进行逐份检查，剔除不合格的调研表，然后将合格调研表统一编号，以便于调研数据的统计。调研数据的统计可利用 Excel 电子表格软件完成。将调研数据输入计算机后，经 Excel 软件处理，即可获得已列成表格的大量的统计数据，利用上述统计结果，就可以按照调研目的的要求，针对调研内容进行全面的分析工作（表 3-1）。

表 3-1 武汉市某食品工业有限责任公司消费者市场调研情况汇总

区域	已调研社区数量/个	已调研消费者数量/人				已调研大型超市/个	已调研小型超市/个	已调研的批发部/个
		20 岁以下	21～40 岁	41～60 岁	61 岁以上			
江汉区	10	50	100	100	50	4	8	2
江岸区	10	50	100	100	50	4	8	2
硚口区	12	60	120	120	60	5	10	3
武昌区	12	60	120	120	60	5	10	3
汉阳区	10	50	100	120	60	4	8	2
东西湖区	8	40	80	80	40	3	6	2
黄陂区	10	50	100	100	60	4	8	2
江夏区	8	40	80	80	60	3	6	2
合计	80	400	800	800	440	32	64	18

(六)撰写调研报告

市场调研报告应根据所收集到的资料信息，紧密围绕调研的目的和要求，客观、准确地分析问题，做出判断性结论，提出建设性意见。撰写调研报告是市场调研的最后一项工作内容，市场调研工作的成果将体现在最后的调研报告中，调研报告将提交给企业决策者，作为企业制定市场营销策略的依据。市场调研报告要按规范的格式撰写，一个完整的市场调研报告由题目、目录、概要、正文、结论、建议和附件等组成。调研报告的文字要简明扼要，内容要通俗易懂，结论和建议要具有实用性和可操作性。

三、食品市场调研的方法

(一)文献调研法

文献调研法是指查阅、阅读、收集历史和现实的各种资料，并通过甄别、统计分析得到的调研者想要得到的各种信息的一种调研方法。该方法比较简单、成本低、快速，但是具有滞后性。

(二)询问调研法

询问调研法是将所要调研的事项以当面、书面或电话的方式，向被调研者提出询问，以获得所需资料的一种调研方法，包括个别询问法、集体询问法、深度询问法、常规询问法、当面询问法、通讯询问法、街头询问法、公众场合询问法、跟踪询问法等。询问调研法是通过直接或间接的回答方式来了解被调研者的看法和意见，所以对调研人员的素质要求要比较高，要求提问技巧较高，能正确引导和深入追询，同时应适可而止。

(三)观察调研法

观察调研法是指研究者根据一定的研究目的、研究提纲或观察表，用自己的感官(如视觉、听觉、味觉、嗅觉、触觉等)和辅助工具去直接观察被研究对象，从而获得所需信息的一种方法。包括参与观察法和非参与观察法、结构性观察法和非结构性观察法、自然环境下的观察、社会环境下的观察、公开观察、隐蔽观察、全面观察、事后痕迹观察、定期观察、追踪观察等。该方法具有直观、客观、易操作等优点，但会受调研人员素质等因素的限制。

(四)试验调研法

试验调研法是指调研人员有目的、有意识地改变一个或几个影响因素，来观察市场现象在这些因素的影响下的变动情况，以确定市场中各种因素的因果关系而使用的信息收集方法。它包括五个基本要素：试验者（主持试验的人员）、试验对象、试验环境、试验活动、试验监测。该方法具有科学性强、可重复等优点，但也有成本高、试验环境难以控制等缺点。

（五）网络调研法

网络调研法指在网络上发布调研信息，并在互联网上收集、记录、整理、分析和公布网民反馈信息的调研方法。它是传统调研方法在网络上的应用和发展。网络调研具有自愿性、定向性、及时性、互动性、经济性与匿名性。网络调研的优点是组织简单、费用低廉、客观性好、不受时空与地域限制、速度快等。网络调研的缺点包括网民的代表性存在不准确性、网络的安全性不容忽视、受访对象难以限制等。网络调研法是一种新兴的调研方法，它的出现是对传统调研方法的一个补充，随着我国互联网事业的进一步发展，网上调研将会被更广泛地应用。

知识扩展

怎样灵活运用各种食品市场调研方法

1. 询问法运用技巧

第一，科学选择调研对象。如果准备从事家庭作坊式的食品加工与营销，想详细了解相关的生产情况与市场行情，就没有必要调研大中型食品加工企业，大型餐饮企业也不是合理的调研对象。必须选择本地，最好是本街道的家庭作坊作为调研对象，这样的调研对象才能提供最有用的信息。

第二，灵活运用调研方法。被调研单位确定以后，就要想办法接近目标了，由于市场竞争的原因，很多家庭作坊对同行的调研是抵触的，所以要使用巧妙的方法。如以顾客或原材料供应商的身份接近受访者，在“不经意”的交谈中就可以收集到有用的市场信息。

第三，对调研所获得的信息要及时整理记录。记录方式可以是现场录音，也可以在访谈结束后马上写出调研报告。

2. 观察法运用技巧

武汉市东西湖区走马岭街是武汉市著名的食品工业园，园区生产工人很多，湖北公安县农民张新安有一手做湖北名小吃“锅盔”的手艺，但一直没找到好的市场。2010 年，他来到走马岭街食品厂打工。上班一段时间后，他看到周边工厂很多，每天吃饭时间各小吃店生意都很火，于是他就想家乡著名“公安锅盔”在这里一定很好卖，于是他辞了工作，租了一间很小的门面，开始了他的创业之路。由于他的手艺好，产品货真价实，很快吸引了大量的消费者，每天产品都供不应求。短短几年，他就在武汉结婚买房，成家立业了。谈起创业经验，为什么一个小小的门面，一张薄薄的“锅盔”，就实现了他的梦想呢？他说：“学会观察市场，才能选好项目；把握顾客需求，经营才有效益。”谈到观察技巧，他总结了两条：

第一，观察法是选择经营项目和场所的重要方法。张新安的“锅盔”经营门面就在工厂非常集中的街道边，地理位置好。他最初选择经营项目和门面时经过的一段时间的细致观察，对街道上的人流量、消费水平、饮食爱好等各方面都进行了简单记录。经过综合比较分析，最后才决定了经营方向和门面位置。

第二，观察有窍门，内行看门道。街道上人来人往，怎样才能观察到有用的信息呢？在食品工业园区，他通过观察发现，很多工人来自湖北农村，他们的消费观非常务实，一是价格便宜，二是吃饱了好干活，三是特别爱家乡口味。“公安锅盔”正好满足这三个条件，于是他的生意就火了起来。他还观察到：工人一般早上主食是“锅盔”加豆浆；中午是米饭再加一个“锅盔”，晚餐很多人都爱喝酒吃菜，而夜班工人上班前特别爱买一个“锅盔”充饥。根据观察结果，他及时调整经营策略，以早上和夜宵作为重点，中、晚餐控制规模，收到良好的效果。

3. 试验法使用技巧

第一，合理使用试验法。在食品企业的市场调研中，试验法主要用于新开发产品与全新市场。比如，你要生产一种高端新品种食品，在决策之前，可以用试验法进行调研。试验场所最好选择产品的未来市场如星级宾馆、高档酒店等。

第二，对实验结果要及时收集意见，观察市场反应，了解客户需求。在此基础上再做生产经营决策。

案例链接

某公司准备改进咖啡杯的设计，为此进行了市场试验。首先，他们进行咖啡杯选型调研，他们设计了多种咖啡杯子，让 500 个家庭主妇进行观摩评选，研究主妇们用干手拿杯子时，哪种形状好；用湿手拿杯子时，哪种不易滑落。根据调研结果，他们决定选用四方长腰果形杯子。然后，对产品名称、图案等，也同样进行造型调研。接着他们利用各种颜色会使人产生不同感觉的特点，通过调研试验，选择颜色最合适的咖啡杯子。调研的方法是，首先请了 30 多人，让他们每人各喝 4 杯相同浓度的咖啡，但是咖啡杯的颜色，则分别为咖啡色、青色、黄色和红色 4 种。试饮的结果，使用咖啡色杯子的人中认为“太浓了”的占 2/3，使用青色杯子的人都异口同声地说“太淡了”，使用黄色杯子的人都说“不浓，正好”，而使用红色杯子的 10 人中，竟有 9 人说“太浓了”。根据这一调研，公司咖啡店里的杯子以后一律改用红色杯子。该店借助于颜色，既可以节约咖啡原料，又能使绝大多数顾客感到满意。结果这种咖啡杯投入市场后，与市场上的产品开展激烈竞争，以销售量比对方多两倍的优势取得了胜利。

案例导入

一、经典案例

2010 年，某餐饮公司在贵阳美食街投资 450 万元，开了一家“都市阳光”时尚餐厅，走时尚高雅路线。开店前，他们专门到长沙考察，发现类似风格的时尚餐厅在当地生意非常火爆。如“金牛角王”等品牌店，在当地市场非常受欢迎，节假日要预约才有好的包间，平时也经常出现排队等号现象。看到这样的情景，考察团队非常高兴，决定完全复制长沙时尚餐厅的成功模式，包括市场定位、装修风格、家具式样及摆设、工作人员服装都一模一样，甚至花高价挖来长沙时尚餐厅的管理团队。

经过紧张的筹备工作，完全复制长沙模式的“都市阳光”时尚餐厅在贵阳美食街餐隆重开张了。刚开始时，因装修风格独特和品牌效应影响，再加上打折促销活动，吸引了大批的食客，取很不错的开局，但随着时间的流逝，食客们都不见了。因为本地消费者进去吃饭，点了牛排不要黑胡椒汁，非要蘸着辣椒蘸水吃，进了包房一看没有麻将机，就坚决不进去了。结果该餐厅开了不到一年就赔了500万元，被迫关门调整。当休闲时尚餐饮遇到贵阳当地习俗时，不改就得“死”，改了就是不伦不类，注定失败。

二、案例分析

该公司为什么投资失败且损失惨重？

1. 没有对贵阳本地的餐饮市场进行深入调研是最直接的失败原因

该公司在投资前进行了市场调研，但只调研了长沙的餐饮市场，看到“金牛角王”等品牌店在当地市场非常受欢迎，经常出现排队等号现象。这给他们造成一个错觉，以为时尚餐厅模式在长沙很火，那么在同为省会城市的贵阳也一定能火。公司在决定投资前，犯了一个致命的错误，缺少了一个至关重要的环节，就是关于在贵阳开设长沙模式时尚餐厅的市场调研。虽然同为省会城市，但两个地方经济水平不同，消费者的消费习惯、生活方式、口味特点等有很大差别。因为缺少这个调研分析报告，虽然该模式在长沙很火，但我们不知道贵阳消费者的经济状况能承受吗，口味特点能接受吗，消费习惯能适应吗，事实残酷地证明了该时尚餐厅模式并不适应贵阳的水土。最终导致顾客大量流失，经营失败，给公司造成重大损失。如果公司事前进行了深入的市场调研，写出科学的调研分析报告，决策者一定会慎重决定，从而避免了公司的重大损失。

二维码 3-2　当前市场形势下中、小速冻食品企业如何进行营销策划

2. 简单复制他人的经营模式是失败的重要原因

该公司没有自己的经营管理模式，从经营理念到市场定位，从店面装修风格到家具式样及摆设，甚至连工作人员的服装都照抄照搬，完全复制长沙模式，餐厅的管理团队也是从长沙花高价请来的。如果在同一城市，这样简单的复制是有成功机会的，很多类似的连锁餐厅都有成功的先例。但在不同省份的不同城市，这种简单的复制隐藏着巨大的风险。特别是餐饮类企业，在经营过程中，经营理念、菜品菜式、定价原则、服务方式一定要适应当地消费者的需求，甚至要考虑到本地的民族特点、风俗习惯等因素。所以简单复制长沙时尚餐厅的经营模式是失败的另一重要原因。

任务设计与实施

一、任务实施内容

以小组为单位，对本地食品市场以调查问卷形式开展调研活动，归纳整理、汇总、分析调查问卷情况，根据实地调研结果，撰写一份客观真实的食品市场调研报告，并进行汇报交流。

二、任务流程设计

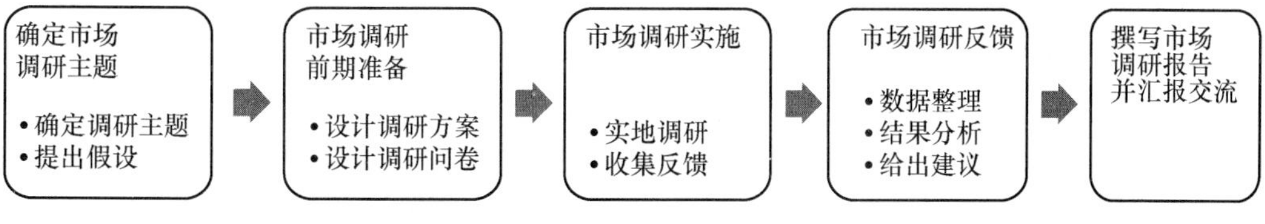

三、任务实施要求

(1)把学生分成若干小组,每个小组以 3~4 人为宜,便于合理分工,要求每个同学参加。

(2)对本地食品市场以调查问卷形式开展调研活动,要求问题数以 20~30 个为宜;每个组应发放至少 50 份问卷。

(3)要求各小组对收回的有效问卷进行准确的数据整理和综合分析;撰写一份客观真实的食品市场调研报告,要求格式规范,字数在 2 000 字以上。

(4)制作 PPT 并派代表进行食品市场调研报告汇报及交流。

四、任务实施考核

表 3-2 任务实施考核

考核类别	考核项目	考核要点	考核分值	考核方式			
				自我评价	组内评价	组间评价	教师评价
专业技能(60%)	调研方案设计	调研主题选取准确性、创新性	5				
		调研方案设计合理性	5				
		调研问卷设计合理性	5				
	任务实施过程	数据真实性(参考资料在近 1 年内)	5				
		调研过程规范性	10				
		任务实施过程中的表现和贡献	15				
	任务实施成果	调研报告规范性	5				
		PPT 制作规范性	5				
		PPT 汇报答辩流畅性	5				
职业素养(40%)	学习态度和纪律性		8				
	发现问题、解决问题的能力		8				
	团队协作能力		8				
	沟通能力		8				
	吃苦耐劳精神		8				

任务二 撰写食品市场预测报告

任务内容

认识食品市场预测的重要性,掌握食品市场预测的方法和步骤,撰写食品市场预测报告。

必学理论

一、食品市场预测

(一)食品市场预测的概念

食品市场预测是在食品市场营销调研的基础上,撰写食品市场预测报告,运用科学的方法和技术,分析研究影响食品市场需求变化诸因素的各种数据、资料和信息,对市场未来的发展趋势做出判断和推测,为食品企业制订正确的市场营销计划提供科学依据。

(二)食品市场预测的重要作用

(1)食品市场预测是食品企业编制中长期经济发展计划的重要依据。

(2)食品市场预测是食品企业适应市场变化的重要保证。

(3)食品市场预测是食品企业经营管理决策的重要依据,是提高企业经营管理和决策水平的重要手段。

(4)食品市场预测是食品企业合理配置资源、提高经济效益的重要手段。

(5)食品市场预测是增强企业应变能力和竞争能力的重要途径。

(三)食品市场预测的类型

食品市场预测可以按不同的标准进行分类。

(1)按预测的时间跨度可以分为近期预测(以周、旬、月为时间单位)、短期预测(1 年以内)、中期预测(1～5 年)和长期预测(5 年以上)。

(2)按预测的地区范围分为国内市场预测和国际市场预测。

(3)按经济活动的空间范围分为宏观的市场预测和微观的市场预测。

(4)按预测的性质分为定性预测和定量预测。定性预测,是由预测人员凭借知识、经验和判断能力对市场的未来变化趋势做出性质和程度的预测。定量预测,是以过去积累的统计资料为基础,运用数学方法进行分析计算后,对市场的未来变化趋势做出数学测算。

二、食品市场预测的方法与步骤

(一)食品市场预测的方法

1. 定性预测法

定性预测法也称经验判断预测法。主要是利用食品市场调研得到的各种信息,根据预测者个人的知识、经验和主观判断,对食品市场的未来发展趋势做出估计和判断。这种方法的优点是时间短、费用省、简单易行、能综合多种因素;缺点是主观随意性较大、预测结果不够准确。常用的定性预测方法有经验判断法和专家意见法。

(1)经验判断法。预测人员根据已掌握的信息资料进行必要的市场调研分析,凭借自身知识和经验,对食品市场未来一定时期的发展趋势做出主观判断。这种方法简单实用,能汇集各方面的意见,但预测结果受预测人员业务知识水平、个性特点、掌握资料的情况以及综合分析能力的影响。

经验判断法可以进一步细分为经理人员预测法和营销人员预测法。食品企业可以根据企业的管理方式和预测需要进行选择。

①经理人员预测法。就是由食品企业中最熟悉业务、能预见业务趋势的业务主管人员开展预测,集思广益,做出预测判断的一种方法。这种预测方法不需要大量的资料,是一种快捷、简便、实用的方法。其缺点是所做出的判断和预测中主观因素较多,容易受到业务人员中相互感染的心理状态的影响,所以需要在预测前向业务人员提供经济形势和业务情况的相关资料,组织开展讨论,然后将各种意见进行综合平衡,得出相对客观的结论。

②营销人员预测法。就是由企业的负责人把与食品市场有关或者熟悉食品市场情况的各种营销人员召集起来,让他们对未来的市场发展形势或某一种大市场问题发表意见,做出判断;然后将各种意见汇总起来,进行分析研究和综合处理;最后得出市场预测结果。因为营销人员工作在第一

线，长期与市场和消费者沟通与交流，对消费者的需求有较为全面深入的了解，相比其他人员，有更专业的知识和更敏锐的眼光。所以，他们的综合意见可以更准确地预测市场的未来变化。

(2)专家预测法。运用专家的知识和经验，考虑预测对象的社会环境，直接分析研究和寻求其特征规律，并推测未来的一种预测方法。分为专家会议法和德尔菲法。

①专家会议法。根据市场预测的目的和要求，向一组经过挑选的有关专家提供一定的背景资料，通过会议的形式对预测对象及其背景进行评价，在综合专家分析判断的基础上，对市场趋势做出推断。这种方法的优点是专家能够畅所欲言，自由辩论，充分讨论，集思广益，从而提高了预测的准确性。但是预测影响预测的科学客观性容易受专家个性和心理因素的影响，也容易受权威意见的影响。

②德尔菲法。德尔菲法也称个别专家意见法，是以匿名的方式，逐轮征求一组专家各自的预测意见，直至专家意见基本趋向一致，最后由主持者进行综合分析，确定市场预测值的方法。优点是分别征询意见，既可发挥各位专家的智慧，集思广益，又可避免专家间的相互影响和迷信权威的倾向；而且考虑问题时间充分，准确度高。这是一种权威性预测法，西方国家多采用这种预测方法，也是食品市场预测中常用的一种方法。其缺点是交流往返时间长，费时费力，而且对主持者的专业水平要求很高。

知识扩展

德尔菲法

德尔菲法是根据有专门知识的人的直接经验，对研究的问题进行判断、预测的一种方法，是专家调研法的一种。具体步骤如下：

(1)确定调研题目，拟定调研提纲，准备向专家提供的资料。

(2)组成专家小组。按照课题所需要的知识范围，确定专家人数，一般不超过20人。

(3)向所有专家提出所要预测的问题及有关要求，并附上有关这个问题的所有背景材料，同时请专家提出还需要什么材料。然后，由专家做书面答复。

(4)各个专家根据他们所收到的材料，提出自己的预测意见，并说明自己是怎样利用这些材料提出预测值的。

(5)将各位专家的第一次判断意见汇总，列成图表，进行对比，再分发给各位专家，让专家比较自己同他人的不同意见，修改自己的意见和判断。

(6)将所有专家的修改意见收集起来，汇总，再次分发给各位专家，以便做第二次修改。逐轮收集意见并为专家反馈信息是德尔菲法的主要环节。

(7)对专家的意见进行综合处理。把各位专家意见的分歧点表达出来，取各家之长，避各家之短。同时，德尔菲法又能避免专家会议法的缺点。

(8)需要我们注意四点：一是并不是所有被预测的事件都要经过反复修改意见，可能有的事件在第一次反馈意见时就达到统一。二是即使经过多轮反馈，专家对各事件的预测也不一定能达到统一。不统一也可以用中位数和上下四分点来作为结论。三是必须通过匿名和函询的方式。四是要做好意见的甄别和判断工作。

2. 定量预测法

定量预测法依据市场调查资料，运用一定的数理统计方法进行加工处理，对食品市场未来需求做出定量预测的方法，也称分析计算预测法。常用的定量预测法有以下几种。

二维码 3-3　食品市场需求预测

(1)平均数法。

①算术平均法。算术平均法即把时间序列数值加以平均，并以平均数作为下期的预测值的方法。其计算公式为：

$$\overline{X}=\frac{\sum_{i=1}^{n}X_{\mathrm{i}}}{n}$$

式中：$\overline{X}$ 为预测值，X_{i} 为各期的数据，n 为期数。

例如：某市一个超市 2019 年 1—6 月份，每月方便面的销售额分别为 3.5 万元、4.2 万元、4.5 万元、3.8 万元、3.6 万元，4.4 万元。试预测 7 月份方便面的销售额。

根据上述公式计算 7 月份的预测值为：

$$\overline{X}=\frac{3.5+4.2+4.5+3.8+3.6+4.4}{6}=4(\text{万元})$$

算术平均法的优点是计算方便。缺点是所有观察值不论新旧在预测中一律同等对待，这是不符合市场发展的实际情况的。当预测对象长期无显著变动趋势和季节变动时，采用此方法的预测结果大致可以令人满意。

②加权平均法。为了克服算数平均法的缺点，在预测中给每个观察值根据其重要性赋予不同的权数，这就有了加权平均法。对于不同时期的实际数给予不同的权数处理后再求平均值，更能反映食品市场销售客观规律及未来发展趋势。普遍认为越是近期的数据，越能反映发展趋势，对预测值的影响就越大，应该赋予较大的权数。其计算公式为：

$$\overline{X}=\frac{\sum_{i=1}^{n}W_{\mathrm{i}}X_{\mathrm{i}}}{\sum_{i=1}^{n}W_{\mathrm{i}}}$$

式中：W_{i} 为第 i 期的权数。

例如，某食品企业近 4 个月的销售额分别为 25 万元、20 万元、28 万元和 23 万元，试预测第五个月的销售额。

因为离预测期越近的数据对预测值的影响就越大。所以设第一、第二、第三和第四个月的销售额的权数分别为 0.15、0.20、0.35、0.40，则第五个月的销售预测值为：

$$\overline{X}=\frac{25\times0.15+20\times0.20+28\times0.30+23\times0.35}{0.15+0.20+0.30+0.35}=24.2(\text{万元})$$

(2)季节指数预测法。以市场季节性周期为特征，计算时间序列资料上呈现出的有季节变动规律的季节指数，并利用季节指数进行预测的一种预测方法。如食品市场上的月饼、元宵、饮料等食品都会呈现明显的季节性规律变动。

$$\text{季节指数}=\frac{\text{历年同季度销售平均值}}{\text{历年总平均值}}$$

例如，某超市 2016—2018 年功能性饮料各季度的销售资料如表 3-3 所示。预计 2019 年的销售额比 2018 年递增 10%，请用季节指数法预测 2019 年各季度销售额。

表 3-3　某超市 2016—2018 年各季度销售额　　万元

年份	第一季度	第二季度	第三季度	第四季度
2016	5	20	30	15
2017	10	25	35	10
2018	15	30	40	5

具体计算步骤如下。

第一步：计算历年同季度的销售平均值（A）。

$$A_1=\frac{5+10+15}{3}=10(\text{万元})$$

$$A_2=\frac{20+25+30}{3}=25(\text{万元})$$

$$A_3=\frac{30+35+40}{3}=35(\text{万元})$$

$$A_4=\frac{15+10+5}{3}=10(\text{万元})$$

第二步：计算历年总平均值（B）。

$$B=\frac{5+10+15+20+25+30+30+35+40+15+10+5}{12}=20(\text{万元})$$

第三步：计算季节指数。

$$S_1=\frac{A_1}{B}=\frac{10}{20}=50\%$$

$$S_2=\frac{A_2}{B}=\frac{25}{20}=125\%$$

$$S_3=\frac{A_3}{B}=\frac{35}{20}=175\%$$

$$S_4=\frac{A_4}{B}=\frac{10}{20}=50\%$$

第四步：计算 2019 年销售预测值。

$$2019\text{ 年销售预测值}=(15+30+40+5)\times(1+10\%)=100(\text{万元})$$

第五步：计算 2019 年各季度销售预测值。

$$2019\text{ 年第一季度的预测值}=\frac{100}{4}\times 50\%=12.5(\text{万元})$$

$$2019\text{ 年第二季度的预测值}=\frac{100}{4}\times 125\%=31.25(\text{万元})$$

$$2019\text{ 年第三季度的预测值}=\frac{100}{4}\times 175\%=43.75(\text{万元})$$

$$2019\text{ 年第四季度的预测值}=\frac{100}{4}\times 50\%=12.5(\text{万元})$$

3. 一元线性回归预测法（最小二乘法）

计算公式如下：

$$Y = a + bX$$

式中：X 为自变量；Y 为因变量或预测量；a，b 为回归系数，可根据已有的历史数据 X_iY_i［$i=1,2,3,\cdots n$（n 为实际数据点数目）］，求出回归系数 a，b。

为了简化计算，令$(X_1+X_2+\cdots+X_n)=0$，可以得出 a，b 的计算公式如下：

$$a = \frac{Y_1 + Y_2 + \cdots + Y_n}{n}$$

$$b = \frac{X_1Y_1 + X_2Y_2 + \cdots + X_nY_n}{X_1^2 + X_2^2 + \cdots + X_n^2}$$

具体操作步骤如下：

(1)根据预测目标，确定自变量和因变量。明确预测的具体目标，也就确定了因变量。如预测具体目标是下一年度的销售量，那么销售量 Y 就是因变量。通过市场调研和研阅资料，寻找与预测目标的相关影响因素，即自变量，并从中选出主要的影响因素。

(2)建立回归预测模型。依据自变量和因变量的历史统计资料进行计算，在此基础上建立回归分析方程，即回归分析预测模型。

(3)进行相关分析。回归分析是对具有因果关系的影响因素（自变量）和预测对象（因变量）所进行的数理统计分析处理。只有当自变量与因变量确实存在某种关系时，建立的回归方程才有意义。因此，作为自变量的因素与作为因变量的预测对象是否有关，相关程度如何，以及判断这种相关程度的把握性多大，就成为进行回归分析必须要解决的问题。进行相关分析，一般要求出相关关系，以相关系数的大小来判断自变量和因变量的相关的程度。

(4)检验回归预测模型，计算预测误差。回归预测模型是否可用于实际预测，取决于对回归预测模型的检验和对预测误差的计算。回归方程只有通过各种检验，且预测误差较小，才能作为预测模型进行预测。

(5)计算并确定预测值。利用回归预测模型计算预测值，并对预测值进行综合分析，确定最后的预测值。应用回归预测法时应首先确定变量之间是否存在相关关系。如果变量之间不存在相关关系，对这些变量应用回归预测法就会得出错误的结果。正确应用回归分析预测时应注意：①用定性分析判断现象之间的依存关系；②避免回归预测的任意外推；③应用合适的数据资料。

(二)食品市场预测的步骤

食品市场预测应严格遵守规定的程序和步骤，确保市场预测工作合理、有序、协调，保障预测结果的准确性和科学性。

1. 确定预测目标

明确预测目标是开展食品市场预测工作的第一步，因为预测的目标不同，预测的内容和项目、所需要的资料和所运用的方法都会有所不同。预测目标选准确了，才能提高预测效果。

2. 收集资料

收集并掌握大量准确、真实、客观、充分的第一手市场资料，才能为食品市场预测提供进行分析、判断的可靠依据。在食品市场预测目标的指导下，调研和收集预测有关资料是进行食品市场预测的重要一环，也是预测的基础性工作。在完成资料收集工作后，应对资料进行科学的分析与整理，做到去伪存真，去粗取精。

3. 选择预测方法

根据预测的目标以及各种预测方法的适用条件和性能，选择出合适的预测方法。有时可以运用多种预测方法来预测同一目标。预测方法的选用是否恰当，将直接影响到预测的精确性和可靠性。运用预测方法的核心是建立描述、概括研究对象特征和变化规律的模型，根据模型进行计算或者处理，即可得到预测结果。

4. 预测分析和修正

分析判断是对调研搜集的资料进行综合分析，并通过判断、推理，使感性认识上升为理性认识，从事物的现象深入到事物的本质，从而预计市场未来的发展变化趋势。在分析评判的基础上，还要根据最新信息对原预测结果进行评估和必要的修正，以确保预测结果的时效性。

二维码 3-4 2019—2025 年中国乳业市场全面调研与发展趋势分析报告(节选)

5. 撰写预测报告

预测报告应该概括预测研究的主要活动过程，包括预测目标、预测对象及有关因素的分析结论、主要资料和数据、预测方法的选择和模型的建立，以及对预测结论的评估、分析和修正等。预测报告附件应包括调研资料汇总表、调研分析报告、调研工作方案等原始文件，以展示市场预测过程的完整性和科学性。

三、食品市场调研与预测对企业营销策划的作用

(一)市场调研与预测可为企业发现市场机会提供依据

食品市场情况瞬息万变，环境变化难以预测。随着经济形势的发展，一些新的产品会流行起来，而另一些产品，则会逐步退出市场。复杂的市场环境和激烈的市场竞争给食品企业带来挑战，同时也创造出新的商机。通过市场调研与预测，食品企业可以确定产品的潜在市场需求和销售量的大小，了解顾客的意见、态度、消费倾向、购买行为等，据此进行市场细分，进而确定其目标市场，分析市场的销售形势和竞争态势，发现市场机会，确定企业发展方向。

(二)市场营销调研与预测是企业产品更新换代的依据

生产技术日新月异，顾客需求千变万化，市场的竞争日趋激烈，致使产品更新换代的速度越来越快。通过市场调研与预测，食品企业可以发现自身的产品目前处于产品生命周期的哪个阶段，以及今后一段时间内的发展趋势。市场调研与预测结果是食品企业适时调整产品生产与营销策略，进行产品的更新换代的重要决策依据。

(三)市场调研与预测是企业制定市场营销组合策略的依据

食品市场的环境错综复杂，市场调研与预测是食品企业制定营销组合策略的重要依据。例如，某速冻食品在南方深受顾客青睐，可在北方却销售不畅，企业通过市场调研，找出了问题根源是南北方顾客的饮食习惯差异。找到了原因，企业制定了针对性的南北差异产品策略，很快北方市场就打开了。食品企业在制定价格策略时也要充分进行市场调研。因为产品的价格不仅取决于产品的成本，还受供求关系、竞争对手的价格、经济大环境、价格弹性等多因素的影响。通过市场营销调研与预测，食品企业可以及时地掌握市场上同类产品的价格态势，灵活调整价格策略。食品企业确定营销渠道和制定出切实有效的促销策略方面，市场调研与预测同

样至关重要，产品销售渠道是否畅通无阻，促销手段是否切实可行，这一切都需要通过市场调研与预测来提供准确信息。

（四）市场调研与预测是食品企业增强竞争能力、提高经济效益的基础

食品企业通过市场调研，可以及时了解市场上产品的发展变化趋势，掌握市场相关产品的供求情况；食品企业通过市场预测，清楚地知道未来的顾客需要什么样的产品等。企业据此制订市场营销计划，组织生产适销对路的产品，企业的竞争能力会显著增强，从而大幅度提高企业的经济效益。

四、运用市场预测成果进行食品营销策划

（一）预测市场发展趋势

运用市场预测成果预测市场未来发展趋势，为企业确定生产经营方向提供有意义的参考。运用市场调研和预测结果可以准确掌握食品市场的需求和营销环境的变化，因此可以对食品市场未来的发展趋势做出科学、有效的预测，便于食品企业做出明确的决策。

（二）有利于改进产品

市场调研与预测可以预见消费者对商品具体需求变化的趋向，有利于企业改进产品设计、增强开发适销对路产品的能力。

案例链接

某饮料生产企业为增强市场竞争力，增加市场份额，准备投资 200 万元人民币开发新产品，企业决定首先开展市场调研，以作为新产品开发决策的依据。

该饮料企业的营销调研人员首先进行了探索性市场调研。他们通过召开现有的和潜在的消费者座谈会，以及由市场营销人员、技术人员和部分经销商代表共同开展的座谈会，探索可以向市场推出哪些新产品。通过探索性调研，他们大致了解了市场的动态和消费需求发展的趋势，形成了四种产品开发的初步构想。这些构想又经企业描述性调研，将准备开发的新产品的包装形式、容量、产品名称、价格等具体内容设计成问卷，由调研人员到各大商场、居民小区进行问卷调研。他们对收回的 3 700 多份有效答卷进行了统计分析，预测得出这四种产品的市场需求、市场竞争能力等结论。在这四种新产品开发方案中，只有 500 mL 猕猴桃原果汁的市场需求量最大，具有较强的竞争力，而苹果汁、菠萝汁和葡萄汁三种方案市场需求量均较小，市场竞争力也不强。

最后，企业经过进一步论证和筛选，决定以调研和预测的结果为依据，对猕猴桃原果汁进行开发。结果该饮料企业在当年 9 月份试生产 20 万瓶 500 mL 装猕猴桃原果汁，当月就销售一空。企业于是决定扩大生产，年生产猕猴桃原果汁 600 t，产品很受消费者欢迎，既扩大了市场份额，又增强了企业竞争力，使企业获得了良好的经济效益。可见，科学的调研和准确的预测，是企业进行正确的产品开发和正确实施营销战略的前提和保证。

案例链接

在去核红枣中夹上酥脆的核桃仁，红枣补血，核桃补脑，两种土特产经过完美组合，成为一种营养更丰富的山西特产。这就是目前十分流行的新小吃——红枣夹核桃。虽然只是简单的产品形态的叠加，却打开了两种产品的一个新销路。据统计，就此一项产品。2015 年，山西红枣夹核桃的销售总额超过 10 亿元。对于红枣夹核桃受欢迎的原因，有人做出了如下分析。

其实说起"红枣夹核桃"，这一创意并不是最新的。十多年前，山西的龙头企业吕梁仙塔集团就生产过，而且选择了先在北京市场投放。仙塔当时不缺品牌效应，也不缺符合卫生标准的生产技术，投放北京的选择不可谓不对，但市场反应平平。然而，十年之后，枣夹核桃却火得一塌糊涂。这说明，好的产品也应该是符合市场的需求的，是基于消费者生活需要的。

互联网时代下兴起的微博、微信、电商等平台为红枣夹核桃的推广起到了关键性作用。在本身优质产品生产力和已成熟的消费者品类认识的基础上，红枣夹核桃又借助了网络化营销和主流消费群体年轻化的东风，自然红遍全国，备受关注。

(三)市场预测是管理决策职能的重要组成部分

案例链接

2006 年，武汉康生源生态农业有限公司通过出让方式取得武汉市东西湖区 15 hm^2 国有农业用地 50 年使用权。公司创始人金敏看到社会上各种食品安全事故层出不穷，深有感触，从创业之初就有了一个"生态梦"。为此，她确定了公司的"生态健康"理念，带领员工坚定不移地走绿色饲养、生态加工道路。前几年，因产品生态环保，深受市场欢迎，各类产品被高端客户定制，公司年产值 500 余万元，实现了经济效益和社会效益双丰收。近年来，由于武汉市大力发展都市农业，近郊出现大量生态农庄，同质化竞争现象严重，导致公司出现客源减少、产品滞销、效益下降的状况。

为开辟新市场，开发新产品，公司组织了较大规模的市场调研，对武汉市养殖、种植类生态农庄经营现状进行深入调研，并写出调研报告，对武汉市生态农业未来市场进行科学的预测，并写出了分析报告。公司还聘请大专院校教授与农业部门的技术特派员上门，共同研究公司未来的发展方向。

基于前期的调研与预测结果，公司 2018 年果断引进被农业农村部科技教育司认定为"全国十大科技引领技术"的"陆基推水循环受控式集装箱养殖技术"。该技术将池塘水或山泉水注入养殖箱内，箱内养鱼。养殖箱设有进、排水口，保持水的 24 小时流动。流动的水体可带走鱼的排泄物和食物残渣，排出的水经过干湿分离机将鱼粪等悬浮物分离，分离的鱼粪及食物残渣经过无害化处理后用于农作物种植，尾水进入三级净化池塘沉淀以及生物净化处理，处理后的水回抽入养殖箱内再次循环。全程无污染，基本实现零排放，净水、活水养殖，对保护环境，提高鱼的品质，减少渔业养殖面源污染有重要意义。

该公司投入大量资金，引进高学历水产养殖专业人才，成立技术研发团队，进行集装箱养殖技术的消化吸收，已经成功实现了的宝石鲈鱼、太阳鱼、加州鲈鱼、长吻鮠鱼等高端鱼的箱内养殖。为该技术的全面推广积累了经验。农业农村部选定该公司为全国“池塘养殖转型升级绿色生态模式示范项目示范基地”之一。为了延长产品线，增加企业盈利能力，公司引进生态鱼加工设备，与华中农业大学食品专业联合研制生态鱼熟食产品，采用生态环保包装，生产原材料全部是本企业养殖的各种生态鱼。产品一问世，就因品质好、环保健康，畅销本地市场。公司 2018 年年产值达 1 000 万元以上，实现社会效益、生态效益和经济效益三丰收。

案例导入

二维码 3-5　食用油市场调研分析报告

一、经典案例

在国内外方便面市场上，尽管品牌繁多，广告铺天盖地，但令消费者真正动心的却寥寥无几，于是许多方便面生产企业感叹消费者的口味越来越挑剔了，真是众口难调。

可是，日本一家食品产销企业集团——日清食品公司，却不信这个邪，它坚持“只要口味好，众口也能调”的独特经营宗旨，从人们的口感差异性出发，不惜人力、物力、财力，在食品的口味上下功夫，终于改变了美国人“不吃汤面”的饮食习惯，使日清方便面成为美国人的首选快餐食品。

日本日清食品公司在准备将营销触角伸向美国食品市场的计划制订之前，为了能够确定海外扩张的最佳切入点，曾不惜高薪聘请美国食品行业的市场调查权威机构，对方便面的市场前景和发展趋势进行全面细致的调查和预测。可是美国食品行业的市场调查机构所得出的结论，却令日清食品公司大失所望——由于美国人没有吃热汤面的饮食习惯，而是喜好干吃面条，单喝热汤，绝不会把面条和热汤混在一起食用，由此可以断定，汤面合一的方便面很难进入美国食品市场，更不会成为美国人一日三餐必不可少的快餐食品。日清公司并没有盲目相信这一结论，而是抱着“求人不如求己”的自强自立信念，派出自己的专家组前往美国进行实地调查。经过千辛万苦的商场问卷和家庭访问，专家考察组最后得出了与美国食品行业的市场调查机构截然相反的调查结论，即美国人的饮食习惯虽呈现出“汤面分食，决不混用”的特点，但是随着世界各地不同种族移民的大量增加，这种饮食习惯正在悄悄地发生着变化。再者，美国人在饮食中越来越注重口感和营养，只要在口味和营养上投其所好，方便面就有可能迅速占领美国食品市场，成为美国人的饮食“新宠”。

日清食品公司基于自己的调查结论，从美国食品市场动态和消费者饮食需求出发，确定了“系列组合拳”的营销策略，全力以赴地向美国食品市场大举挺进。

“第一拳”——他们针对美国人热衷于减肥运动的生理需求和心理需求，巧妙地把自己生产的方便面定位于“最佳减肥食品”，在声势浩大的公关广告宣传中，渲染方便面“高蛋白、低热量、去脂肪、剔肥胖、价格廉、易食用”等种种食疗功效；针对美国人好面子、重仪表的特点，精心制作出“每天一包方便面，轻轻松松把肥减”“瘦身最佳绿色天然食品，非方便面莫属”等具有煽情色彩的广告语，以挑起美国人的购买欲望，获得了“四两拨千斤”的营销奇效。

“第二拳”——他们为了满足美国人以叉子用餐的习惯，果断选择着力点，一改方便面“面多汤少”的传统制作工艺，研制生产了“汤多面少”的美式方便面，从而使“杯面”迅速成为美国消费者人见人爱的“快餐汤”。

以此“系列组合拳”的营销策略，日清食品公司果敢地挑战美国人的饮食习惯和就餐需求。他们以“投其所好”为一切业务工作的出发点，不仅出奇制胜地突破了“众口难调”的产销瓶颈，而且轻而易举地打入了美国快餐食品市场，开拓出了一片新天地。

二、案例分析

在别人认为难以开拓的市场上，日清食品公司取得成功，其中的奥秘是什么呢？

日清食品公司以发现和满足消费者需求为企业一切经营活动的中心。通过在美国的实地调研，研究消费者购买行为。并针对美国市场消费者的饮食文化，生活习惯，制定合适的营销策略。日清食品公司的营销活动适应美国市场的需求，适应当地的特色。但是这种适应不是消极被动的，而是在深入调查研究的基础上，去积极主动地适应。日清食品公司站在了消费者的立场上去把握市场需求，有了这样的前提，就为日清食品公司的成功奠定了坚实的基础。这就是日清公司在美国市场上获得成功的关键所在。

任务设计与实施

一、任务实施内容

以小组为单位，组织一次对本地食品市场的某一主要食品品种的市场预测活动；归纳、整理、汇总和分析相关资料，根据预测结果，提交一份食品市场预测报告并在班内交流。

二、任务流程设计

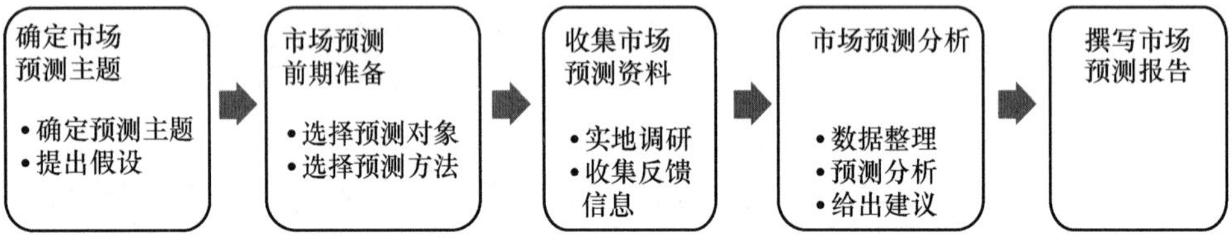

三、任务实施要求

（1）把学生分成若干小组，每个小组以 3～4 人为宜，便于合理分工，要求每个同学参加。

（2）组织一次对本地食品市场的某一主要食品品种的市场预测活动；归纳、整理、汇总和分析相关资料。

（3）以小组为单位写出食品市场预测报告，要求格式规范（可参考二维码 3-4 和二维码 3-5），字数在 3 000 字以上；各小组结合预测报告，尝试编制食品企业中长期规划，要求格式规范，字数在 5 000 字以上。

（4）制作 PPT，派代表进行食品市场预测汇报或食品企业中长期规划汇报，并在班内交流。

四、任务实施考核

请按照本项目任务一任务实施考核的内容与标准执行。

思考与练习

一、名词解释

食品市场调研　文献调研法　询问调研法　观察调研法　试验调研法　食品市场预测　定性预测　定量预测

二、选择题(1～11 为单项选择题，12～18 为多项选择题)

1. 某食品企业近年来销售量持续下降，但公司不清楚是什么原因，它会最先采用那种调查方式？(　　)

A. 探索性调查　B. 描述性调查　C. 因果性调查　D. 预测性调查

2. 食品检验一般采用的调查方法是(　　)。

A. 普查　B. 重点调查　C. 抽样调查　D. 典型调查

3. 为了进一步研究问题症结所在，对市场营销活动进行客观描述，如实反映市场营销状况所开展的调查属于(　　)。

A. 探索性调查　B. 描述性调查　C. 因果性调查　D. 预测性调查

4. (　　)调查是对全体对象开展的调查。

A. 典型调查　B. 重点调查　C. 普查　D. 抽样调查

5. 如果想了解某食品的市场销售情况，可以通过调查这类食品销售量最大的几家企业来反映整体销售情况，这种调查方法是(　　)。

A. 普查　B. 抽样调查　C. 典型调查　D. 重点调查

6. 调查时选取几个有代表性的食品企业进行调查，这种调查方法是(　　)。

A. 普查　B. 典型调查　C. 重点调查　D. 抽样调查

7. 将某一食品改变包装后先试点销售，然后考虑是否推广，这种调查方法是(　　)。

A. 询问法　B. 试验法　C. 观察法　D. 抽样法

8. 通过调查消费者的生活垃圾来了解他们食品的消费情况，这种调查方法是(　　)。

A. 询问法　B. 试验法　C. 观察法　D. 抽样法

9. 长期预测是指(　　)年以上的预测。

A. 1　B. 3　C. 5　D. 10

10. 对于销售情况平稳的食品进行预测时常采用的方法是(　　)。

A. 平均数预测法　B. 季节指数预测法

C. 一元线性回归预测法　D. 以上方法都可以

11. 对于销售淡旺季非常明显的食品进行预测时常采用的方法是(　　)。

A. 平均数预测法　B. 季节指数预测法

C. 一元线性回归预测法　D. 以上方法都可以

12. 按照调查的目的和性质不同，可分为(　　)。

A. 探索性调查　B. 描述性调查

C. 普查　D. 因果性调查

E. 预测性调查

13. 按照调查的对象和特征不同，可以将调查分为(　　)。

A. 普查　B. 抽样调查

C. 典型调查　D. 重点调查

E. 预测性调查

14. 下列属于询问调研法的是（　　）。

A. 个别询问法　　B. 集体询问法

C. 深度询问法　　D. 常规询问法

E. 当面询问法

15. 关于网络调研法，说法正确的是（　　）。

A. 是传统调研方法在网络上的应用和发展

B. 具有自愿性、定向性、及时性、互动性、经济性与匿名性等特点

C. 具有组织简单、费用低廉、客观性好、不受时空与地域限制、速度快等优点

D. 具有网民的代表性存在不准确性、网络的安全性不容忽视、受访对象难以限制等缺点

E. 可以用于所有的调查

16. 按照预测的性质可以分为（　　）。

A. 定性预测　　B. 定量预测

C. 宏观预测　　D. 微观预测

E. 市场预测

17. 下列属于定性预测法的是（　　）。

A. 经理人员预测法　　B. 营销人员预测法

C. 专家会议法　　D. 德尔菲法

E. 季节指数预测法

18. 食品市场调研与预测对企业营销策划的作用体现在（　　）。

A. 市场调研与预测可为企业发现市场机会提供依据

B. 市场营销调研是企业产品更新换代的依据

C. 市场调研与预测是企业制定市场营销组合策略的依据

D. 市场调研与预测是食品企业增强竞争能力、提高经济效益的基础

三、判断题

1. 在企业的市场调研中，食品专题调研是企业调研的重点内容。（　　）

2. 试验法是收集第一手资料的基本调查方法。（　　）

3. 购买意向调研法是基于可测性原理和类推性原理的。（　　）

4. 某些调研对象总体为无限总体时，宜采用典型调研方式进行调研。（　　）

5. 德尔菲法实质上是一种集体经验判断法的特例。（　　）

6. 购买意向调研法主要适用于消费品的需求前景预测。（　　）

7. 电话调研法最大的优点是信息量大。（　　）

8. 若需要了解被调研者对有关问题的意见、看法和打算时，宜采用阐述性问句。（　　）

9. 定性预测往往主观性都比较强。（　　）

10. 在选择食品市场预测方法时，如果是进行战略决策，可以采用中长期预测方法，预测结果不必十分精细。（　　）

四、问答题

1. 简述食品市场调研的步骤。

2. 食品市场调研的方法有哪些？

3. 食品市场调研的内容有哪些？

4. 一个完善的食品市场调研方案一般包括哪些方面的内容？

二维码 3-6　模块三项目一思考与练习参考答案

5. 简述食品市场预测的步骤。

6. 食品营销策划中怎样科学利用市场调研与预测成果？

项目二　食品消费者与竞争者行为分析

知识目标

1. 认识消费者需求的概念和特征，学会进行消费者购买动机分析。
2. 了解消费者购买行为的类型、特征及市场购买行为分析的方法。
3. 了解消费者的购买行为对食品企业营销策划的影响。

能力目标

1. 能够准确判断食品消费者的购买动机、类型，并提出有针对性的营销策略。
2. 能够全面观察和认识消费者的行为特点，从而制定有针对性的营销策划。
3. 能够对食品市场竞争者进行分析，对食品市场竞争提出有效的策略。

素质目标

1. 培养敬业、责任、诚信、安全与友善职业素养，能科学制定有针对性的营销策略。
2. 具备严谨的工作态度，熟悉企业文化，适应企业现代管理；培养学生创新思维和发展能力以及依法规范自己行为的意识和习惯。
3. 培养良好的沟通和交际能力，具有团队合作和团队互助的精神。

项目概述

食品企业要想力求自身生存和发展，必须认真研究和剖析食品消费者和行业竞争者的行为，即在准确把握食品消费者的需求及购买行为的基础上，学会根据食品消费者购买行为进行营销策划，学会食品市场竞争者分析与运用竞争策略，以指导工作实践。

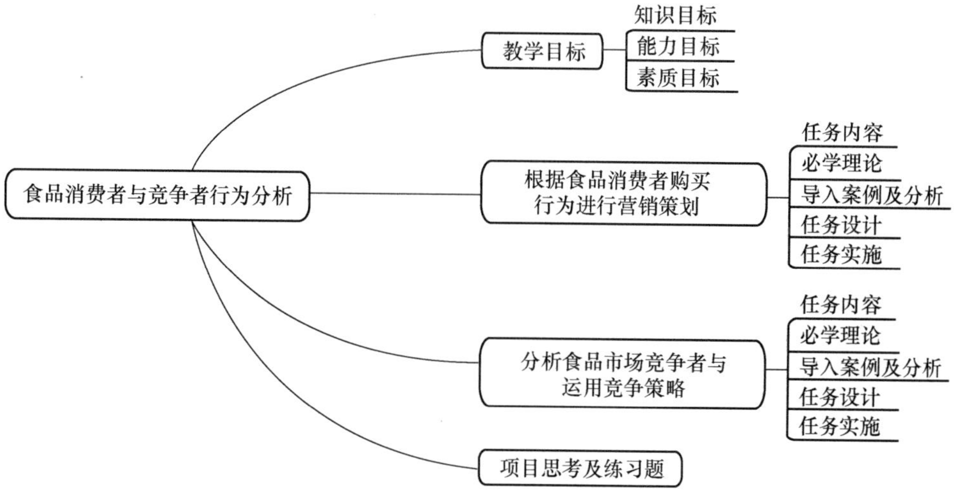

任务一 根据食品消费者购买行为进行营销策划

任务内容

掌握消费者购买行为的概念、类型、特征及模式，能够根据消费者的不同特点进行与之相适应的营销策划。

必学理论

消费者需求就是指消费者具有货币支付能力的实际需要。具体包括两个方面的内容：一是消费者的实际需要；二是消费者愿意支付并有能力支付的货币数量。前者取决于消费者实际需要商品的价格和替代商品的价格，后者取决于消费者的实际收入水平和消费者的支付心理。

一、消费者需求的特征

（一）多样性

由于不同消费者在年龄、性格、工作性质、民族传统、宗教信仰、生活方式、生活习惯、文化水平、经济条件、兴趣爱好、情感意志等方面存在不同程度的差异，消费者心理需求的对象与满足方式也各不一样。

例如，我国牧区的人们习惯食用奶制品，奶豆腐、奶干、奶酪、酸奶等品种十分丰富；我国东北地区的居民习惯食豆类食品；云南有些地区的人们喜欢吃生的或半生不熟的肉食等。

（二）发展性

消费需要的内容，从静态分布上看是多样化的，从动态观点看就是由低到高，由简到繁，不断向前推进的过程。随着商品经济的发展和精神文明的提高，心理需要会不断地产生新的对象。马斯洛创立了“需要五层次”理论，消费者对某项需要一旦满足以后，就不再受该项需要激励因素的影响，而渴望并谋求更高一级的需要，并不断向新的需要发展。从食品消费来讲，我国消费者从过去饮食只讲究温饱到现在越来越重视品质；从过去基本在家自做到现在越来越多的外卖；从过去只有季节性食品到现在的全品种食品。

（三）可诱导性

消费者决定购买什么样的消费品，采用何种消费方式，怎样消费，既取决于自己的购买能力，又受到思想意识的支配。周围环境、社会风气、人际交流、宣传教育、文学艺术等，都可以促使消费者产生新的需要。或者由一种需要向另一种需要转移，或者由潜在的需要变成现实的需要，或者由微弱的欲望变成强烈的欲望。因此，消费者的需要可以通过引导、调节而形成，也可以因外界的干扰而消退或变换。

例如，一则由当红明星代言的广告食品可以瞬时火爆起来；一部电影中穿插宣传的食品能家喻户晓，甚至风靡世界；一则负面新闻又能使某种食品无人问津；一般人都喜食新鲜活鱼，科普文章摆出道理，说明合理冷冻的鲜鱼其食用价值不低于未经冷冻的鲜鱼，这就打消了消费者的顾虑，使冷冻鱼销量增加。

(四)周期性

一些需要在获得满足后,在一定时间内不再产生,但随着时间的推移其还会重新出现,显示出周而复始的特点(图 3-1)。不过这种重复出现的需求,在形式上总是不断翻新的,也只有这样,需要的内容才会丰富、发展。如米、面、粮油、调味品等是基本不变的周期性消费,吃完就要买。

例如,啤酒一般每年夏季消费量大;冰激凌、冷饮也是夏季消费量大;火锅冬季消费比较旺,这些食品消费量呈现出典型的周期性特征。又如,某品牌火腿肠天天吃就吃腻了,隔一段时间不吃,再去购买时突然觉得很好吃,这些都显现出食品周期性消费的特点。

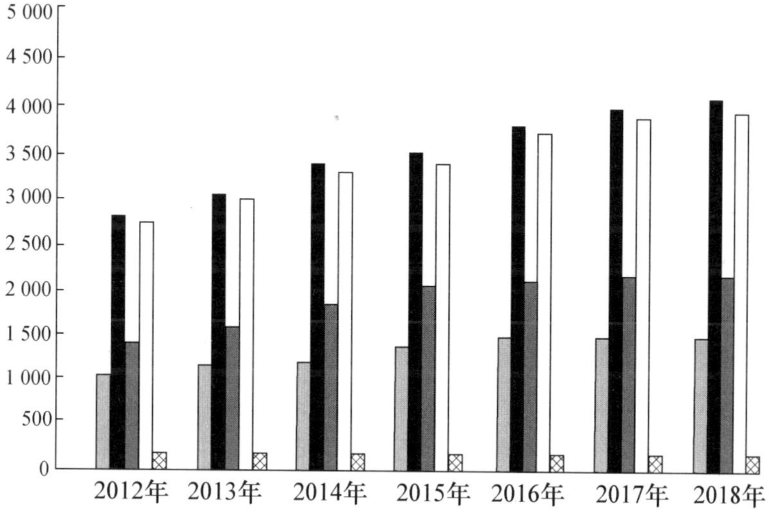

	2012年	2013年	2014年	2015年	2016年	2017年	2018年
■ 规模以上企业单位数/个	1 096	1 206	1 293	1 524	1 618	1 639	1 646
■ 总产值/亿元	2 878.78	3 172.61	3 531.86	3 687.60	4 045.36	4 224.86	4 332.73
■ 资产总计/亿元	1 484.30	1 685.36	1 970.25	2 167.77	2 282.28	2 357.09	2 401.77
□ 销售收入/亿元	2 818.08	3 110.07	3 463.87	3 600.16	3 947.54	4 132.91	4 209.60
⊠ 利润总额/亿元	210.30	233.47	238.10	234.73	249.11	262.23	282.19

图 3-1　2012—2018 年我国方便休闲食品运行情况

(五)伸缩性

伸缩性表现在消费者对心理需要追求的层次高低、项目多寡和程度强弱。在现实生活中,消费者的需要,尤其是以食品满足的心理需要,具有很大的伸缩性,可多可少,时强时弱。当客观条件限制了需要的满足时,需要可以被抑制、转化、降级,可以滞留在某一水平上,也可以是以某种可能的方式同时或部分地兼顾满足几种不同性质的需要。在有些情况下,人还会只满足于某一种需要而放弃其他需要。

例如,很多人认为吃薯片等零食可以减压,但零食的种类和数量是可以不断替代的。在 2020 年上半年,新型冠状病毒疫情防控期间,成千上万的人放弃了逛超市买零食和外出就餐。2020 年春节,礼盒包装的食品由于人们放弃拜年而大量滞销,充分说明了在特殊市场条件下,食品消费具有巨大的伸缩性。

(六)时代性

消费者的心理需要还会受时代风气和社会环境的影响,时代不同,消费者的需求和消费习惯也会不同。不甘落后于时代,随周围环境变化而变化,是一般人常有的心理特征。

如当今社会的食品消费，一是进入了网络销售时代，例如，食品外卖发达，各大商超目前正在陆续推出网购 App，生鲜送货到家，或者线上订单、线上实体等业务。二是进入了健康消费时代，例如，专家宣传人体吸收脂肪过多，会引起心血管疾病，还会诱发胆囊炎和胰腺炎，人们听了就可能自觉改变原来的饮食习惯，多吃低脂肪食物、不吃肥肉、喝脱脂牛奶等。

二、消费者购买动机分析

购买动机的定义：由于要满足特定的需要，决定了人们购买这种商品而不买另一种。这种影响顾客选择某种商品的原因就叫购买动机。

消费者购买动机，根据实际情况常常有以下几种。

（一）实用型动机

实用型动机指消费者因为看重商品的实用性而实施购买。例如，对粮食、副食品的购买动机，都是为了满足人们日常生活中所需的大宗商品。

（二）健康型动机

消费者购买商品的动机可以是保证或维护身体的健康。人人都有健康的动机，都希望通过各种途径积极维护身体健康。例如，注意保持或培养健康的生活方式、进行体育锻炼、消费保健品及健身产品等。健康型动机对食品来说有特别的意义，这类食品的需要完全依赖人们的健康型动机。

（三）方便型动机

方便型消费动机的具体形式有三种：一是商品可以减轻消费者的劳动强度、节省体力。如食用方便面，只要有开水就行。二是商品具有方便消费者使用的功能、减少操作中的麻烦。如快餐面附赠叉子。三是方便消费者的购买，减少购买过程的麻烦。如食品营销方提供银行信用卡的结算服务等。

案例链接

一款名为“脆冬枣”的零食成了良品铺子的“爆款”，单品销售额逾 3 000 万元。“脆冬枣”的爆红，有些意外，却又在预期之中。意外的是新顾客流露出来的疑惑，这款冬枣，其貌不扬，又非进口，怎么就能卖到供不应求呢？但这一切，尽在良品铺子董事长杨红春的预期之中。在市场里摸爬滚打近 10 年，杨红春相信，消费者选择购买哪种商品，都有其原因。杨红春对“脆冬枣”的信心，源于公司对该枣进行了持续三年的研发。这款枣产自河北沧州，含糖量高，口感甜脆。但有一个致命弱点，鲜枣成熟期只有一个月，即使是冷藏，保质期也只有两周，过时即腐烂。这种枣，人们喜欢吃，但商家不敢进货。

有没有办法能延长枣的保质期又不破坏其口感呢？从 2008 年开始，杨红春带领研发团队经三年攻关，终于研制出“低温脱水”工序：先真空低温过油，让枣脱水的同时营养尽量不流失，以保持甜度；再离心脱油，降低枣中含油量，以保持脆度。经此工序，枣的保质期得到了极大延长，同时糖分保持在 60%以上，几乎接近鲜枣的口感，一问市即获好评。

在消费者眼中的冬枣的不外乎汤水，是一种需要上炉子烹饪的食品。而良品辅子的“脆冬枣”将它变成了一种在任何场合可食用的营养、美味而极度方便的食品，火爆是必然的。

（四）安全型动机

这是为了安全而消费商品的一种动机。消费者的安全型动机主要有两种表现形式。一是为了人身安全而购买相应的商品以防止危害发生。例如，2020 年初国内外很多城市人们受新型冠状病毒疫情的影响而抢购大量的食品，以确保能吃一段时间而不用出门，防止频繁外出受到感染，确保人身安全。二是要求产品的性能安全可靠。对于食品来说，就是希望食品添加剂少，原材料安全。

（五）馈赠型动机

消费者购买商品的动机除自己使用外还有向别人馈赠。馈赠型动机是道德感、群体感等人类高级情感引起的动机。例如，看望生病的朋友时购买一些水果或补品；为交际而购买馈赠品；每逢新春佳节亲戚朋友相互拜年而购买的各种精美包装食品；很多食品企业为了把握住消费者的馈赠动机，专门生产用于馈赠的礼品类食品，取得了良好的销售业绩。

（六）惠顾型动机

惠顾型动机是指基于情感与理智的经验，对特定的商店、品牌，产生特殊的信任和偏好，使消费者重复地、习惯地前往购买产品。例如，食品营销者可以通过持续的促销、会员优惠、积分打折等活动来培养消费者的惠顾型动机，建立稳固的消费者群体。

（七）低价型动机

消费者有追求以低廉的价格获得商品的消费动机。一是质量相近的不同厂家的商品，消费者倾向选择价格低的商品；二是低收入群体购买商品时，倾向选择价格低廉而质量一般的商品。例如，某老年消费者常常在晚饭后去超市购买半价的面包、2 折的蔬菜；某消费者购买鸡蛋不论品牌，只要价格低廉、产品新鲜即可。

（八）习惯型动机

习惯型动机来源于消费者长期形成的消费习惯。习惯性消费节省了成本、时间、精力，为消费者带来了具体的利益。习惯有一定的持续性和稳定性，所以很多企业希望培养消费者购买某种产品或某个品牌的习惯。例如，有的消费者十几年一直购买某个品牌的酱油，觉得这个品牌的酱油烧菜更香；有的消费者总是到某几个大型超市去购物，觉得价格划算、品种多等。这类动机推动下的购买行为，具有经验性和重复性的特点。

（九）储备型动机

储备型动机是指消费者因为储备商品的价值或使用价值等原因而购买商品。前者指某些商品具有保值增值的特点，如消费者购买金银、名贵收藏品等。后者指消费者因环境的不确定性而提前购买一定数量的商品储藏起来，以备将来之需。例如，消费者在家中会购买一些常备食品，如米、油、盐等，在 2020 年新型冠状病毒疫情期间消费者大量囤积必需食品的现象尤为明显。

案例链接

为保障猪肉市场供应,保持价格稳定,自2020年1月21日起,武汉就陆续向市场投放政府储备冻猪肉,记者从武汉市商务局获悉,目前武汉市已投放储备冻猪肉约1 600 t,拟将继续扩大超市销售门店,目前政府储备冻猪肉主要在武商超市、中百仓储、中商超市、家乐福、大润发五家超市进行售卖,拟将继续扩大售卖网点,增加沃尔玛和北京华联超市,同时超市门店总数拟将由84家继续增至150家。

此前,政府储备冻猪肉销售门店从最初的50家门店陆续扩大至84家,精瘦肉、五花肉、肋排三个品类售价也由最初的32元/kg、39元/kg、54元/kg分别降为31元/kg、37元/kg、51.4元/kg。该负责人表示,政府储备冻猪肉从1月21日投入市场后,目前已售卖约1 600 t左右,目前武汉市自有储备冻猪肉库存约7 500 t。各大商超方面表示,目前市民购买储备冻猪肉的途径,主要是社区团购、统一代买代购。

在疫情期间,猪肉销售成主要问题,政府储备肉就是为了应对未来不可预见的因素,同时很多消费者也在家中囤积了大量的米、油、面粉等食品应对疫情,其储备型动机消费异常明显。

二维码3-7 饮料行业消费者主要消费动机分析

三、消费者购买行为分析

消费者购买行为是指消费者为满足自己生活的需要,在一定的购买动机驱使下,所进行的购买商品的活动过程。

(一)消费者购买行为的模式

消费者购买行为模式认为,所有消费者的购买行为都是由刺激引起的。这种刺激既来自外部环境,也来自消费者内部的生理或心理因素。在环境刺激和内部刺激的共同作用下,经过消费者本人复杂的心理活动过程,产生购买动机,最后产生购买行为。由于这一过程是一种心理活动过程,是消费者内部自我完成的,心理学家也称之为"暗箱"。购买者外界的刺激有两类:一类是市场营销刺激,可归结为"4P",即产品(product)、价格(price)、渠道(place)、宣传(promotion);另一类是环境刺激,包括经济、技术、政治和文化环境的刺激等。营销刺激和环境刺激都是可以看到的,尤其是营销刺激是可以控制的,购买者决策的结果通过观察消费者的行为也是可以知道的,但是购买者如何根据外部的刺激进行判断,如何感知商品,如何学习产品的信息,如何对产品进行评价,他们在选择时注重产品的哪些特点,最终如何进行产品的选择,如何选择品牌及商店,这一系列的问题都是食品营销人员表面上看不见的。因此,市场营销人员的任务就是要了解在出现外部刺激后到做出购买决策前的购买者意识中所发生的变化过程,认识消费者购买行为的规律,并根据本企业的特点,向消费者进行适当的营销"刺激",以使外在的刺激因素与消费者内在的心理活动发生相互作用,以便消费者形成有利于该企业的购买决策,产生购买行为,使企业获利。

知识扩展

科特勒的刺激反应模式

菲利普·科特勒(Philip Kotler,1931—):现代营销学之父,现任美国管理科学联合市场营销学会主席,美国市场营销协会理事,营销科学学会托管人,曾担任IBM、通用电气、AT&T、默克、美洲银行、北欧航空、米其林等跨国企业的顾问。科特勒提出了一个非常简洁的消费者购买行为模式,他认为,消费者行为模式一般由三部分构成,如图3-2所示。

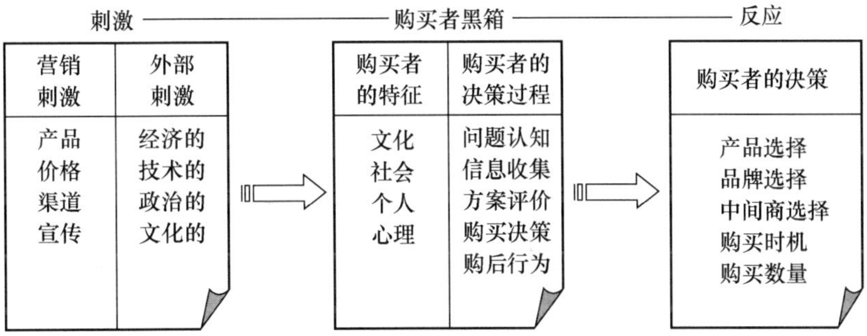

图3-2　刺激反应模式图

第一部分包括企业内部的营销刺激和企业外部的环境刺激两类刺激,它们共同作用于消费者以期引起消费者的注意。第二部分包括购买者的特征和购买者的决策过程两个中介因素,它们将得到的刺激进行加工处理。而加工处理的结果就是购买者的反应,这就是第三部分,是消费者购买行为的实际外化,包括产品的选择、品牌的选择等。这三部分非常简洁,却很清晰地把消费者的购买过程描述出来。

(二)消费者购买行为的类型及特征

现实中的顾客是多种多样的,不同的顾客在购买动机及行为方面有着很大的差别。受购买动机、经济条件、生活方式、社会文化、年龄和个性等因素的影响,顾客的购买行为有很多种类型。

1. 按消费者个性特征分类

(1)价格型购买行为。具有这种购买类型的客户对商品价格比较敏感。其中,有些总喜欢购买廉价商品,甚至在没有购买意向的情况下,见到廉价商品也会采取购买行动。还有些价格型的人特别信任高级商品,认为这类商品用料上乘,质量可靠,即所谓"一分钱,一分货",所以常乐于购买高价商品,认为这样可以使自己的需求得到更好地满足。例如,某消费者购买酸奶每次都是等到酸奶保质期过半超市打折时才去购买,以获得比较实惠的价格;某消费者去超市一看到某品牌食用油做降价促销活动,即使家中食用油还未用完,也会去购买一些,因为他觉得日常总是要用油的,此时价格又便宜。

相应的营销策略:食品营销者应该生产或经营一些经济实惠的品种,满足消费者的需求。或者通过开展打折促销、薄利多销的活动吸引这部分消费者。

(2)理智型购买行为。有些客户习惯于在反复考虑、认真分析、多方选择的基础上采取购买行为。他们购买商品时比较慎重,不轻易受广告宣传、商品外观以及其他购买行为的影响,而是对商品质量、性能、价格和服务等认真比较。例如,某消费者购买婴儿奶粉,他会仔细查看奶粉质量,对比诸多奶粉品牌,详细咨询适龄对象、是否能用温水化开等奶粉特性,待全方位对比分析后确认购买产品。

相应的营销策略:食品营销者必须采取相应的合理方法,如运用人员推销策略,耐心介绍产品的性能、特点以及优势等,促成消费者的购买行为。

(3)冲动型购买行为。具有这种行为模式的顾客经常在广告和商品陈列、使用示范等因素刺激下购买商品。他们在挑选商品时主要凭直观感受,而很少进行理智思考,不大讲究商品实际效用和价格等,因为喜爱或看到他人争相购买,就会迅速采取购买行动。例如,某消费者看到超市过道处摆放有某品牌包装精美的绿豆糕,很多人争相购买,数量已经不多了,他也去抢购了一袋,却忘记了家人不爱吃甜食。

相应的营销策略:食品营销者应采取生动的广告、美观的商品包装、引人注目的商品陈列等,对于吸引这类购买者效果十分显著。或采取临时减价、独特包装、现场表演、商品展销会等促成顾客的冲动型购买行为。

(4)想象型购买行为。有些人往往根据自己对商品的想象、评价或联想进行选购。该类客户在购买商品时,比较重视商品名称、造型、图案、色彩、寓意等,这是一种比较复杂的购买行为。具有这种购买行为的客户通常对商品有很高的鉴赏力,他们的选择对相关群体的影响比较大。例如,中国消费者春节前喜欢购买鱼,在汉语中,“鱼”和“余”是同音词,寓意着年年有余;又如,消费者喜欢购买年糕,在汉语中,年糕的发音与“年高”相同,寓意是一年比一年更有成就,希望来年拥有更高的收入或职位。

相应的营销策略:食品营销者可以对产品赋予丰富的寓意,挖掘商品的文化内涵,做好产品的宣传,科学引导消费者的想象。

(5)习惯型购买行为。有些客户通常根据自己过去的使用习惯和爱好购买商品,或总是到自己熟悉的地点去购买商品。他们一般比较忠于自己熟悉的商品、商标和经销商,选择商品和购买地点具有定向性、重复性,他们见到自己常购的商品就果断采取购买行动,不需要进行反复比较。例如,某消费者习惯购买某品牌食用醋,并且喜欢在某大超市购买,每次醋用完后会直接去某超市果断购买某品牌醋而几乎不会被其他同类商品吸引。

相应的营销策略:食品营销者应该以优惠的价格、强有力的宣传、良好的质量来扩大自己产品的影响力,使其成为消费者偏爱、习惯性购买的对象。

(6)随意型购买行为。有些顾客对商品没有固定的偏好,不讲究商品的商标和外观,往往是随机购买,这被称为随意型购买。它有两种表现:一种表现是不愿为购买商品多费精力,需要时遇到什么就买什么,图方便和省事;另一种表现是购买者缺乏主见或经验,不知道怎样选择,乐于仿效他人,卖方的建议对其影响也很大。例如,超市收银台附近摆放的口香糖,往往消费者结账时就顺便购买了一盒尝尝,没有固定的偏好。

相应的营销策略:食品营销者可采取加强广告彩页宣传,将商品放到过道、收银台附近等显眼处吸引顾客购买。

2. 按消费者购买的复杂程度分类

(1)复杂型购买行为。指消费者面对不常购买的贵重物品,由于产品品牌差异大,购买风险大，消费者需要有一个学习过程，广泛了解产品的性能、特点，从而对产品产生某种看法，最后决定购买的消费者购买行为类型。例如，老年人对某保健食品的购买，因价格较贵，通常会先听讲座、参加培训、了解其性能，经多方面对比才会购买。

相应的营销策略：食品营销者应采取有效措施帮助消费者了解产品性能及其相对重要性，并介绍产品优势及其给购买者带来的利益，从而影响购买者的最终选择。

(2)协调型购买行为。指对那些品牌差异不大的产品，消费者不经常购买，而购买时又有一定的购买风险，所以，消费者一般要比较、看货，只要价格公道、购买方便、机会合适，消费者就会决定购买；购买之后，消费者也许会感到某些不协调或不够满意，在使用过程中，会了解更多情况，并寻求种种理由来减轻、化解这种不协调，以证明自己的购买决定是正确的。例如，人参、燕窝等贵重食品，消费者不经常购买，需要多了解情况，购买后即使用处不大也要找到很多理由说服自己以达到心理满意。

相应的营销策略：食品营销者应注意运用价格策略和人员推销策略，选择最佳销售地点，并向消费者提供有关产品评价的信息，使其在购买后相信自己做出的选择是正确的。

(3)变换型购买行为。变换型购买行为是指对于品牌差异明显的产品，消费者不愿花长时间来选择和评估，而是不断变换所购买产品的品牌的消费者购买行为类型。例如，某种休闲小食，品牌众多、口感差异也比较大，消费者时常更换品牌购买，换换口味。

相应的营销策略：消费者这样做并不是因为对产品的不满意，而是为了寻求多样化。针对这种购买行为类型，食品营销者可采取销售促销和占据有利货架位置等办法，保障供应，鼓励消费者购买。

人们的购买行为模式并不是一成不变的。在现实生活中，人们的购买行为模式与产品特性有直接关系。人们在购买不同类别的商品时，往往会采取不同的行为模式。例如，购买一般生活用品，属于随意型、习惯型的较多；而对于高档消费品，多数人属于理智型；对于服装、礼品等，则以冲动型或价格型购买占多数。因此，掌握了各种类型的客户，就能深入地了解客户的需求，就能更好地为顾客提供服务，从而最终赢得顾客。

3. 消费者购买行为心理分析

影响消费者购买行为的因素主要有心理特征、商品刺激、效用激发和知觉。

(1)消费者个体的心理因素。它包括性格特性、过去经验和消息、价值观与态度等因素。每个人在性格上都有自己的独特性，所以存在不同的需要、购物动机和反应特质；过去购物的经历或经验，作为一种潜意识记忆，影响着消费者的购买思维及行为方式；消费者独立的态度与价值观，这是每个人的概念、信息、习惯及动机的组合，它既受厂商销售宣传的影响而有所改变，也受实际经验的制约而影响消费者的购买行为。

(2)商品信息对消费者的系统刺激度。消费者的购买行为是一个接受外界销售环境中商品信息刺激、影响的结果。这些商品信息所产生的刺激主要有两种：第一种是物理性刺激，消费者透过感觉器官如眼、耳、口、鼻、手等所接受的刺激；第二种是社会性刺激，消费者家庭的需求、社会的道德规范、社团或朋友的期望等引起的刺激。当向消费者输入的商品信息对消费者的刺激没有达到"系统、有效、及时"的程度，消费者就不会产生购买行为。例如，春节时某消费者发现去朋友家聚餐时喝的酒都是上千元的高档白酒，受此影响，其接朋友来做客时也购买了价格不菲的高档白酒。

(3)商品宣传中对商品效用的激发度。消费者购买商品的目的是满足自己的需要，所以，消费者激发作用的产生是受“需求激动”影响的，当需求没有满足时，消费者会产生“需要激动”，个人内在系统会呈现不平衡现象，感觉不舒服，于是采取行动（如购买食物）减低这种感觉。但是当厂商对商品效用宣传不足以激发消费者注意时，消费者就不会选择该商品。例如，某品牌功能饮料，当对人体能量需求宣传激发力度足够时，该饮料销量大涨，反之销量平平。

（4）自我对比准则。这是指厂商与消费者之间不同的价值标准和文化差异，成为影响消费者购买行为的重要障碍。厂商与消费者处在不同的社会文化背景下，如果双方没有互相沟通，建立互信的文化价值关系，消费者就不可能主动购买。例如，某品牌果冻采用了西游记中孙悟空造型的包装，深得小朋友喜爱；某品牌包子以北宋“王楼山洞梅花包子”的传说吸引人们的视线，让此种包子名气大涨。

（5）消费者个人知觉的选择。当消费者的思维系统被激发后，他就会变得主动与警觉，但每个消费者在购物过程中会碰到各种各样的刺激，如语言、文字、图形、实物等广告宣传，他会利用“比较历程”，有选择地吸收或输入刺激。在选择过程中，个人过去的经历或经验都会影响他的购买决定。经历或经验将提醒他哪类刺激对自己是有用的或是无用的，然后做出自己的购买决策。例如，消费者在购买薯片时，受大量广告和经验影响，会购买某一品牌的薯片，认为这一品牌薯片更香脆，同时其包装上有名人代言，感觉是大牌，质量好，购买起来也有面子。

四、消费者购买行为分析

（一）购买角色

消费者消费虽经常以一个家庭为单位，但很多时候参与购买决策的并非一个家庭的全体成员而是一个家庭中的某个成员或几个成员，他们分别扮演了不同的角色，有发起者、影响者、决定者和使用者。

发起者：首先想到或提议购买某种产品的人。

影响者：对发起者的建议表示支持或者反对的人，这些人不能对购买行为本身进行最终决策，但是他们的意见会对购买决策者产生影响。

决策者：对是否购买、怎样购买有权进行最终决策的人。

购买者：执行具体购买任务的人。

使用者：实际消费或使用产品或服务的人。

这五种角色相辅相成，共同促成了购买行为。必须指出的是，五种角色的存在并不意味着每一次购买决策都必须有五人以上才能做出，在实际购买行为中有些角色可在一个人身上兼而有之，如使用者可能也是发起者，决策者可能也是购买者。而且在非重要的购买决策活动中，决策参与的角色也会少一些。认识购买决策的群体参与性，对企业营销活动有很重要的意义。

（二）购买行为

根据消费者介入程度和品牌差异程度，可将消费者购买行为分为四种类型。

（1）复杂的购买行为。指消费者在购买过程中既包括购买前大量的信息搜寻，商品购买中的选择、决策和实际的购买活动，也包括购买后的使用和评价等活动。这个过程中消费者了解现有商品各品牌、品种和规格等之间的显著差异，属于高度参与购买过程。一般对大件商品、较贵商品、风险商品、奢侈品等购买时都十分专心。对于这类复杂的购买行为，企业营销者可以制定多种营销策略，采用各种途径宣传本产品的亮点和卖点，最终影响消费者的购买决定。

(2)寻求多样化的购买行为。指消费者在购买产品时并不注重产品的品牌，经常变换品种。对于可选择品牌较多而商品的价格又较低时，消费者购买时就有很大的随意性，购买前不深入收集信息，下次购买时又转换其他品牌。转换的原因可能仅仅是因为想尝试新口味，并不是对上次的购买不满意。对于这类购买行为，企业应注意保证商品充足的货源，卖场位置要醒目，并尽量促成消费者建立习惯性购买行为。

(3)寻求平衡的购买行为。指消费者购买决策过程迅速而简单，在购买商品前并不广泛收集产品的信息，也不精心挑选商品，但是在购买以后往往会有后悔心理，认为自己所买的产品在某些方面具有一定的缺陷，不如其他同类的产品，怀疑自己这次购买行为是失误的。这时候，企业人员要提供完善的售后服务，要增加消费者的信心，通过各种方式宣称有利于本企业产品的信息，使顾客相信自己的购买决定是正确的从而产生满意的感觉。

(4)习惯性的购买行为。消费者对于经常购买或是不太重要的商品，往往根据以往的习惯购买，比如购买食盐，消费者在购买时几乎不假思索，会随便购买某个品牌，如果他们一直购买某个品牌的食盐，也只是出于习惯，而并不是忠诚于该品牌，消费者对于基本日用品的购买大多属于习惯性购买行为。在这种情形下，消费者并不广泛收集商品及品牌信息，也不评价品牌的特性，更不对购买何种品牌进行取舍选择，购后也不会加以评价。对于这类购买行为，企业人员应力争给消费者留下深刻印象，通过价格、促销手段等方式吸引消费者试用，加强广告宣称，增强消费者印象。

五、消费者购买决策过程

消费者的购买决策过程是由一系列相关联的活动构成的。在复杂购买行为中，消费者的购买决策过程要经过确定需要、收集信息、评价方案、购买决策、购买行为五个阶段，但寻求平衡的购买行为、寻求多样化的购买行为和习惯性的购买行为并非都必须经过上述五个阶段，随着消费者在购买时介入程度的降低，某些阶段可能会被忽略或颠倒。在此，我们仅讨论复杂购买行为的决策过程。

二维码 3-8　消费者购买决策过程

(一)确定需要

购买过程开始于购买者对某个问题或需要的确认。这个需要是由内部刺激或外部刺激引起的，比如饥饿、干渴等都属于内部刺激，当其需要强度达到一定程度时就转变为一种购买动力。外部刺激也能引起人们强烈的购买欲望，如人们路过食品店时，看到陈列精美的蛋糕会引起食欲。

(二)收集信息

在复杂购买行为中，消费者确定需求后并不立即购买，而是需要收集与满足其特定需求相关的各种产品的信息。如临近婚期的新人对婚宴的需要，会强烈地驱使他们收集有关餐饮企业相关信息资料。

知识扩展

消费者的信息来源

消费者的信息来源分为四类：

(1)个人来源。包括家庭、朋友、邻居、熟人等。

(2)商业来源。包括商业广告、推销员、经销商、商品包装、展览等。

(3)公共来源。包括大众媒体、消费者评比机构等。

(4)经验来源。包括产品的处理、检查与使用等。

这些信息来源的丰富程度对消费者的作用各异。一般情况下，商业来源是消费者收集信息的主渠道，而最有效的信息当属个人来源。商业来源提供的信息一般只起告知作用，而个人来源则具有认定或评价作用。

(三)评价方案

当消费者收集到足以帮助其选择和判断的信息资料后，就进入对资料分析评价、确定购买方案的阶段。例如，消费者在选择一家餐馆时会根据菜品质量、菜品数量、服务质量、就餐环境、价格、位置、停车条件等因素进行评价。

(四)购买决策

购买决策是购买决策过程的中心环节。经过评价选择后，消费者便形成了对某个品牌的偏好和购买意向。

接下来消费者就要做出购买决策，购买决策通常有三种：

(1)消费者认为商品质量、款式、价格等符合自己的要求和购买力，决定立即购买。

(2)认为商品的某些方面还不能完全满意或价格偏高等，决定延期购买。

(3)对商品质量、价格等不满意而决定放弃购买。

由此可见，购买意图和购买决策之间仍有距离，并非所有的购买意图都能转化为购买决策。

知识扩展

影响购买决策的因素

(1)他人的态度。他人的态度对购买者否定购买意图的影响程度取决于两方面：其一，他人对购买者所偏爱品牌的否定态度的强烈程度；其二，购买者遵从他人愿望的动机。他人的否定态度越强烈，与购买者的关系越亲密，购买者就越有可能修正自己的购买意图；反之，他人赞同态度越强烈，与购买者关系越亲密，购买者的购买意图就越强烈。

(2)意外情况的影响。消费者购买意图的形成是基于诸如预期的家庭收入、预期的价格及期望产品的利益等。但在消费者即将实施购买时，会出现始料不及的意外情况，如失业、其他购买动机强度陡增等，从而改变其购买意图。

(五)购后行为

消费者购买行为完成后，并不意味着购买决策过程的结束，购后行为同样是购买决策过程的一个重要阶段。

消费者对于决定购买产品的期望值大部分其实是来自推销员、相关群体或其他收集到的信息。如果企业营销者给出虚假信息，例如夸大企业产品的各种性能，那么消费者对于购买产品的预期值达不到，就很容易产生不满的情绪。预期值与产品性能之间的差距越大，消费者的不满情绪就会越强。

消费者购后行为对企业的影响是至关重要的，尤其在现在的移动互联网营销时代，消费者的购买后评价对商家影响很大。首先，它决定着消费者是否重复购买，如果对所购产品满意，他会继续购买；如不满意，他就会停止购买该品牌商品，甚至拒绝购买该企业生产的所有商品，而且还会对其他消费者的购买行为有着重要的影响。

知识扩展

如何提升消费者满意度

（1）企业营销者应该如实地向消费者介绍产品，才可能使消费者得到满意的期望值。

（2）除了如实宣传外，还要经常听取顾客意见，加强售后服务，同消费者保持联系，当顾客不满意时，应及时进行补救。

六、根据消费者的购买行为进行有针对性的营销策划

（一）消费者需求确认阶段

这个阶段消费者要确认自己需要什么来满足自己的需求。在需求确认阶段，传统营销企业进行广告宣传，消费者基本上是被动接收信息，传统媒体受众的区分度是有限的，所以效果有限且广告费用高。互联网、移动互联等新媒体使得企业可以采用互动的方式，更加精准地把信息传递给目标群体，更好地刺激消费者从认知中产生购买冲动。

（二）消费者信息收集阶段

消费者信息来源包括个人来源，如家庭、亲友、邻居、同事等；商业来源，如广告、推销员、分销商等；公共来源，如大众传播媒体、消费者组织等；经验来源，如操作、实验和使用产品的经验等。

传统营销企业要通过各种宣传手段把产品信息传达给消费者，为了能让自己的产品信息从竞争对手中脱颖而出，甚至不惜夸大宣传。而移动互联阶段，消费者不但能随时在网上获取企业传递的信息，还会更关注其他消费者对该产品、该企业的评价，而且其他消费者的信息对其购买决策影响更大，所以企业的信息更加透明化。这就迫使企业更加注重产品质量、售后服务、信息传达的准确性，以获得更好的口碑。

（三）消费者评估选择阶段

消费者在获取足够的信息之后，要对备选的产品进行评估。传统营销更多是面对面的，消费者可以反复甄别产品实物，所以选择产品的选项就更加多样，各种标准更加平衡。而在互联网上购物，消费者无法接触真实产品，为了提高用户体验，就需要互联网信用评价体系的不断优化和完善。

(四)消费者购买决定阶段

购买决策是指通过产品评估,使消费者对备选的某种品牌产品形成偏爱,形成购买意向,引起实际购买行为。但消费者、产品本身以及品牌、购买平台不同,对于消费者是否立即购买也会产生一定影响。

消费者从传统渠道进行购买,会乐意听一些“专业领袖”或者有购买经历的朋友的意见。到互联网时代,消费者会结合以往的客户评价,有意识地了解、比较和选择产品并进行交易,更像一个“专家式”的购买者。

二维码 3-9 根据消费者的购买行为有针对性地进行营销策划

(五)消费者购后行为阶段

在购买后,传统情况下消费者会向自己亲戚朋友传播对该产品的评价,而互联网时代消费者会将对产品和服务的使用感受发布到互联网上,这超越了个人会对其他潜在消费者构成影响的范围,所以成为商家愈发不能忽视的环节。消费者在购物后评论的正面商品信息拥有促进产品营销的巨大潜力,这些用户在朋友圈中分享自己的购物体验对激发他人购买欲望有很大的驱动作用。把握好这个系统,能使企业在与消费者的互动中获取更多的价值,反之则可能会在不经意间丢掉市场。

案例链接

曾经的哈根达斯,是无数少女的梦,在 20 世纪 90 年代被男生请去吃哈根达斯,那是可以炫耀很久的故事。一句“爱她,就请她吃哈根达斯”的广告词,收割了无数情侣消费。

在 2005 年以前的消费时代,产品最缺的就是品质。哈根达斯从美国一路火到亚洲,凭借绵密的口感、全球各地进口的天然原料、不用防腐剂的承诺,以贵族姿态在国内混得风生水起。

那么现在的年轻人喜欢怎样的产品呢?

(1)“颜值即正义”。比起哈根达斯以厚重的红色和金色为主的欧洲贵妇形象,年轻人更认可喜茶、奈雪的茶这种明亮简约的轻奢风形象。

(2)口味来“撩拨”。对于热衷尝鲜的年轻人,品牌需要不断推出新品来撩拨消费者的神经,满足他们对好奇心和新鲜感的探索。过去年轻人一味追求甜品,甜味能够给人带来愉悦感和幸福感。但现在的女孩动不动就担心自己胖,并且很注重产品的糖分。哈根达斯的巧克力、奶油、果浆曾经是优势,现在却成了缺点。

(3)健康是“王牌”。吃甜品可以让我们的身体分泌多巴胺,产生愉悦感,可是在健康风潮下,高热量、高脂肪的甜食也被视作健康的大敌。为了降低这种负罪感,“低卡冰激凌”成为新的风口。

这三个产品升级的风潮哈根达斯都错过了。审美过时、口味革新不够快、忽视健康潮流,哈根达斯的产品被越来越挑剔的消费者逐渐淡忘,最后只记住了它的“贵”。

案例导入

二维码 3-10　准确把握消费者购买行为，一炮走红的方便面

一、经典案例

麦丰食品（中国）有限公司落户于中原腹地——河南省新乡市延津县产业集聚区，总投资 1.8 亿元，占地近 7 hm^2。企业经营理念是“用中国第一麦，做麦丰好食品”。企业所在地延津县一直是中国最优质的面粉原产地，拥有“中国第一麦”的光荣称号，麦丰一直坚持使用中国最优质面粉原产地的原料，做出的优质蛋糕，物美而价廉，深受广大消费者的喜爱！

麦丰食品（中国）有限公司依据自身专业优势，以“优质、健康、绿色、时尚”作为企业研发标准，专注于烘焙食品的开发，拥有国内一流专家和工艺师组成强大的资深研发团队。麦丰采用丹麦、荷兰、意大利等进口生产线，并于 2013 年投入建设 4.5 万 m^2 现代化厂房，建成 10 万级洁净蛋糕生产车间，数十条世界领先的自动化流水生产线，充分利用中原地区优质小麦及品牌大枣等丰富资源，精选进口欧洲优质烘焙原料，为稳定产品质量奠定了坚实的基础。麦丰食品从原料源头到产品出库的每一个环节，建立起全套质量检验工序及体系标准，容易操作，方便监督，全程坚持对产品的品质把控。

麦丰食品（中国）有限公司从市场需求出发，建立健全市场调研机制，按地域、职业、年龄、性别等因素进行科学的市场细分。每个产品、每种口味上市前，麦丰都针对不同的消费人群开展专业调查，根据细分市场消费者的偏好研制配方，确保产品一经推出即受欢迎，把更好的产品、更新的产品提供给广大消费者。如针对儿童消费群体，开发了小熊、小鸭子和小猪等动物形象的产品，推向市场后非常受小朋友群体的喜爱。针对白领一族，开发了纯天然独蛋华夫饼，小麦直接由优质小麦原产地提供，添加整枚生态鸡蛋，辅料为自磨原浆豆类及红枣，为保障辅料的品质，公司专门建设了近 2 000 m^2 磨浆车间，该产品一经面世，迅速占领市场，因健康、生态理念深受上班一族欢迎。

公司先后与西南永辉、石家庄北国、北京物美、河南胖东来、西安人人乐、湖南步步高等大型商超建立起战略合作伙伴关系，产品畅销全国各地，2019 年销售额近 4 亿元。

麦丰始终坚持“品质为根，创新为本”的发展理念，在确保安全放心的产品品质基础上，不断开创差异化战略新品，同时注重构建产品的系统化解决方案，从原料采购、生产控制、包材设计、战略定位等方面入手，引领消费时尚。

二、案例分析

1. 企业始终把消费者的健康安全需求放在第一位

为了给消费者提供健康安全的食品，企业从以下几个方面入手：一是坚持原产地生产，企业所在地延津县是中国最优质面粉的原产地，企业一直坚持使用中国最优质的原料，做出受广大消费者的喜爱的食品。企业长期的生产实践，形成了特色鲜明的经营理念。二是建立严格的食品安全检验体系。公司建立了全套质量检验工序及体系标准，覆盖了从原料源头到产品出库的每一个环节，从“要我安全”转变为“我要安全”，真正对消费者的健康负责。

2. 企业紧跟消费者的实际需求随时调整产品结构

现代社会，食品消费者的需求变化是常态，怎样准确把握消费者的实际需求，是关系到食品企业长效发展的关键因素。麦丰企业建立健全市场调研机制，按地域、职业、年龄、性别等因素进行科学的市场细分。每个产品、每种口味上市前，企业都针对不同的消费人群开展专业调查，根据细分市场消费者的偏好研制配方，把更好、更新的产品提供给广大消费者，自然深受消费者欢迎。

二维码 3-11 特仑苏"梦幻盖"全新升级，高端乳业迎新一轮变革

3. 充分满足消费者的方便购买需求

为食品消费者提供最便捷的购买服务是企业提高产品销量的重要营销手段。企业对城乡消费者进行了科学的市场调研，掌握了最有效的销售渠道数据。由于把产品送到了广大城乡消费者的身边，在方便他们的同时，公司的销售额也大幅提高。

任务设计与实施

一、任务实施内容

以小组为单位，针对不同的消费人群开展对液态奶消费者的主要消费愿望、态度等进行专业调查，根据食品消费者购买行为进行营销策划，撰写液态奶市场消费者购买行为调研报告（含相应的营销策略）；以小组为单位进行班级汇报交流。

二、任务流程设计

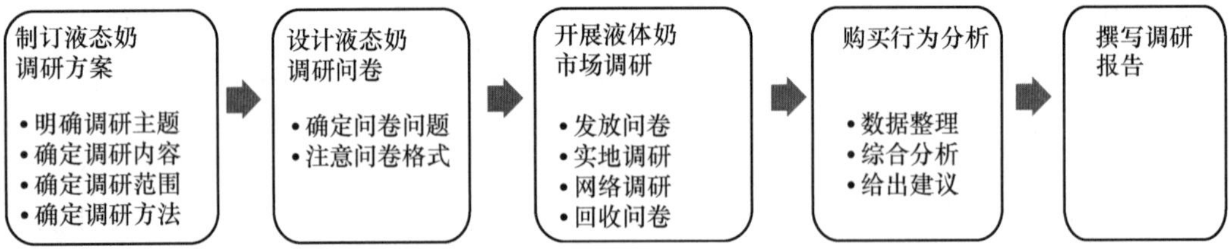

三、任务实施要求

（1）把学生分成若干小组，每个小组以 3～4 人为宜，针对不同的消费人群，便于合理分工，要求每个同学参加。

（2）根据调研主题设计消费情况调研问卷，要求问题数量以 20 个为宜；每个小组应发放至少 30 份问卷；要求各小组对收回的有效问卷进行准确的数据整理和综合分析。

（3）各小组根据调研结果，根据食品消费者购买行为进行营销策划，撰写液态奶购买行为分析调研报告（含相应的营销策略），调研报告等要求格式规范，字数在 3 000 字以上。

（4）提交液态奶购买行为分析调研报告；各小组制作 PPT 并派代表进行汇报与交流。

四、任务实施考核

表 3-3　任务实施考核

<table>
<tr><th rowspan="2">考核类别</th><th rowspan="2">考核项目</th><th rowspan="2">考核要点</th><th rowspan="2">考核分值</th><th colspan="4">考核方式</th></tr>
<tr><th>自我评价</th><th>组内评价</th><th>组间评价</th><th>教师评价</th></tr>
<tr><td rowspan="10">专业技能（60%）</td><td rowspan="3">任务方案设计</td><td>调研方案设计合理性</td><td>5</td><td></td><td></td><td></td><td></td></tr>
<tr><td>调研问卷设计合理性</td><td>5</td><td></td><td></td><td></td><td></td></tr>
<tr><td>小组分工合理性</td><td>5</td><td></td><td></td><td></td><td></td></tr>
<tr><td rowspan="4">任务实施过程</td><td>调研数据真实性</td><td>5</td><td></td><td></td><td></td><td></td></tr>
<tr><td>调研过程规范性</td><td>5</td><td></td><td></td><td></td><td></td></tr>
<tr><td>调研结果分析准确性</td><td>10</td><td></td><td></td><td></td><td></td></tr>
<tr><td>任务实施过程中的表现和贡献</td><td>10</td><td></td><td></td><td></td><td></td></tr>
<tr><td rowspan="3">任务实施成果</td><td>调研报告规范性</td><td>5</td><td></td><td></td><td></td><td></td></tr>
<tr><td>PPT 制作规范性</td><td>5</td><td></td><td></td><td></td><td></td></tr>
<tr><td>PPT 汇报答辩流畅性</td><td>5</td><td></td><td></td><td></td><td></td></tr>
<tr><td rowspan="5">职业素养（40%）</td><td colspan="2">学习态度和纪律性</td><td>8</td><td></td><td></td><td></td><td></td></tr>
<tr><td colspan="2">发现问题、解决问题的能力</td><td>8</td><td></td><td></td><td></td><td></td></tr>
<tr><td colspan="2">团队协作能力</td><td>8</td><td></td><td></td><td></td><td></td></tr>
<tr><td colspan="2">沟通能力</td><td>8</td><td></td><td></td><td></td><td></td></tr>
<tr><td colspan="2">吃苦耐劳精神</td><td>8</td><td></td><td></td><td></td><td></td></tr>
</table>

任务二　分析食品市场竞争者与运用竞争策略

任务内容

通过对食品市场竞争者的全面分析，科学制定最适合的营销策略，灵活运用各种竞争策略与手段。

必学理论

一、识别食品市场竞争者

（一）从市场角度识别食品市场竞争者

1. 品牌竞争者

食品企业把同一行业中以相似的价格向相同的消费者提供类似产品或服务的其他企业称为品牌竞争者。例如，矿泉水市场中，康师傅矿泉水、农夫山泉矿泉水、乐百氏矿泉水、娃哈哈矿泉水等厂家之间的关系就属于品牌竞争者。品牌竞争者之间的产品相互替代性较强，因而市场竞争非常激烈，各食品企业均以培养消费者品牌忠诚度作为争夺消费者的重要手段。

2. 形式竞争者

食品企业把提供同种或同类产品，但规格、型号、款式不同的企业称为形式竞争者。所有同行业的企业之间存在彼此争夺市场的竞争关系，如生产蜜枣与生产阿胶枣的厂家之间，川菜馆与湘菜馆之间的关系就属于形式竞争者。

二维码 3-12 如何识别市场竞争者

3. 平行竞争者

提供不同种类的产品，但满足和实现食品消费者同种需求的企业称为平行竞争者。例如，矿泉水、饮料都可以满足消费者口渴的需求，当矿泉水价格上涨时，买饮料的顾客就可能增加，它们相互之间争夺满足消费者的同一需求。

4. 愿望竞争者(又称为属类竞争者)

食品企业把提供不同产品，满足消费者的不同愿望，但目标消费者相同的企业称为愿望竞争者，比如生产坚果炒货、蜜饯果脯、饼干膨化、糕点糖果等休闲零食的企业之间就属于愿望竞争者。

知识扩展

如何识别市场竞争者

假如某人努力工作一段时间后需要休息一下时，他会考虑：现在我该做什么呢？他可能会想到运动、社交、吃东西等。这些都是他的需求，能够满足这些需求的企业之间形成了一种竞争关系，即愿望竞争者。假如他迫切的需求是吃东西，那么问题就变成：我要吃什么？这时他就会想到许多食物，如炸薯片、糖果、水果、冷饮等。它们都能满足同样的需要，只是方式方法不同，这种以不同方式满足同种需求的企业间存在着一种竞争关系，即平行竞争者。他如果决定吃糖果，就会考虑：我想吃哪种糖果？于是就会想到不同形式的糖果，如巧克力、奶糖、水果糖等，从而出现产品形式竞争者。最后他决定吃巧克力，又会面临着几种品牌，如德芙、费列罗、好时等，这些都是品牌竞争者。如图 3-3 所示，这些不同的竞争对手形成了不同的竞争关系，其对食品企业有着直接的制约作用。

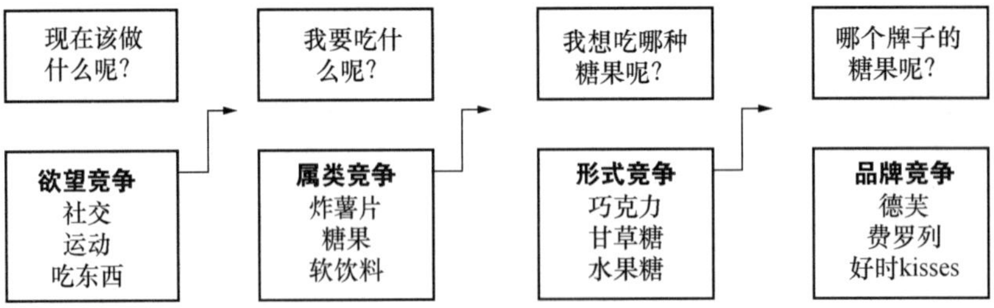

图 3-3 竞争的四种类型

(二)从行业的角度识别食品市场竞争者

1. 现有同类产品生产企业

指本行业内现有的、与食品企业生产同样产品的其他厂家,这些厂家是企业的直接市场竞争者,比如良品铺子、百草味和三只松鼠,他们互为市场竞争者。

2. 潜在加入者

当某一行业前景乐观、有利可图时,就会引来新的市场竞争企业,使该行业增加新的生产力量,并要求重新瓜分市场份额和主要资源。另外,某些多元化经营的大型企业还经常利用其资源优势从一个行业进入另一个行业。新企业的加入,可能导致产品价格下降,利润减少。

3. 替代品生产企业

与某一产品具有相同功能,能满足同一需求的不同性质的其他产品,属于替代品。随着科学技术的发展,替代品将越来越多,整个食品行业都面临替代品生产企业的市场竞争。

(三)从竞争者的竞争地位角度识别食品市场竞争者

1. 市场领导者

市场领导者是指在某一行业的产品市场上占有最大市场份额的企业。例如,双汇集团是肉制品市场的领导者。市场领导者在产品开发、价格变动、分销渠道、促销力量等方面处于主导地位。市场领导者的地位是在竞争中形成的,但不是固定不变的。

2. 市场挑战者

市场挑战者指在行业中处于次要地位(第二、第三甚至更低地位)的企业。例如,百事可乐是可乐市场的挑战者。市场挑战者往往试图通过主动竞争来扩大市场份额,提高市场地位。

3. 市场追随者

市场追随者指在行业中居于次要地位,并安于次要地位,在战略上追随市场领导者的企业。现实市场中存在大量的追随者。市场追随者最主要的特点是跟随。技术方面,它不做新技术的开拓者和率先使用者,而是做学习者和改进者。营销方面,它不做市场培育的开路者,而做市场的追随者,以减少风险和降低成本。市场追随者通过观察、学习、借鉴、模仿市场领导者的行为,不断提高自身技能,不断发展壮大,很多区域品牌就属于市场追随者,比如烟台啤酒、威海卫啤酒等。

4. 市场补缺者

市场补缺者是行业中相对弱小的一些中、小型食品企业。它们专注于市场上被大企业忽略的某些细小部分,在这些小市场上通过专业化经营来获取最大收益,在大企业的夹缝中求得生存和发展。市场补缺者通过生产和提供某种具有特色的产品和服务,赢得发展的空间,甚至可能发展成为"小市场中的巨人",比如豆本豆、香飘飘奶茶就属于市场补缺者。

二、不同竞争者的战略

企业在了解、分析了竞争者的优势和劣势,评估了竞争者的反应模式以后,就应针对不同的竞争者,采取不同的对策。根据企业在市场上的竞争地位,把企业分为四种类型:市场领导者、市场挑战者、市场跟随者和市场补缺者,下面探讨他们各自的市场竞争战略。

(一)市场领导者战略

大多数行业都有一个被公认的市场领导者。这个企业在相关的产品市场中占有最大的市场份额。行业领导者通常在价格制定、新产品开发、分销覆盖和促销强度上，对其他公司起着领导作用。公司要想继续保持第一位的优势，就应采取三种战略：一是扩大总需求；二是保护现有市场份额；三是扩大市场份额。

(二)市场挑战者战略

市场挑战者指在行业中占据第二位及以后位次，有能力对市场领导者和其他竞争者采取攻击行动，希望夺取市场领导者地位的企业，因此，进攻战略是市场挑战者主要奉行的市场竞争战略。市场挑战者的进攻战略主要有正面进攻、侧翼进攻、包围进攻、迂回进攻和游击进攻。

二维码 3-13 市场领导者战略

二维码 3-14 市场挑战者的五种进攻策略

(三)市场追随者战略

市场追随者指那些在产品、技术、价格、渠道和促销等大多数营销战略上模仿或跟随市场领导者的公司。在这些行业中，产品差异化和形象差异化的机会很少，服务质量相仿，价格敏感性很高，价格战随时都可能爆发。一个市场追随者必须知道如何保持现有的顾客和如何争取新顾客，以便占有一个令人满意的市场份额。每一个追随者要努力给它的目标市场带来有特色的优势产品，市场追随者必须保持其低制造成本和高产品质量和服务。追随战略可分为紧密跟随战略、距离跟随战略和选择性跟随战略三类。

(四)市场补缺者战略

该战略已为众多企业所接受，特别是在商业竞争愈演愈烈的形势下，很多企业选择“微型市场”进行开发，其潜力不可小觑。在现代市场经济条件下，每个行业几乎都有些小企业，它们关注市场上被大企业忽视的某些细小环节，在这些市场上通过专业化经营获得最大限度的收益，这些小企业就是市场补缺者。它们经常避免与大公司竞争，其目标是小市场或大公司不感兴趣的市场。市场补缺者虽然在整体市场上只占很小的份额，但是比其他公司更充分地了解和满足某一细分市场的需求，能够通过提供高附加值的产品或服务而得到高利润和快速增长。

二维码 3-15 三种市场追随战略

二维码 3-16 市场补缺者的专业化经营策略

案例导入

一、经典案例

近几年，随着生活水平的不断提高，人们越来越注重饮料对于身体的影响，伴随这种趋势，功能饮料越来越受人们的青睐。目前，功能饮料在整个饮料市场占比达到了近 13%，产品类型超过 150 种，且年复合增长率接近 15%，2018 年我国功能饮料零售额突破 450 亿元，存在着巨大的市场潜力。作为中国功能饮料的领导者，红牛凭借其精准的市场定位和成功的营销让红牛品牌进入中国 20 余年而能始终保持着霸主地位。但是功能性饮料市场潜力大，吸引了不少新的入局者。

作为后起之秀的东鹏特饮经过几年的发展，通过不断创新，迅速走出了属于自己的一条崭新道路。最初，就坚定地起用"差异化"包装；在产品上市之初，并没有盲目地准备走向全国，而是多年精耕广东市场；目标消费人群是在广东打工的体力劳力者，以量大、易携带、价格低、功能性好而深得目标人群喜欢。

当前国内的功能饮料市场也是一片混战，想在重重难关中突围并非易事。从 2018 年开始，面对国内功能饮料市场的激烈竞争，东鹏特饮选择降价保份额。原本售价 6 元/罐的东鹏特饮已经降至 3.5 元，东鹏特饮称此轮主动降价是为了应对品牌竞争。业内人士表示，东鹏特饮新金罐产品降价，符合东鹏特饮产品二、三线市场的品牌定位，能够夺得一部分市场。

反观红牛，已在全国市场深耕多年，虽然东鹏特饮被看作是继红牛之后的功能饮料后起之秀，但两者在销量和市场份额上差距却很大。数据显示，2019 年在中国能量饮料市场中，红牛占 57%，东鹏特饮占 15%，乐虎占 10%，东鹏特饮面临的扩张困局依旧不小。

二、案例分析

1. 市场竞争者分析

红牛一直占据中国功能性饮料市场龙头老大的位置，东鹏特饮上市之初就瞄准了红牛，他的口味与红牛相似，就连广告也曾被业内认为"抄袭"红牛，此前，红牛的广告语是"累了、困了，喝红牛"；2013 年，东鹏邀请谢霆锋做品牌代言人，广告语为"累了困了，喝东鹏特饮"。想要形成优势必须有一套属于自己的原材料供应体系和生产工艺，原材料渠道与生产工艺的领先，代表了生产成本的降低，价格优势才能形成。东鹏特饮花了 5 年时间，做技术研发，优化生产工艺，提高生产效率，减少耗材成本，最终形成了产品品质好，但零售价仅是竞争对手一半的市场优势。

2. 竞争策略

为赢得市场、形成差异化竞争，东鹏饮料在推出瓶装东鹏特饮之时便采取"低价策略"，在价格上明显低于红牛等其他同类品牌，这种"低价策略"一直延续至今。据了解，在电商平台上，250 mL 瓶装东鹏特饮及罐装东鹏特饮的售价均约为 3 元/瓶，而 250 mL 经典罐装红牛的售价约为 5.8 元/罐。

3. 产品策略

能量饮料虽有着一定的市场，但竞争也在加剧，并且入局者渐增，2019 年 4 月，今麦郎推出天豹牛磺酸能量饮料和神麻火麻能量饮料；2018 年 4 月，伊利集团推出"焕醒源"能量饮料，以东鹏特饮目前的规模来看，其并非饮料巨头，所以需要不断强化自身核心竞争，以强化现有的市场占有率和扩大消费群体。2020 年推出首款汽水"东鹏加气"，体现了东鹏在饮料市场中的全新战略布局。

4. 营销策划

其在各种媒体密集得像雨点一样地宣传"累了困了，喝东鹏特饮"，东鹏特饮这些年马不停蹄地赞助了《中国梦想秀》《欢乐喜剧人》《极速前进》《我们来了》等综艺节目，并通过诸多热门电视节目植入品牌形象，打开品牌知名度。

结合功能饮料的属性，东鹏特饮重点布局体育营销。例如，牵手“中超”，成为“中超”联赛指定能量饮料；和央视合作，成为2018年FIFA世界杯转播赞助商；还和葡萄牙国家队达成合作，将品牌影响力扩散到国际等。综上所述，东鹏特饮要在产品、定位、创新的差异化上进行突破，才能具有独有的竞争点。

任务设计与实施

一、任务实施内容

以小组为单位，针对饮料市场竞争者等进行专业调查，注意具体选择一种饮料以公司名义进行营销策划，分析食品市场竞争者与运用竞争策略，撰写饮料市场竞争者与运用竞争策略调研报告，以小组为单位进行班级汇报并交流。

二、任务流程设计

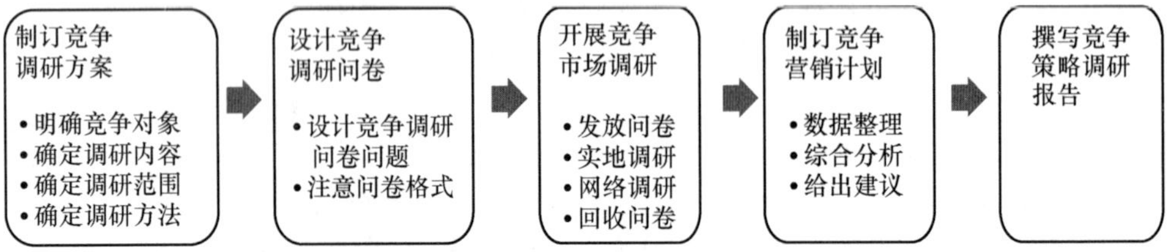

三、任务实施要求

(1)把学生分成若干小组，每个小组以3～4人为宜，要求每个同学参加。

(2)以小组为单位，根据调研主题针对饮料市场竞争者等进行专业问卷调查，要求问题数量以20个为宜；每个小组应发放至少30份问卷。

(3)要求各小组对收回的有效问卷进行准确的数据归纳整理和综合分析，注意具体选择一种饮料以公司名义进行营销策划，客观分析食品市场竞争者与运用竞争策略，撰写某食品公司饮料市场竞争者与运用竞争策略调研报告，提供决策依据，调研报告等要求格式规范，字数在3 000字以上。

(4)以小组为单位制作PPT，派代表进行班级调研汇报与交流。

四、任务实施考核

请按照本项目任务一任务实施考核的内容与标准执行。

思考与练习

一、名词解释

消费者购买行为　品牌竞争者　行业竞争者　形式竞争者　一般竞争者

二、选择题(1～11题为单选题，12～18题为多选题)

1. 人们对粮食、副食品的购买动机，都是为了满足日常生活中所需，这种购买动机属于

(　　)。

A. 实用型动机　　B. 方便型动机　　C. 安全型动机　　D. 惠顾型动机

2. 消费者购买脑白金时的购买动机属于(　　)。

A. 习惯型动机　　B. 实用型动机　　C. 馈赠型动机　　D. 惠顾型动机

3. 生活的快节奏导致速食食品越来越受人们欢迎,这种购买动机属于(　　)。

A. 健康型动机　　B. 方便型动机　　C. 惠顾型动机　　D. 习惯型动机

4. 某些老年消费者常常在晚饭后去超市购买半价的面包、2 折的蔬菜,他们的这种购买动机属于(　　)。

A. 方便型动机　　B. 实用型动机　　C. 低价型动机　　D. 安全型动机

5. 2020 年新型冠状病毒疫情期间消费者大量囤积必需食品,此种购买动机属于(　　)。

A. 储备型动机　　B. 习惯型动机　　C. 低价型动机　　D. 实用型动机

6. 有些消费者很容易受食品广告、包装或促销人员的诱导,盲目冲动地购买某种食品,这种购买行为属于(　　)。

A. 价格型购买行为　B. 理智型购买行为　C. 冲动型购买行为　D. 想象型购买行为

7. 如消费者购买食品时将价格作为第一选择要素,这类消费者的购买行为属于(　　)。

A. 想象型购买行为　B. 价格型购买行为　C. 习惯型购买行为　D. 随意型购买行为

8. 如某消费者购买婴儿奶粉,他会仔细查看奶粉质量、对比诸多奶粉品牌、详细咨询适龄对象、有无上火、是否能用温水化开等奶粉特性,待全方位对比分析后确认购买产品。这类消费者的购买行为属于(　　)。

A. 理智型购买行为　B. 习惯型购买行为　C. 想象型购买行为　D. 随意型购买行为

9. 某些消费者购买食品时对食品名称、造型、图案、色彩、寓意等格外看重,这类消费者的购买行为属于(　　)。

A. 习惯型购买行为　B. 随意型购买行为　C. 冲动型购买行为　D. 想象型购买行为

10. 矿泉水市场中,康师傅矿泉水、农夫山泉矿泉水、乐百氏矿泉水、娃哈哈矿泉水等厂家之间的关系就属于(　　)。

A. 品牌竞争者　　B. 行业竞争者　　C. 形式竞争者　　D. 一般竞争者

11. 矿泉水、饮料都可以满足消费者口渴的需求,当矿泉水价格上涨时买饮料的顾客就可能增加,它们相互之间争夺满足消费者的同一需求,这种竞争关系属于(　　)。

A. 品牌竞争者　　B. 行业竞争者　　C. 形式竞争者　　D. 一般竞争者

12. 消费者的需求包括(　　)。

A. 消费者的实际需要　　B. 消费者动机

C. 消费渴望　　D. 消费冲动

E. 消费者愿意支付并有能力支付的货币数量

13. 消费者需求的特征包括(　　)。

A. 多样性　　B. 发展性

C. 可诱导性　　D. 周期性

E. 伸缩性

14. 按照消费者的个性特征可以将消费者的购买行为分为(　　)。

A. 价格型购买行为　　B. 理智型购买行为

C. 冲动型购买行为

D. 想象型购买行为

E. 习惯型购买行为

F. 随意型购买行为

15. 按照消费者购买行为的复杂程度可以将消费者的购买行为分为(　　)。

A. 冲动型购买行为

B. 复杂型购买行为

C. 理智型购买行为

D. 协调型购买行为

E. 变换型购买行为

16. 关于消费者购买行为心理分析,说法正确的是(　　)。

A. 影响消费者购买行为的因素是复杂多样的

B. 每个消费者个体的心理因素都会影响消费者的购买行为

C. 消费者的购买行为是一个接受外界销售环境中商品信息刺激、影响的结果

D. 商品宣传能够提高食品购买的激发度

E. 厂商与消费者之间不同的价值标准和文化差异,成为影响消费者购买行为的重要障碍

17. 消费者购买决策根据消费者介入程度和品牌差异程度,可将消费者购买行为分为(　　)。

A. 复杂的购买行为

B. 寻求多样化的购买行为

C. 寻求平衡的购买行为

D. 习惯性的购买行为

E. 不定性购买行为

18. 从市场角度可以将食品市场竞争者分为(　　)。

A. 品牌竞争者

B. 行业竞争者

C. 形式竞争者

D. 一般竞争者

E. 潜在竞争者

三、判断题

1. 家人、亲属、朋友等是最典型、最主要的次要群体。(　　)

2. 归属不同生活方式的人,对食品和品牌有着相同的需求。(　　)

3. 顾客的信念并不决定企业和食品在顾客心目中的形象,也不决定他的购买行为。(　　)

4. 无差异性市场营销战略完全不符合场营销理论。(　　)

5. 如果某个行业具有高的利润吸引力,企业会设法进入。(　　)

6. 市场补缺战略的特点是进行包围进攻。(　　)

7. 行业竞争结构不会随时间的推移而变化。(　　)

8. 企业最直接的竞争者是那些同一行业、同战略群体的企业。(　　)

9. 所有竞争者的目标都是追求利润最大化。(　　)

10. 攻击弱竞争者能更大幅度地扩大市场占有率和利润水平。(　　)

四、问答题

1. 简述消费者购买行为的模式。

2. 如何根据消费者的购买行为进行针对性的营销策划?

3. 从竞争者的竞争地位角度,食品市场竞争者可以分成哪几类?

4. 不同竞争者的战略有哪些?

二维码 3-17　模块三项目二思考与练习参考答案

模块四

食品营销环境分析与营销策划

项目　食品营销环境分析

知识目标

1. 认识食品营销环境的内涵、内容和特征，认识分析营销环境的重要性。
2. 熟悉营销环境分析的主要方法。
3. 了解营销环境分析在食品营销策划中的作用。

能力目标

1. 能正确理解食品营销环境分析的基本内涵及在食品营销策划中的作用。
2. 熟练运用营销环境分析的主要方法分析和评价营销环境。
3. 能够根据食品企业所处的营销环境制订最适宜的食品策划方案。

素质目标

1. 培养学生对食品营销环境识别和分析的严谨作风，以及勤学好问、善于思考的专业素养和精神。
2. 具有良好的团队合作和团队互助的意识，以及较强的市场判断和开拓能力。
3. 在营销环境调研过程中能恪守职业道德，坚持客观公正的立场，依法规范自己的行为。

项目概述

进行食品市场的营销决策，首先必须搞清楚自身处在怎样的环境之中，市场环境是在不断发展、变化的，是由一系列影响因素构成的，分析这些因素的目的是帮助食品生产经营者发现食品营销中存在的问题，从而找到市场机会。

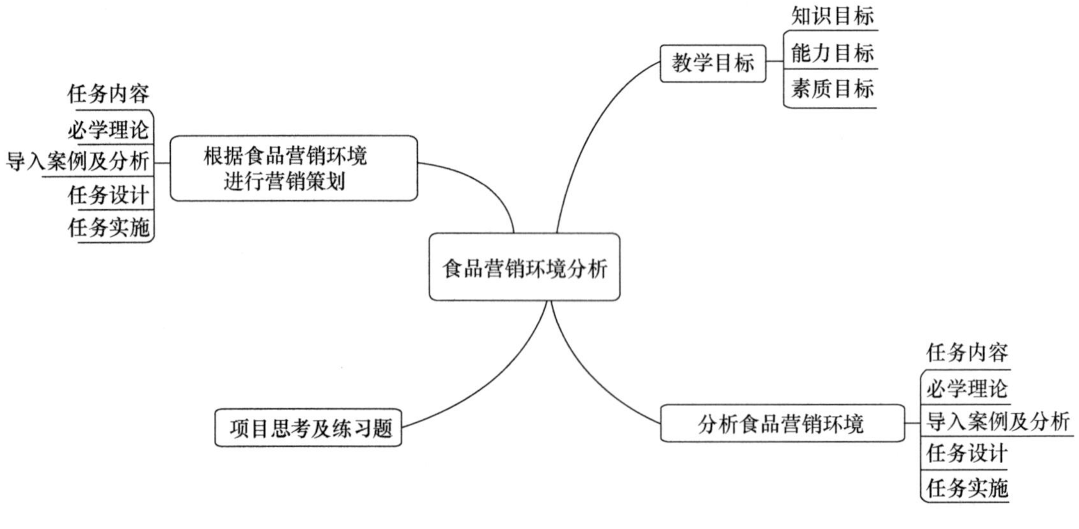

任务一　分析食品营销环境

任务内容

了解营销环境分析的方法，能够熟练运用这些方法分析和识别由于环境而带来的机会和威胁，并及时采取相应的对策。

必学理论

一、食品营销环境的概念

营销环境是指影响和制约企业营销活动的各种内部条件与外部因素的总和。食品营销环境则是指影响和制约食品经营企业营销活动的各种内部条件与外部因素的总和。

食品企业在开展营销活动时不可避免地会受到各种环境因素的影响和冲击，一个公司的营销环境由营销之外影响营销活动的所有因素构成，包括企业所处的社会文化环境、自然生态环境、消费者、供应商、竞争者及企业自身等（图 4-1）。食品企业因其经营产品的特殊性，营销环境更具有一定的特殊性。

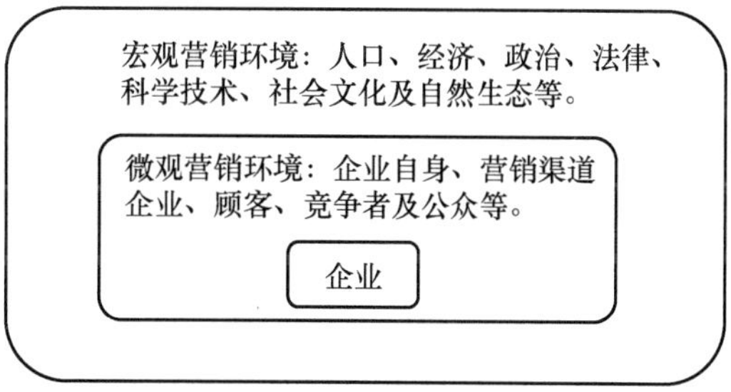

图 4-1　食品营销环境

二、食品营销环境的内容与特征

（一）食品营销环境的内容

食品企业营销环境根据不同的指标可以分成不同的类型，按照菲利普·科特勒的观点，我们将营销环境分为微观营销环境和宏观营销环境。微观营销环境与宏观营销环境并非并列关系，而是被包含的关系，即微观营销环境被包含在宏观营销环境中（图 4-1）。

微观营销环境是指与食品企业紧密相连，直接影响企业营销能力的各种参与者，主要包括企业自身、营销渠道企业、顾客、竞争者及公众。由于这些环境因素通常与食品企业的营销活动直接相关，所以通常也被称为直接营销环境。宏观营销环境是指食品企业无法直接影响控制的因素，这些因素通过影响企业微观环境来影响食品企业营销能力，主要包括人口、经济、政治、法律、科学技术、社会文化及自然生态等。由于这些环境因素对企业营销活动起间接影响作用，故又被称为间接营销环境。食品经营企业因其经营产品的特殊性，对环境中的某些因素更加敏感。2010 年夏天，南京市发现有商贩为省事用洗虾粉快速清洗小龙虾，导致顾客食用后中毒住院，这一事件的影响迅速波及全国，给全国的小龙虾养殖与经营带来巨大打击。食品经营企业尤其要关注环境，营销环境的研究就是要通过对环境变化的观察来把握趋势以发现企业发展面临的新机遇及可能存在的威胁，从而调整食品企业的营销策略以适应环境变化。

(二)食品营销环境的特征

1. 客观性

营销环境的存在不以营销者的意志为转移,具有强制性和不可控制性。食品企业经营者只能认识、利用环境,不能摆脱和控制环境。如食品安全标准是食品经营企业开展营销活动时需要认识及遵循的一条红线,食品企业不能根据自己的情况调整标准,只能按照标准要求开展生产经营活动。

2. 差异性

不同的国家或地区在人口、经济、政治、文化等方面存在很大差异性,食品企业营销活动必然面对这种环境的差异性,需为此制定不同的营销策略。如中国人的饮食习惯有"南甜北咸"的差异,即长江以南的人们比较偏爱甜食,糖是他们做菜必不可少的原料,而北方人偏向咸味,做菜时会放很多盐和酱油,也就是我们常说的重口味。以调味品为例,虽然有太太乐、海天、李锦记等全国性品牌,但区域性品牌仍然占据着重要市场份额。环境的差异性还体现在同一环境对不同食品企业的影响也是不同的。

3. 相关性

市场营销环境的相关性是指各环境因素间的相互影响和相互制约。它表现在两个方面:一是当某一环境因素发生变化时,其他因素也可能发生变化;二是食品企业的营销活动往往会受到多种环境因素的共同制约。

4. 多变性

市场营销环境是一个多变的动态环境。据世界方便面协会数据,2014 年中国方便面市场销售量为 444 亿份,2015 年开始逐步下跌。受其影响,曾经方便面市场的"C 位王者"康师傅的营收和净利润双双下跌,两年时间市值蒸发近 800 亿元。一度风靡的方便面为何突然在中国失去了魅力呢?"打败你的,往往不是你的同行。"这句话也许太过片面,但外卖的横空出世,相较于开水泡面的"单调"吃法,它以"新鲜多样"的特点迅速俘获了"方便食品"客户。营销环境的变化往往给食品企业带来无法预料的影响。

5. 层次性

从空间上看,营销环境及其影响因素是个多层次的集合。从内向外,第一层是食品企业所在的地区环境,例如当地的市场条件、地理位置和自然条件。第二层是整个国家的政策法规、社会经济及文化等,包括国情特点、全国性市场条件等。第三层是国际环境,包括国际政治形势、经济贸易状况等。不同层次的外界环境因素与食品企业发生联系的紧密程度是不相同的。

三、食品营销环境分析方法

食品企业的任何营销活动都不能在真空中进行。同样的营销方案,在不同的营销环境中,会有不同的营销效果。做食品市场营销,必须分析好其所处的市场环境。SWOT 分析法是基于内外部竞争环境和竞争条件下,将与研究对象密切相关的各种主要内部优势和劣势、外部的机会和威胁,通过调查列举出来,并依照矩阵形式排列,然后用系统分析的思想,把各种因素相互匹配起来加以分析,从中得出一系列具有一定决策性的结论。

从整体上看,SWOT 分析可以分为两部分。

第一部分是企业的内部条件分析:优势(strength)和劣势(weakness)分析。

第二部分是企业的外部环境分析:机会(opportunity)和威胁(threat)分析。

一般来说，SWOT 分析的步骤为：

1. 罗列组织的优势和劣势及可能的机会与威胁

通过各种调查研究方法的应用，分析出组织所处的各种外部环境因素和内部环境因素。外部环境因素是外部环境对组织的发展有直接影响的有利和不利因素，包括机会因素和威胁因素，它们属于客观因素；内部环境因素是组织在其发展中自身存在的积极和消极因素，包括优势因素和弱势因素，它们属主动因素。在调查分析这些因素时，不仅要考虑到历史与现状，更要考虑未来发展问题。

(1)优势。组织机构的内部有利因素，包括有利的竞争态势、充足的财政来源、良好的企业形象、技术力量、规模经济、产品质量、市场份额、成本优势、广告攻势等。

(2)劣势。组织机构的内部不利因素，包括设备老化、管理混乱、缺少关键技术、研究开发落后、资金短缺、经营不善、产品积压、竞争力差等。

(3)机会。组织机构的外部有利因素，包括新产品、新市场、新需求、外国市场壁垒解除、竞争对手失误等。

(4)威胁。组织机构的外部不利因素，包括新的竞争对手、替代产品增多、市场紧缩、行业政策变化、经济衰退、客户偏好改变、突发事件等。

2. 优势、劣势与机会、威胁相组合，形成 SO、ST、WO、WT 策略

将调查得出的各种因素根据轻重缓急或影响程度等排序方式，构造 SWOT 矩阵(表 4-1)。在此过程中，将那些对公司发展有直接的、重要的、大量的、迫切的、久远的影响的因素优先排列出来，而将那些仅产生间接的、次要的、少许的、不急的、短暂的影响的因素排列在后面。

表 4-1　SWOT 分析矩阵

	优势	劣势
机会	SO 战略(增长性战略)	WO 战略(扭转型战略)
	• 依靠内部优势 • 利用外部机会	• 利用外部机会 • 克服内部劣势
威胁	ST 战略(多种经营战略)	WT 战略(防御型战略)
	• 依靠内部优势 • 回避外部威胁	• 减少内部劣势 • 回避外部威胁

3. 对 SO、ST、WO、WT 策略进行甄别和选择，制定企业的具体战略

在完成环境因素分析和 SWOT 矩阵的构造后，便可以制订出相应的行动计划。制订计划的基本思路：发挥优势因素，克服弱点因素，利用机会因素，化解威胁因素；考虑过去，立足当前，着眼未来。运用系统分析的综合分析方法，将排列与考虑的各种环境因素相互匹配起来加以组合，得出一系列公司未来发展的可选择对策。

二维码 4-1　三只松鼠电子商务有限公司 SWOT 分析

三、微观环境分析与宏观环境分析方法

(一)微观环境分析

微观营销环境是指与食品企业紧密相连、直接影响和制约企业市场营销活动的各种力量和因素的总和，主要包括食品企业自身、供应商、营销中介、顾客、竞争者及社会公众。这些因

素与食品企业有着双向的运作关系，在一定程度上，食品企业可以对其进行控制或施加影响。

1. 内部环境

企业是一个系统组织，食品企业开展营销活动，必须充分考虑到企业内部的环境因素和力量。企业的内部环境包括市场营销管理部门及其他职能部门、各层次管理部门及管理者。任何企业开展营销活动都不是某个部门（包括市场营销部门）的孤立行为，必须依赖于各部门的配合和支持，由食品企业内部的生产、采购、研发、财务、市场营销等组织活动构成，还需要各层次管理者的支持和指导，各级管理者之间能够分工明确、目标一致、和谐合作，将会促进企业的营销管理决策和营销方案的有效实施。食品企业内部各部门的工作之间既有统一、协调、一致，也存在冲突和矛盾，它们相互间的协调关系，直接影响企业的整个营销活动，所以企业在制订营销计划，开展营销活动时，必须协调和处理好各部门之间的矛盾和关系。

2. 供应商

供应商是指向食品企业及其竞争者提供生产经营所需资源（原材料、设备、能源、劳务、资金等）的企业或个人。供应商供货的数量、稳定性与及时性、供货的价格变动、供货的质量水平等直接决定着食品企业生产产品的数量、质量、成本，对企业的营销活动有着重大的影响，影响着企业的销售利润、营销策略、以合理的价格出售优质商品和服务的能力等。因此，企业在选择供应商时，必须充分考虑供应商的资信状况，选择能够提供优良品质产品、价格合理、及时交货、具有良好信用的供应商，并及时与之建立长期稳定的合作关系，以保证企业生产资源供应的稳定性；企业还必须使自己的供应商多样化，减少对某一家或几家供应商的过分依赖，降低可能被供应商影响和制约的可能性。

3. 营销中介机构

营销中介是指为食品企业融通资金、销售产品给最终购买者、提供各种有利于营销的服务的机构，包括中间商、实体分配公司、营销服务机构（调研公司、广告公司、咨询公司）、金融中介机构（银行、信托公司、保险公司）等。这些营销中介提供的服务使企业产品顺利到达消费者手中，影响着食品企业营销的效率，它们的协助促使食品企业的营销活动得以顺利进行，是食品企业进行营销活动不可缺少的中间环节。随着市场经济的发展，社会分工越来越专业化，越来越细，中介机构发挥的作用也越来越大，因此食品企业必须与营销中介保持良好的合作关系。

4. 顾客

顾客是食品企业服务的对象，也是营销活动的出发点和归宿，是食品企业最重要的营销环境因素。食品企业要想赢得市场，就必须提供得到顾客认可、令顾客满意的产品和服务，把满足顾客需要作为食品企业营销管理的核心。

按照顾客的购买动机，可将国内顾客市场分为五种类型：

(1)消费者市场。指为满足个人或家庭消费需求购买产品或服务的个人和家庭。

(2)生产者市场。指为生产其他产品或服务，以赚取利润而购买产品或服务的组织。

(3)中间商市场。指购买产品或服务以转售，从中盈利的组织。

(4)政府市场。只购买产品或服务，以提供公共服务或把这些产品及服务转让给其他需要的人的政府机构。

(5)国际市场。指国外购买产品或服务的个人及组织，包括国外消费者、生产者、中间商及政府。

这五类市场的顾客需求各不相同，这就要求企业通过不同的方式提供满足顾客不同的需求、欲望、偏好的产品和服务，最终实现食品企业营销目标。因此，食品企业必须注重分析顾客的需求规模、需求结构、需求心理及购买行为特征，这是营销活动的起点和前提。

5. 竞争者

竞争者是指与食品企业存在利益争夺关系的其他经济主体。在商品经济条件下，竞争是必然现象，任何食品企业在目标市场进行营销活动时，不可避免的会遇到现有的和潜在的竞争对手的包围和制约。竞争对手的营销策略和营销活动，尤其是产品价格和质量、广告宣传、促销手段、产品开发、销售服务等直接对企业造成威胁。企业的营销活动常常受到各种竞争者的挑战，因此，企业必须识别各种不同的竞争者，了解竞争企业的数量、竞争企业的规模和能力、竞争企业对竞争产品的依赖程度、竞争企业所采取的营销策略及对其他企业策略的反应、竞争企业的竞争优势、资源来源及供应渠道等，做到知己知彼，采取相应的竞争对策，有效地开展营销活动。

6. 社会公众

这里的公众是指对食品企业实现营销目标的能力有实际或潜在利害关系和影响力的团体或个人，是与食品企业营销活动发展有关的各种群体的总称。食品企业所面临的公众主要有：金融公众、媒介公众、政府公众、社团公众、社区公众、一般公众和内部公众。社会公众对食品企业的态度会对其营销活动产生巨大的影响，它既能够帮助食品企业树立良好的形象，促使企业达到营销目标，也可能妨碍食品企业形象。因此，食品企业必须处理好与主要公众的关系，争取公众的支持和偏爱，为自己营造和谐、宽松、有利的社会环境。

(二)宏观环境分析

宏观营销环境是对食品企业所处的微观环境及经营活动产生重要影响的外部力量。市场营销的宏观环境分析就是对影响企业营销能力和效率的人口环境、经济环境、政治法律环境、科学技术环境、自然地理环境及社会文化环境等进行分析，这些影响因素是食品企业无法直接控制的。

二维码 4-2　微观市场营销环境分析

1. 人口环境

市场是由有购买需要又有购买能力的人构成的。人口是构成市场的第一位因素，食品企业需要根据人口特性及其发展动向制定和调整营销策略。对人口环境的分析可包括人口总量、人口结构、地理分布、家庭组成、教育和职业。

(1)人口总量。“民以食为天。”人口数量是影响基本生活资料需求的一个决定性因素，在一定意义上，我们可以说，人口越多，衣食住行的需求绝对数量就越大。我国是世界上人口数量最多的国家，消费者众多，随着国民收入的逐步增加，人们的消费能力也在增强。例如，三只松鼠的现实消费者和潜在消费者市场都是十分广阔的，具有很高的挖掘价值。

(2)人口结构。不同年龄、不同性别的人对商品和服务有不同的需求。按年龄可以将市场分为婴幼儿市场、儿童市场、青少年市场、中年人市场、老年人市场；按性别可将市场分为男性市场和女性市场。不同年龄的消费者对商品的需求是不一样的，男性和女性在购买动机和购买行为等方面也有所不同。例如，家庭的日常生活用品一般是女性来购买，耐用品、高科技产品等更多由男性购买；女性比男性可能更关注产品的外观、价格、用途等功能。在食品购买方面，女性比男性更注重企业形象、印象、品牌情怀、产品包装、价格、口味等。企业了解不同年龄结构的消费特点，不同性别的不同需求，就可以决定食品企业产品的投向，选择目标市场，生产适销对路的产品，制定有效营销策略，开发更大的市场。

(3)地理分布。居住在不同地区的人们由于地理位置、气候条件、传统文化、生活习惯和经济发展水平的不同,会表现出消费习惯和购买行为的差异。例如,北方人习惯吃面食,过冬至通常是吃饺子;南方人习惯吃大米,过冬至大多为吃羊肉、喝羊肉汤等。

(4)家庭组成。家庭是商品的主要采购单位。家庭单位数量的多少和家庭结构,直接影响着消费品市场的需求量。例如,三口之家可能更需要小包装食品、小型器具、家具家电设备等,四口之家对商品和服务的需求会较之有所提高,而六口之家可能更喜欢大数量、大规格、大型号、大包装的食品等物品。

(5)教育和职业。人口的教育程度和职业不同,对市场表现出不同的需求倾向。随着高等教育规模的扩大,人口的受教育程度普遍提高,收入水平也逐步增加。据统计,在三只松鼠的消费者人群中,科研人员所占的比例是6.04%,事业单位工作者占9.34%,企业单位职员占12.6%,自由职业工作者占11.54%,学生占到总消费者人数的60.44%。

2. 经济环境

经济环境是指影响食品企业市场营销方式与规模的经济因素,主要包括收入、支出、储蓄、信贷及经济发展水平等因素,它会直接或间接影响市场规模、市场吸引力及食品企业的营销活动。

(1)消费者收入水平。消费者收入水平对企业营销活动有重要的影响,不同收入水平的消费者,消费的项目、消费的品质、对价格的承受能力都是不同的。消费者收入水平直接影响市场容量和消费者支出模式,决定消费者的购买力水平。在分析消费者收入水平时,从宏观层面看,主要分析国民收入和人均收入两大指标,它们大体上反映了一个国家的经济发展水平;从微观层面看,主要是个人收入、个人可支配收入和个人可任意支配收入。个人收入是消费者可得到的各种货币收入的总和;个人可支配收入是在个人收入中扣除税款等后所得余额,它是个人收入中可以用于消费支出或储蓄的部分,它构成实际的购买力;个人可任意支配收入是在个人可支配收入中减去用于维持个人与家庭生存不可缺少的费用(食物、水电、房租、燃料、衣物等)后剩余的部分,它是消费需求变化中最活跃的因素,也是企业开展营销活动时所要考虑的主要对象。随着我国国民收入的持续增加,人们对于食品的品质消费需求表现明显,食品消费不只追求物美价廉,越来越多的消费者倾向于购买高价格的健康食品,如有机食品、绿色食品等。

(2)消费者支出模式。消费者支出模式是指消费者各种消费支出的比例关系,也即常说的支出结构,它主要取决于消费者收入。在收入一定的情况下,消费者在进行消费时,会根据消费的急需程度进行排序,例如先进行温饱和医疗消费,再进行住、行和教育消费,然后是保健、娱乐等舒适型、提高型消费。恩格尔定律认为,当家庭收入增加时,用于食物的支出比例会下降,而用于服装、交通、保健、娱乐、教育的支出比例会上升,即:

$$\text{恩格尔系数}=\frac{\text{食物支出金额}}{\text{总支出金额}}\times 100\%$$

恩格尔系数越高,生活水平越低;恩格尔系数越低,生活水平越高。

优化消费结构是优化产业结构和产品结构的客观依据,也是企业开展市场营销活动的基本立足点。

(3)消费者储蓄和信贷。当收入一定时,人们储蓄越多,投资的机会越多,现实消费量就越少,潜在消费量就越大,反之,人们储蓄越少,投资的机会越少,现实消费量就越大,潜在消费量就越小。

随着商品经济的日益发展，消费者除了用货币购买商品，还可以通过借贷的方式来达到消费目的，这就是消费者信贷。这是一种消费者凭借信用先获得商品使用权，然后通过按期还贷的方式完成商品购买的一种消费方式。随着中国经济的飞速发展，人们收入越来越高，消费支出量越来越大，相对于10年前，中国的信贷消费规模也飞速增长，食品企业营销必须分析消费者储蓄和信贷状况。

（4）经济发展水平。一个国家和地区的经济发展水平影响和制约着企业的营销活动。不同的经济发展阶段，消费者的需求不同，对企业营销活动的影响也不同，企业采取的营销策略也要做出相应的调整与改变。

3. 政治法律环境

政治法律环境是指食品企业市场营销活动的外部政治形势和状况以及国家的方针和政策。政治环境包括一个国家的社会制度，执政党的性质，政府的方针、政策、法令等。法律环境是指国家或地方政府颁布的各项法律、法规和条例等。

不同的国家有着不同的社会性质，不同的社会制度对组织活动有着不同的限制和要求。政治环境引导着食品企业营销活动的方向，法律环境规定了食品企业经营活动的行为准则。食品企业的营销活动均是在一定的政治法律环境下进行的。

4. 科学技术环境

科学技术是社会生产力最活跃的因素，与其他环境因素相互依赖、相互作用。新技术革命，既给食品企业的市场营销创造了机会，同时也造成了威胁。新技术的应用还会引起食品企业市场营销策略、经营管理方式及消费者购物行为发生变化。食品企业不仅要关注与所处领域直接相关的技术手段的发展变化，还应及时了解国家对科技开发的投资和支持重点、该领域技术发展动态和研发费用总额、专利及其保护情况等。

5. 自然环境

营销学上的自然环境主要是指自然物质环境，即自然界提供给人类各种形式的物质财富，如矿产资源、森林资源、土地资源、水力资源等。随着人类社会的发展，自然资源日益短缺，生态问题日趋严重，政府和社会对自然资源的干预不断加强，食品企业必须关注自然环境的发展变化趋势，发现自然环境直接或者间接给食品企业经营带来的机会或者威胁，重视食品企业营销活动对自然环境造成的影响。

6. 社会文化环境

社会文化环境所蕴含的因素主要有社会阶层、家庭结构、风俗习惯、宗教信仰、价值观念、消费习俗、审美观念等。文化水平会影响居民的需求层次；宗教信仰和风俗习惯会禁止或抵制某些活动的进行；价值观念会影响居民对组织目标、组织活动以及组织存在本身的认可与否；审美观念则会影响人们对组织活动内容、活动方式以及活动结果的态度。一个国家或地区的价值观念、生活方式、风俗习惯、民族特征、宗教信仰、伦理道德、教育水平、文学艺术等，对食品企业营销的影响是多层次、全方位、渗透性的。食品企业必须针对不同的社会文化环境制定相应的营销策略。三只松鼠健康、绿色的理念，动漫、呆萌的新潮文化元素，就很好地满足了我国消费者的需求，提高了消费者对品牌及产品文化的认同，提升了客户的满意度和忠诚度，有助于其营销活动的开展。

案例导入

一、经典案例

盘锦元态农业科技有限公司是通过生物农残降解技术与传统农业种植、畜牧养殖方法进行有机结合，为消费者提供粮食、蔬菜、肉、禽、蛋等“安全餐桌”系列产品的高新技术企业。元态大米有着得天独厚的生长环境，加上先进技术的支撑，造就了其与生俱来的产品核心优势。

(1)自然条件优势。元态大米的种植基地位于盘锦市，地处辽宁省西南部辽河三角洲的中心地带，该地区气候优势、土壤优势、水质优势非常明显。

(2)技术优势。采用“无农药残留生物降解技术”。公司对整地、育苗、插秧、除草除虫、施肥、灌排水等一系列田间耕作制定了科学步骤和规范操作。

(3)生产管理优势。采用日本佐竹全套现代化大米加工设备，以确保元态出品的大米产品达到100%的优质率。元态公司严格控制水稻入库质量，采用科学、严谨的贮存方式保证元态大米的优良品质。

(4)品质优势。元态大米除了安全的产品特点外，还含有丰富的粗蛋白、硒和膳食纤维等营养成分。其米如珠似玉、粒形完整、晶莹剔透、入口香醇、胶稠度高、糊化度低、清香浓郁、筋道滑腻、口感极佳。

元态高档大米具有非常优秀的产品品质，但由于营销手段落后，以前除了通过会员网络销售有限的大米产品外，其他的销售渠道都没有成效，优质的大米在市场上卖不动。为打开产品销路，公司聘请专业公司进行了营销策划。

第一步，根据产品的特点，建立精准的品牌定位。元态高档大米是国内唯一通过生物降解技术使大米农药残留为零的大米产品，其110项指标全部达到或优于欧盟检测标准，并荣膺“北京体育大学·伦敦奥运会国家训练基地指定用米”的殊荣，元态大米代表了中国最安全的大米。

第二步，制定了“晶莹、饱满、醇香、筋道、营养、安全好米”的营销标准，并将其创意设计成让消费者更容易识别和记忆的圆形组合视觉符号，以便在消费者心中能够很快形成难以磨灭的品牌印象。营销标准的制定者才能成为市场的领导品牌。

第三步，通过充满创意的广告语“从未尝过的香”来宣传产品。品牌广告语是元态安全大米品牌定位的延伸和产品系列利益点的提炼。很多消费者都是通过该广告记住产品品牌的。元态大米独特的技术优势和产品卖点，决定了该产品与竞争品牌产品的差异化，是消费者从未品尝过的安全、健康大米。“香”是元态安全大米带给消费者的核心利益点，也是消费者购买大米产品的核心买点。元态大米的品牌广告语“从未尝过的香”实现了产品品牌卖点与消费者买点之间的完美对接，是至今中国大米行业乃至中国食品行业最优秀的广告语之一。

第四步，元态大米规划了完整和清晰的产品线。元态大米的产品线分成四大系列：占位型产品、利润型产品、销量型产品、普及型产品，元态大米很快在市场上扭转了不动销的被动局面，不仅在大中型超市，而且在单位福利和礼品市场也实现了品牌与产品销量的快速提升。

第五步，在产品销售终端赢得消费者的认可。元态大米在其重点销售区域盘锦、沈阳、大连、北京、天津等市场的各类产品销售终端，如大中型超市、写字楼餐厅、三星级以上的酒店、中高档社区、度假村等，通过精美的产品展示、宣传品的张贴和发放以及不间断的促销活动，成功在产品销售终端赢得消费者的认可。进入市场初期，元态大米基本没有花电视广告费就实现了品牌和产品销量的快速提升。通过对精准企划整合营销策划方案的持续与深入执行，元态大米已逐步在中国高档大米产品品类中实现了区域市场领先。

二、案例分析

1. 经济环境分析

随着我国经济的高速发展和人民生活水平的不断提高，人们对农产品的消费理念已发生了根本性的改变。追求健康环保的消费理念已成为消费者的普遍共识。公司根据这一变化，规划了完整和清晰的产品线，既占领了高端消费市场，又满足了普通消费者对健康理念的需求。一个产品不可能卖给所有的消费者，所以元态安全大米需要根据产品的特点和食用价值，分别推出不同产品品类、不同包装、不同容量以及不同价格的产品，同时满足差异化的消费需求，才能最终获得成功。

2. 自然地理环境分析

元态大米的种植基地位于辽宁省西南部辽河三角洲的中心地带，地理坐标为北纬 40°39′～41°27′，东经 121°25′～122°31′，是全国重要的优质稻米生产基地，素有“北国江南”之称。公司充分利用该地区的气候、土壤、水质等优势条件，生产高品质的产品，从而获得消费者的高度认可。

3. 科学技术环境分析

元态大米采用的是远超世界发达国家标准的“无农药残留生物降解技术”。使用该技术种植出的各类植物，经国家粮油检测中心及欧盟 SGS 等机构检测，110 项指标全部优于中国对农药残留的规定以及欧盟、日本、美国等国家和地区对农药残留的规定。采用日本佐竹全套现代化大米加工设备，经过了 3 道色选，4 次白米分级，使大米的长度、厚度和颜色都基本达到了一致，以确保元态出品的大米产品达到 100％的优质率。元态公司严格控制水稻入库质量，新入库的稻米，杂质不超过 0.5％，水分不超过 13.5％。先进的技术保证了元态大米的优良品质。

4. 把握消费者的核心需求

元态大米独特的技术优势和产品卖点，决定了该产品与竞争品牌产品的差异化，是消费者特别放心的安全大米。“香”是元态安全大米带给消费者的核心利益点，也是消费者购买大米产品的核心买点。元态大米的品牌广告语“从未尝过的香”实现了产品品牌卖点与消费者买点之间的完美对接，是至今中国大米行业乃至中国食品行业最优秀的广告语之一。

任务设计与实施

一、任务实施内容

以小组为单位，根据调研主题，收集宏观环境因素和微观环境因素的分析素材；熟练应用 SWOT 分析法为食品企业进行营销环境分析，并撰写食品企业营销环境分析报告。

二、任务流程设计

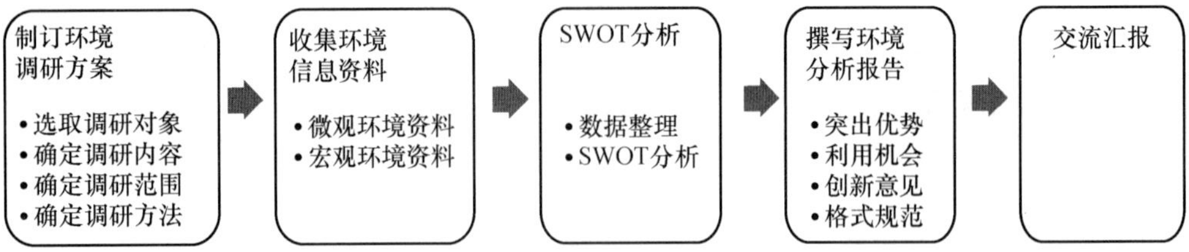

三、任务实施要求

(1)把学生分成若干小组,每个小组以3～4人为宜,以组为单位合作完成任务实施内容。

(2)以小组为单位,根据调研主题,广泛查找资料,完成宏观环境因素和微观环境因素分析内容素材的收集、归纳整理与分析。

(3)用SWOT分析法对当地某食品企业的产品进行营销环境分析,并撰写食品企业营销环境分析报告(格式规范,字数要求2 000字以上),为提升分析对象在本地的销量提供建议和意见。

(4)各小组制作PPT并派代表进行食品企业营销环境分析报告汇报。

四、任务实施考核

表4-2 任务实施考核

考核类别	考核项目	考核要点	考核分值	考核方式			
				自我评价	组内评价	组间评价	教师评价
专业技能(60%)	调研方案设计	调研方案设计合理性	10				
		小组分工合理性	5				
		信息资料真实性、全面性	5				
	任务实施过程	SWOT分析准确性	10				
		意见、建议的创新性	5				
		任务实施过程中的表现和贡献	10				
	任务实施成果	环境分析报告格式规范性	5				
		PPT制作规范性	5				
		PPT汇报答辩流畅性	5				
职业素养(40%)	学习态度和纪律性		8				
	发现问题、解决问题的能力		8				
	团队协作能力		8				
	沟通能力		8				
	吃苦耐劳精神		8				

任务二　根据食品营销环境进行营销策划

任务内容

了解营销环境分析在食品营销策划中的作用，根据食品企业面对的营销环境制订最适宜的食品策划方案。

必学理论

一、营销环境分析在食品营销策划中的地位与作用

食品营销策划是以满足消费者需求和欲望为核心，根据食品经营企业的营销目标，通过设计和规划产品、服务、创意、价格、渠道、促销等，实现个人和组织的交换过程的行为。

市场环境分析、消费心理分析、产品优势分析、营销方式和平台的选择是营销的四要素。在进行食品营销策划之前，进行市场环境分析的主要目的是了解产品的潜在市场和销售量，以及竞争对手的产品信息，只有掌握了市场需求，才能做到有的放矢，减少失误，从而将风险降到最低；进行消费心理分析，才能够掌握消费者购买产品的原因和目的，才能设计出针对性的营销创意。营销仅仅以消费者为导向、推广满足消费者需求的产品是不够的，对消费能力、消费环境的分析才能使整个营销活动获得成功。进行产品优势分析，进行产品的品牌分析和竞争分析，才能在营销活动中了解本企业产品和竞争产品的优劣势，知己知彼，战无不胜，打动消费者。营销方式和平台的选择既要考虑食品企业自身情况和战略，还要兼顾目标群体的喜好来进行。

营销策划促进社会化分工的发展、促进市场经济的发展、顺应信息时代发展是市场经济条件下食品企业的必然选择。对营销环境进行充分分析，有利于制定出适合企业自身的发展战略和市场竞争战略；有利于企业根据市场营销内外环境情况，整合各种资源，发挥营销组合要素的作用，降低营销成本；有利于企业找出市场营销中存在的问题，通过营销策划解决问题，促使营销策划目标的实现，满足营销策划方案与实施目标相吻合的要求；有利于尽可能充分利用企业自身现有或可开发的资源，整合自身资源优势，提升企业策划的能力和水平；有利于在进行市场调查分析、营销策划时，统筹考虑各类市场营销因素，树立企业和产品形象，提高市场占有率，实现企业盈利目标。

1. 有利于明确食品企业营销活动的目的

充分了解企业所处的环境条件，明确企业未来的任务、目标、投资组合计划、企业扩张的方式和途径，可以从根本上消除企业经营活动的盲目性，提升企业营销活动和营销目标的一致性，减少对企业有限资源的浪费，促进企业营销目标的实现。

2. 有利于提高食品企业营销活动的针对性

任何营销策划方案都是在特定企业营销的目标指导和约束下制订的，只有充分认识到企业所处的环境条件，才能在环境条件约束下确保企业营销活动的针对性，企业活动的每一项工作、每一项措施都是为了解决企业特定时期将要面临的特定问题，看得准、做得准，营销效果自然有保障。

3. 有利于增强企业营销活动的计划性

营销策划把企业未来时期的活动内容进行了详尽的安排，是企业各个部门、各个员工的行动纲领。对营销环境的充分把握，可以正确认识市场形势，有效执行营销策划案，使企业的营销走上规范有序的轨道。

4. 有利于实现食品企业营销活动的个性化和差异化

随着消费者个性的发展及个性化消费的日渐突出，企业要在市场竞争中立于不败之地，就必须依靠个性化和差异化的产品、服务和营销方式实现企业营销的个性化和差异化，才能吸引住消费者的目光，抓住消费者的心。消费的个性化和差异化的基础是客观的，是消费者需求特点和竞争者的行为，通过市场环境分析，策划人员可以通过敏锐的洞察力和专业的市场眼光，实现企业的个性化和差异化营销。

5. 有利于提高企业产品的竞争力和营销效益

从理论上说，在产品工艺质量差异不大的情况下，食品企业产品的竞争力来自产品“卖点”的新颖、独特和奇异，来自食品企业品牌的高知名度和美誉度，来自食品企业独特销售手段对渠道成员的高吸引力。充分的营销环境分析，有利于提高企业产品的竞争力和营销效益，在提高营销活动针对性、计划性、主动性和创造性的基础上，提升食品企业运作效率和效益。

二、制订最适应营销环境的食品策划方案

（一）营销策划框架

每一份好的营销策划方案都是基于一定的营销环境的，一般来说，营销策划应包括营销机会分析、目标市场定位、促销活动策划、分销活动计划、销售管理计划、市场反馈和调整。

1. 营销机会分析

食品企业通过营销环境分析，可以发现并利用营销机会，进而实现营销目标。营销机会分析包括：整个食品市场的数量和金额分析、竞争品牌及食品结构的销售量与销售额的分析、市场占有率的比较分析、消费者年龄、性别、家庭收入等分析、竞争商品优缺点的分析、市场细分与商品定位的比较分析、广告费用与广告表现的比较分析、促销活动的比较分析、公关活动的比较分析、定价策略的比较分析、分销策略的比较分析、店铺布局的比较分析、企业的利润结构和费用情况分析等。

2. 目标市场定位

在营销机会分析的基础上，食品企业要为商品选择和定位目标市场。目标市场定位包括：通过市场细分确定目标市场和商品定位、确定经营目标、价格策略、分销策略、广告形式和投资预算、促销活动的重点和原则、公关活动的重点和原则。

3. 促销活动规划

促销活动是实现营销目标的重要手段。促销活动规划包括：明确促销的目标、选择促销的形式和内容。

4. 分销活动计划

分销活动计划包括：价格策略的制定、分销的渠道的选择、店铺的陈列、服务的质量。

5. 销售管理计划

销售管理计划是实现营销目标的重要保障。销售管理计划包括：主管的职责权限、销售目

标计划、人员的挑选和培训、推销人员的薪金标准、推销人员的奖励措施。

6. 市场反馈和调整

所有的营销策划最终要通过实施效果来进行评价。市场反馈和调整是市场营销策划的重要内容，包括市场销售信息的反馈方式、市场销售信息的反馈整理、经营目标的核算、经营行为的调整。

（二）制订营销策划方案

一项营销策划一般涉及两个组成部分：现有的营销环境分析和营销策略的设计。这两部分是相辅相成、缺一不可的。营销环境的分析是为制定企业营销策略而进行的基础分析，只有对营销环境进行准确而深入的分析后，食品企业才有可能了解其营销现状，明白所面临的机遇和挑战，制定合适的营销策略来实现营销目标。营销策略是一项营销策划中的主体，也是一项营销策划所应提供营销方案中的主要部分，它包括商品或服务从创意、生产、分销到售后服务的各个环节，也涉及营销活动的产品策略、定价策略、分销策略和促销策略。

1. 明确营销目标

策划是为了实现食品企业营销目标的计划，因此策划具有非常强的目的性。食品企业必须要明确营销目标和方向，并且按照这个目标去设计出具体明确的行动方案，从而帮助食品企业做好营销活动。

2. 收集信息并分析资料

信息是策划的基础，没有信息就不能策划，所以收集信息非常重要。信息社会的今天，通过内外部环境分析，收集关系食品企业生存的高质量、有价值的信息，可以有效提升企业的营销决策的准确性和正确性。

3. 制订准确的策划方案

制订出准确、科学的策划方案是营销策划的重要部分。食品企业要根据其所处的营销环境及自身条件优势，制订出能达到营销目标的准确的营销策划方案。这是食品企业营销活动的参照和依据。

4. 推出策划方案

策划方案编写完成后，要提交给上级主管或委托客户，由其审议通过。这一阶段的主要任务是要向上级或委托人讲解、演示、推介策划的方案。再好的策划方案如果不能被对方理解和采纳也是徒然，因此推出策划方案也是策划的一个重要环节。

案例链接

甄幸肉脯小食品营销策划方案

一、甄幸肉脯小食品产品概况

甄幸肉脯小食品的最主要卖点：独特、美味、方便食用，给予消费者美好休闲享受而不仅仅是补充营养的食物。

休闲食品主要有四种消费特征：风味型、营养型、享受型、特产型。消费者涵盖全部人群：儿童零食、青少年享受、成年及老年人暇趣等。

甄辛肉脯小食品作为消费者喜爱的休闲食品，其市场有如下几个特点：

1. 越来越贴近人的饮食习惯和心理，产品适口

(1)方便，易食用，可以随身携带，小包装，干净卫生，一次性食用，没有保存顾虑。

(2)满足消费者的求新、求变心理，通过新的滋味或口感刺激提升消费者满意度。

(3)健康，在消费者购买决策的诸多影响因素中，消费者会对食品的功能性有一定需求，基于不同的功能成为市场细分的前提。

2. 赏心悦目、满足支配心，色、香、味俱全

(1)方便性。卖点要近，购买过程要体现休闲的概念。

(2)时效性。满足其心血来潮的非理性需求。

(3)美观性。休闲是一个全面的概念，不但要好吃还要好看。

(4)参与性。每个人都有支配欲，好吃好看再好玩就更“酷”了。

二、营销策划的目的

本次营销策划的目的在于使甄辛肉脯小食品在网络上顺利推向市场，在琳琅满目的休闲食品市场中获得更多的市场占有率，赢得更多消费者的青睐，培养忠实消费者，在网络上得到广大网络消费人群的认可，使企业获得更多的利润。

三、市场环境分析

1. 休闲食品行业环境现状

自 20 世纪 90 年代开始，“洋”休闲大举进入国门，历经 10 年，休闲食品市场发生了翻天覆地的变化。近几年，我国休闲食品行业发展速度较快，受益于休闲食品行业生产技术不断提高以及下游需求市场不断扩大，休闲食品行业在国内和国际市场上发展形势都十分看好。

2. 网络消费者分析

(1)网络用户分析。随着互联网络的普及，越来越多的人加入了网民的行列，《2020 年中国移动网民行业分析报告——市场规模现状与发展前景预测》表明，2019 年二季度国内移动网民数增长 300 万，6 月网民规模为 11.34 亿。从 2018 年 6 月至 2019 年 6 月，移动网民规模大致在 11.3 亿左右，增长趋势波动不大。从移动网民规模所在城市分布来看，一线及新一线城市占比均有增长，新一线城市人群对新兴互联网产品接受速度快。

(2)网络购物消费的迅速传播。近年来随着互联网技术的不断发展以及居民可支配收入稳定增长，使得线上购物成为中国网民不可或缺的消费渠道之一，网购用户规模稳定增长。网上购物有安全，方便，快捷的特点，日益成为消费者的主要购物方式。当前，网上购物的服务模式主要有两种：C2C 平台，是个人与个人之间的电子商务，即个体商户对消费者的模式；B2C 平台，是商家与个人之间的电子商务，即企业(或单位)对消费者的模式。截至 2019 年 10 月，我国实物商品网上零售额达 6.5 万亿元，同比增长 19.8%。

3. 休闲食品特征分析

①年轻消费群体崛起；②健康食品居于主导地位；③休闲食品的种类不同，受欢迎的程度有很大的不同；④高收入家庭成为休闲食品消费主流；⑤产品更新速度快。

四、休闲食品顾客群体分析

少年儿童和年轻女性是目前休闲食品的主流消费人群。对应分析显示，目前时尚食品尤其是休闲食品，不再是孩子们的专利，成人尤其是年轻女性已成为主流消费人群。调查显示，高中/中专及大专学历、18～24岁的年轻女性是引导时尚食品消费的主流群体，她们在购买食品时喜欢购买更为时尚的品牌；相反，31～35岁年龄段的男性群体则对于时尚食品不大“感冒”。

五、网络营销盈利模式

(1)传统的网络营销盈利模式。建立企业产品网站，在网络的商务平台开设网店，网络广告推销，等等。

(2)新的衍生盈利模式。博客营销，微博推广，与大型的团购网站合作，等等。

六、4P营销组合

1. 产品策略

树立休闲食品的健康品牌，积极推广绿色有机零食。

2. 渠道策略

(1)在各大电商销售平台开设网络商店。

(2)建立博客，推出并介绍对应的商品。

(3)建立微博，推广健康、可口的休闲零食。

(4)与大型的团购网站合作，开展低价团购活动。

3. 价格策略

(1)限时折扣活动。

(2)定时定量竞拍。

(3)满减活动(例如满39元减3元，满59减5元，满98减10元……)。

4. 宣传策略

(1)周末免费试吃活动。

(2)微博转发抽奖活动。

(3)休闲食品知识问答。

七、活动实施

时间	事项	负责人员
2020.8.10—8.17	相关资料收集、整理与分析	王×、李×、张×
2020.8.18—8.24	网店开设及运营	杨×、赵×
2020.8.25—8.30	微博推广	孙×、黄×
……		

八、费用预算

线上网点运营费，产品试吃成本，人员推广费，其他费用。

九、预期效果

①产品知名度上升；②销售收入提高；③新增客户数量增加；④客户回购行为增加。

案例导入

一、典型案例

2020 年春节，一场突如其来的新冠肺炎疫情瞬间席卷全球，对第三产业产生了巨大的冲击，尤其是对餐饮业影响特别严重，很多餐饮企业经营陷入困境。重庆义门白家商业管理有限公司是一家集餐饮管理、食品研发与销售、农业项目综合开发、广告策划与宣传等为一体的综合性商业贸易公司。2020 年初，受新冠肺炎疫情影响，义门白家同其他餐饮企业一样产品销售举步维艰。疫情之下，义门白家根据市场环境及需求变化，积极采取自救措施，通过开通微信订餐的方式自建外卖渠道，在鼓励消费者自提的同时也对门店半径 2～3 km 范围提供配送服务。义门白家商业管理有限公司董事长陈华表示，这次疫情确实带给企业许多新的思考，未来将准备多开社区店、街边店。在疫情过后，也会把有些适合的门店改造成真正的便民菜摊，赋予其社区门店、社区食堂、生鲜便利店等多个功能和角色，结合当下重庆发展社区商业的相关政策，让义门白家走向更加便民、多元化的发展方向。

二、案例分析

突如其来的新冠肺炎疫情给各行各业带来了影响，对餐饮业也形成了严重冲击。据初步统计，疫情期间，78%的餐饮企业营业收入损失达 100%；9%的企业营收损失达到九成以上；7%的企业营收损失在七成到九成之间；营收损失在七成以下的仅为 5%。据亿欧网、恒大研究院等的调查数据显示，短短 7 天的春节假期，受疫情影响，仅餐饮行业直接经济损失高达约 5 000 亿元。义门白家在疫情之下，能够根据营销环境变化，充分分析营销环境因素，针对营销的优劣势做出正确判断，并通过微信订餐自建外卖渠道、对门店半径 2～3 km 范围内提供配送服务等积极有效的营救措施，减少了疫情影响的损失，开发了新的营销渠道，使企业在特别艰苦的营销环境中创造了营销佳绩。

任务设计与实施

一、任务实施内容

根据食品营销环境进行营销策划，以组为单位，选取大家感兴趣的一种本地食品（如网红脏脏包、自热小火锅、风味牦牛肉干等），进行营销环境调查，写出调查报告，在此基础上制订最适应营销环境的食品营销策划方案，各组在班级进行汇报交流。

二、任务流程设计

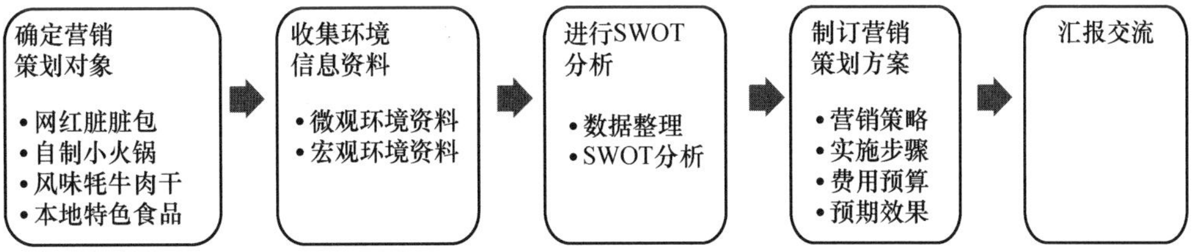

三、任务实施要求

(1)把学生分成若干小组,每个小组以 3～4 人为宜,以组为单位合作完成任务实施内容。

(2)根据食品营销环境进行营销策划,以小组为单位,根据调研主题,广泛查找和收集资料,完成宏观环境因素和微观环境因素分析素材的收集与分析。

(3)选取大家感兴趣的一种本地食品(如网红脏脏包、自热小火锅、风味牦牛肉干等),进行营销环境调查,分析该食品在本地区营销环境,撰写出最适应营销环境的食品营销策划方案,该方案应该包括:封面、目录、前言、摘要、正文部分(包括策划的背景、动机、环境分析、目标、营销策略、费用预算、实施步骤、预期效果、存在的问题及不足)、注意事项、参考文献资料、附录等。

(4)各小组制作 PPT 并派代表进行汇报讲解。

四、任务实施考核

请按照本项目任务一任务实施考核的内容与要求进行考核。

思考与练习

一、名词解释

食品营销环境　微观营销环境　宏观营销环境　营销中介　竞争者　社会公众

二、多项选择题

1. 菲利普・科特勒将食品营销环境分为(　　)。

A. 微观营销环境　B. 宏观营销环境　C. 直观营销环境　D. 客观营销环境

2. 食品营销环境的特征有(　　)。

A. 客观性　B. 差异性

C. 相关性　D. 多变性

E. 层次性

3. SWOT 分析指的是(　　)。

A. 优势分析　B. 劣势分析

C. 机会分析　D. 威胁分析

E. 需求分析

4. 下列属于食品企业微观环境的是(　　)。

A. 内部环境　B. 供应商

C. 营销中介　D. 顾客

E. 竞争者　　F. 社会公众

5. 下列属于食品企业宏观环境的是(　　)。

A. 人口环境　　B. 经济环境

C. 政治法律环境　　D. 科学技术环境

E. 自然地理环境　　F. 社会文化环境

6. 营销中介包括(　　)。

A. 顾客　　B. 实体分配公司

C. 营销服务机构　　D. 金融中介机构

E. 中间商

7. 按照顾客的购买动机,可将国内顾客市场分为(　　)。

A. 消费者市场　　B. 生产者市场

C. 中间商市场　　D. 政府市场

E. 国际市场

8. 食品企业所面临的公众主要有(　　)。

A. 金融公众　　B. 媒介公众

C. 政府公众　　D. 社团公众

E. 社区公众

9. 经济环境对食品企业的影响体现在(　　)。

A. 消费者收入水平　　B. 消费者支出模式

C. 储蓄　　D. 信贷

E. 经济发展水平

10. 社会文化环境包括(　　)。

A. 价值观念　　B. 风俗习惯

C. 宗教信仰　　D. 社会阶层

E. 审美观念

三、判断题

1. 食品营销微观环境与食品营销宏观环境之间是一种并列关系,食品营销微观环境并不受制于食品营销宏观环境,各自独立地影响企业的营销活动。(　　)

2. 食品营销环境是一个动态系统,其中每一环境因素都随着社会经济的发展而不断变化。(　　)

3. 面对目前市场疲软、经济不景气的环境威胁,企业只能等待国家政策的支持和经济形势的好转。(　　)

4. 食品企业营销人员可以通过恩格尔系数来衡量消费者的购买力,一般而言,恩格尔系数越大,说明人们生活水平越高,购买能力越强。(　　)

5. 顾客是食品企业服务的对象,也是营销活动的出发点和归宿,是食品企业最重要的营销环境因素。(　　)

6. 储蓄相当于推迟的购买力,信贷相当于预支的购买力。(　　)

7. 在经济全球化的条件下,国际经济形势也是企业营销活动的重要因素。(　　)

8. 许多国家政府对自然资源管理的干预有日益加强的趋势,这意味着市场营销活动将受

到一定程度的限制。(　　)

9. 科学技术的发展给企业营销活动既带来了发展机遇又造成不利的影响。(　　)

10. 道德对市场营销的影响多半是通过直接作用产生的。(　　)

四、简答题

1. 如何运用SWOT分析?

2. 食品营销环境有哪些方面?

3. 如何理解营销环境分析在食品营销策划中的地位与作用?

4. 如何制订最适应营销环境的食品策划方案?

二维码4-3　模块四
思考与练习参考答案

模块五

市场营销策略分析

项目一　食品目标市场选择

知识目标

1. 认识食品市场细分的内涵，掌握食品市场细分的主要依据。
2. 了解目标市场的含义，学会对目标市场的评估。
3. 了解食品企业精准定位目标市场的重要作用，并掌握精准定位目标市场的步骤与方法。

能力目标

1. 能够根据食品企业自身的实际情况进行科学的市场细分。
2. 能够有效地选择食品目标市场。
3. 能够熟练运用目标市场定位的步骤和方法，进行食品企业形象的打造。

素质目标

1. 在社会调查中培养学生团队合作和团队互助意识。
2. 熟悉企业文化，适应企业现代管理与依法规范自己行为的意识和习惯。
3. 培养学生善于思考、创新思维、把握商机、有效选择食品目标市场的专业素养。

项目概述

经过环境分析，企业发现了市场机会，结合自身优势企业可以将将市场机会变成企业经营机会。面对企业经营机会，究竟该开发市场的哪一块，这就是目标市场的取舍问题，即准确选择食品目标市场的问题。

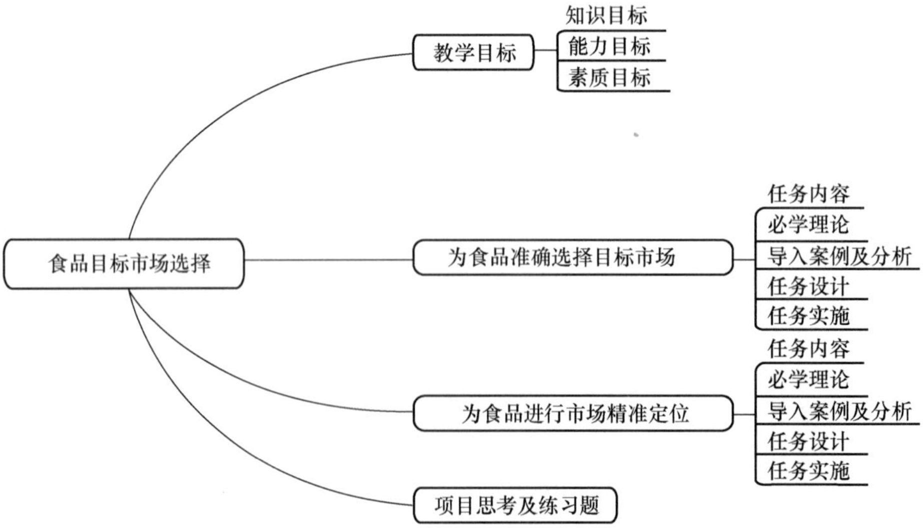

知识扩展

不同的消费习惯产生不同的目标市场

任何食品消费者都有着不同的购买习惯和要求。一种商品在上市时一般只能满足社会中一部分人的需求。比如地方特色鲜明的食品主要服务于本地，外地人不一定喜欢。山东临沂、泰安等一些地区将煎饼作为主食，“煎饼卷大葱”成为山东的美食名片，但我国南方地区则以米饭作为主食。为了充分利用本身可获得的有限资金和资源，充分发挥自己的经营优势，提供适合顾客需要的产品和服务，食品企业需要进行目标市场分析。

目标市场分析也称为STP战略，由市场细分(segmenting)、目标市场选择(targeting)和市场定位(positioning)组成。食品企业在进行市场营销时，必须科学地进行市场细分，正确选择目标市场，找准市场定位。

任务一　为食品准确选择目标市场

任务内容

认识目标市场的含义，学会对目标市场进行评估，并能够根据食品企业自身的实际情况选择有效的目标市场，完成食品目标市场选择报告。

必学理论

一、食品市场细分及目标市场的内涵

(一)食品市场细分的概念

食品市场细分，是指以食品市场中消费者的某些特征或变量为依据，将整个食品市场细分为若干需求不同的子市场，其中任何一个子市场中的消费者都具有相同或相似的需求特征，食品企业可以在这些子市场中选择一个或多个作为其目标市场。

(二)食品市场细分的重要作用

(1)通过市场细分，有利于掌握各细分市场的需求状况，使食品企业更好地发掘市场机会，开拓食品市场。

(2)通过市场细分，有利于食品企业集中人力、财力、物力投入目标市场，以取得局部竞争优势，发挥营销的效力。

(3)通过市场细分，有利于食品企业及时掌握各个细分市场消费者需求、竞争者策略的变化，从而及时调整营销策略。

(4)通过市场细分，有利于食品企业根据细分市场的容量和竞争状况合理分配营销预算，从而提高营销效益。

(三)食品目标市场的含义

食品目标市场就是食品企业期望并有能力占领和开拓,能为企业带来最佳营销机会与最大经济效益的具有大体相近需求、企业决定以相应商品和服务去满足其需求并为其服务的消费者群体。

二、食品市场细分的理论依据

(一)食品市场细分的原则

1. 可衡量性

所谓可衡量性,是指细分的市场必须是可以识别的和能够衡量的。这就要求细分出来的市场不仅要有明显的范围,而且也能估量该市场的规模及其购买力的大小。例如,某乳制品生产企业将牛奶市场分为儿童市场、青年市场、中老年市场,其特征极好辨认,而且能够用数据衡量市场规模。然而,如果将牛奶市场分为男性市场和女性市场就不太合适,因为细分后的市场特性模糊,难以测量。

2. 可营利性

所谓可营利性,是指食品企业进入的细分市场,其规模必须能够保证企业有利可图。如果市场规模太小,经济效益不大,那么该细分市场对企业营销就没有意义。例如,为身高 1.2 m 以下的成年人生产有增高功能的保健品,该细分市场的规模就过小,企业达不到足够的销售额,不适合作为目标市场。

3. 可进入性

所谓可进入性,是指目标市场是食品企业有能力进入且能够占据一定市场份额的。例如,某乳制品企业进行市场细分后,发现牛奶市场已有诸如伊利、蒙牛、三元等很多强大的竞争者,自己没有能力与之抗衡;该企业又细分出了羊奶市场,发现虽然有潜在的市场份额,但是由于自身缺乏相应的技术和原材料来源,没有能力满足市场需要。

(二)食品市场细分的标准

食品市场细分是以食品市场中消费者所具有的明显不同的特征作为分类依据的(表 5-1)。

表 5-1 食品市场细分标准

细分标准	细分变量因素
地理细分	国家或地区、城市和乡村、城市规模、自然环境、气候条件等
人口细分	人口总量、性别、年龄、文化程度、收入水平、社会阶层、家庭情况、宗教信仰、民族等
心理细分	购买动机、价值取向、社会阶层、生活方式、个性等
行为细分	消费者进入市场的程度、购买时机、使用频率、消费者追求的利益和偏好程度等

1. 地理细分

地理细分是按照消费者所处的地理位置或自然环境来划分市场。具体划分依据包括国家或地区、城市和乡村、城市规模、自然环境、气候条件等。跨国公司在市场营销实践中,习惯把国际市场划分为北美、拉美、非洲、西欧、亚洲、中东等。中国的国内市场可以细分为东北、西北、西南、华北、华中、华东和华南市场。处于不同地理环境下的消费者,对同一类产品往往形成不同的消费习惯和偏好，具有不同的需求特点。例如，火锅即使作为一种受到全国人民普遍喜爱的食品，受到气候和地理因素的影响，消费者偏爱的口味和吃法也有很大的不同，其在南方市场的销量总体而言高于北方市场。

2. 人口细分

人口细分是按照人口总量、性别、年龄、文化程度、收入水平、社会阶层、家庭情况、宗教信仰、民族等人口统计因素划分市场。人口因素是细分消费者群的最流行的依据。

由于人口细分的具体标准很多，总体市场可分为几十个甚至上百个细分市场。能够比较清楚地了解到人口的分类结构以及特征。比较常用的人口细分因素有以下几种。

(1)年龄和生命周期阶段。消费者的需要和欲望会随着他们年龄的增加而变化。一些公司运用年龄和生命周期细分法，为不同年龄和生命周期的消费者群提供不同的产品，或采取不同的营销方法。比如婴幼儿奶粉市场，按照使用者不同年龄阶段所需营养成分的差别，划分为一段、二段、三段等。

(2)性别。服装、化妆品和杂志行业一向采用性别细分法。近年来，其他行业的市场营销人员也开始注意采用性别细分的方法来挖掘市场机会。比如，在食品行业领域中，太太口服液、静心口服液等都是针对女性的细分市场。

(3)收入。按照收入进行市场细分的方法一直被广泛应用于产品和服务的市场营销中，例如汽车、服装、化妆品、金融业务和旅游等。在食品领域，随着人们生活水平的提高，有机食品、进口水果等针对高收入消费群体的市场规模逐年扩大。

(4)教育。消费者的需要和欲望会随着他们受教育程度的不同而有差异。一般教育培训产品与教育程度有很密切的关系。

依据人口细分市场，可以使用单变量细分，也可以使用多变量细分。比如，蛋糕店可以按照“年龄”“性别”“收入水平”三个变量细分市场，将其生日蛋糕种类分为儿童、青年、老人、男性女性、高端、大众等，并将符合细分市场的产品特色体现在生日蛋糕的外观和原料上，以符合不同消费者的差别化需求。

3. 心理细分

心理细分是按照消费者的心理特征来细分市场，具体变量包括购买动机、价值取向、社会阶层、生活方式、个性等。按照社会阶层可以把市场细分为蓝领阶层、灰领阶层、白领阶层和金领阶层；按照生活方式可以分为时髦市场、朴素市场和随俗市场等。以咖啡市场为例，国内一般的咖啡消费者多数选择购买速溶咖啡，但对生活品质要求更高的白领及金领阶层，或有国外生活背景的消费者则多选择现磨咖啡。

4. 行为细分

行为细分是根据消费者不同的购买行为来细分市场，其变量包括消费者进入市场的程度、购买时机、使用频率、消费者追求的利益和偏好程度等。例如，按照顾客的购买时机，春节、圣诞节、国庆节、情人节、中秋节等节日，都是食品行业的市场机会；按照消费者进入市场的程度，经营进口食品的企业可以将市场细分为未使用者、曾经使用者、潜在使用者、初次使用者和经常使用者五个子市场；按照消费者的使用频率，销售大米的企业可以将其包装划分为散装、5 kg装、10 kg装等。

案例链接

麦当劳瞄准细分市场需求

一、麦当劳根据地理要素细分市场

麦当劳有美国国内和国际市场，世界各地都有各自不同的饮食习惯和文化背景。麦当劳进行地理细分，主要是分析各区域的差异。每年，麦当劳都要花费大量的资金进行认真的、严格的市场调研，研究各地的人群组合、文化习俗等，再撰写详细的细分报告，以使每个国家甚至每个地区都有一种适合当地生活方式的市场策略。

二、麦当劳根据人口要素细分市场

通常人口细分市场主要根据年龄、性别、家庭人口、生命周期、收入、职业、教育、宗教、种族、国籍等相关变量，把市场分割成若干整体。而麦当劳对人口要素细分主要是从年龄及生命周期阶段对人口市场进行细分，其中，将不到驾驶年龄的界定为少年市场，将 20～40 岁的年轻人界定为青年市场，还界定了老年市场。

三、麦当劳根据心理要素细分市场

根据人们生活方式划分，快餐业通常有两个潜在的细分市场：方便型和休闲型。在这两个方面，麦当劳都做得很好。例如，针对方便型市场，麦当劳提出"59 秒快速服务"，即从顾客开始点餐到拿着食品离开柜台标准时间为 59 秒，不得超过一分钟。针对休闲型市场，麦当劳对餐厅店堂布置非常讲究，尽量做到让顾客觉得舒适自由。麦当劳努力使顾客把麦当劳作为一个具有独特文化的休闲好去处，以吸引休闲型市场的消费者群。

麦当劳对地理、人口、心理要素的市场细分是相当成功的，不仅在这方面积累了丰富的经验，还注入了许多自己的创新，从而继续保持着餐饮霸主的地位。

(三)食品市场细分的步骤

山东帝园食品有限公司成立于 2003 年，公司占地 10 hm^2，坐落于山东昌邑经济开发区内，紧靠 206 国道，有自营进出口经营权和卫生注册，通过 ISO 9001 国际认证，是潍坊市重点农业龙头企业。公司主要生产脱水蔬菜，烘干车间 16 个烘箱，年处理新鲜果蔬 30 000 t，干品年生产能力 2 000 t，真空干燥 1 000 t。其产品出口到日本及欧美和东南亚等地区，在国内脱水蔬菜市场也占有一定的份额。近年来，公司深挖市场需求，力求开发新产品。为此，公司在现有生产能力的基础上进行了食品市场细分。

食品市场细分主要经过以下程序来完成。

1. 选择市场范围

依据食品企业的经营目标，展开深入细致的调查研究，分析市场消费需求动向，确定市场经营范围。上述案例中，帝园食品公司有一定经营基础，经营目标是在企业原有生产能力基础上继续创新出新产品。通过对消费需求动向的分析，企业认为消费者喜欢能够保持食品天然营养成分和营养结构，利于营养吸收的食品。

2. 选择市场细分的标准

选择一定的细分标准来细分市场，消费者市场常见的细分标准有地理位置、性别、年龄、收入、购买动机、职业等。在案例中，帝园食品初步选择常用的地理位置、年龄、收入、购买动机、原材料、消费者的生活方式等作为细分标准。

3. 进行初步细分

食品企业根据选定的市场范围和市场细分标准，对目标市场进行初步细分。在案例中，帝园食品在目前生产能力的基础上，进行了如下细分(表 5-2)。

表 5-2 细分标准和子市场划分

细分标准	子市场
地理位置	国际市场、国内市场
年龄	儿童、青年、老年市场
收入	低、中、高消费市场
购买动机	自己使用、送给别人
产品大类	生鲜、干品、酱菜
原材料	蔬菜、水果又可以继续细分为各蔬菜水果品种
消费者的生活方式	追求健康、追求时尚、追求节俭

4. 对初步细分的市场进行筛选

食品企业对初步细分的市场进行调查分析，确定各个细分市场的特点，剔除特点不突出的一般性消费需求因素，合并特点类似的消费需求因素。在案例中，帝园食品在初步细分的基础上，认为新产品需要进行市场调试，应先试水国内市场，因此将国外市场剔除；低收入的中老年市场和追求节俭的消费者群体，带来的市场利润较低，将其剔除；很多儿童和青少年不太爱吃蔬菜水果，而家长希望其多吃，并想为孩子提供高品质的蔬菜水果食品，或可有所作为。

5. 分析估量各个细分市场的规模和性质

在各个细分市场的范围确定后，仔细审查估量各细分市场的大小、竞争状况和变化趋势等。在案例中，帝园食品经过分析得出以下结论：公司生产能力主要在烘干、冻干蔬菜水果的深加工上，目前食品市场中消费者对休闲食品的喜爱程度日渐增加，儿童和青年市场消费能力逐年攀升，市场不断扩大，公司原有的脱水蔬菜产品没有独特性，面向中老年群体的生鲜和酱菜类难有作为。

6. 选择目标市场

通过分析，食品企业可能会发现若干预期盈利的细分市场，将这些细分市场排序后，最终确定可以进入的市场。在案例中，帝园食品通过分析发现，休闲类蔬果干食品预计能受到儿童和青年人的欢迎，可以作为薯片类小零食的替代品，如果能在生产过程中，保留营养并保证健康，也将受到家长的认可，定价可以稍高，会是利润不错的市场。进而对各种蔬菜和水果进行排序，决定先以休闲、好吃、健康的苹果干为突破口进行新产品研制。

三、食品目标市场的评估

食品企业在进行市场细分之后，需要对细分出来的市场进行正确的评价。通过对消费者规模、需求、企业未来收益等若干指标进行量化分析，衡量不同细分市场的价值，对目标市场做出比较可靠的判断，以便根据每一目标市场的价值有效地分配营销力量，争取用最低的成本获得最高的效益。

食品企业在评估不同的细分市场时，必须考虑到以下三个因素。

（一）细分市场的规模和增长程度

在选择目标市场时，食品企业首先要弄清潜在的细分市场的规模及增长程度是否恰当。恰当的规模，是相对而言的。大型的食品企业一般应选择那些潜在销售量较大的细分市场，而小型的食品企业则通常会避免选择那些大市场。一是因为大的市场需要的资源太多，小型企业无法驾驭；二是因为这些市场对大企业太有吸引力，小型企业不具备与大型企业竞争的能力。

蒙牛集团是一家全国知名的大型乳制品企业，其乳制品囊括白奶系列、高端奶系列、乳饮料系列、花色奶系列、儿童奶系列、冰激凌系列、蒂兰圣雪系列、“冰＋”系列等几十个品种，斩获中国乳品市场占有率冠军；与之对比，位于山东省淄博市的得益乳业，产品种类主要包括鲜奶、酸奶、乳饮料等，则主要面向山东本地市场。至于细分市场增长程度，需要辩证地进行考虑。每个企业都希望自己的销售额和利润不断增长，但这样一来，竞争者会更加迅速地打进这一市场，反而可能使本企业的利润降低。

（二）细分市场的吸引力

一个细分市场，即便其规模和增长程度可能是恰到好处的，但从可营利性的观点看，还不一定就具有吸引力。有五种威胁可能使有关的细分市场失去吸引力。

1. 同行业竞争的威胁

如果某个细分市场已经有了为数众多的、强大的或者竞争意识强烈的竞争者，该细分市场就失去吸引力。如果出现下列情况：该细分市场处于稳定或者萎缩的状态；生产能力不断大幅度扩大；固定成本过高；退出市场的壁垒过高；竞争者投资很大，那么想要坚守这个细分市场，情况就会更糟。这些情况进而会导致价格战、广告争夺战、不易推出新产品，因此企业要参与竞争就必须付出高昂的代价。

大米，作为生活必需品，因其巨大的需求空间，一直以来吸引了无数资本和厂家进入该行业。截至 2019 年，我国大米行业相关企业约 3 622 家，规模以上企业数量不断增长，竞争相当激烈，利润率一向偏低。

2. 新参加者的威胁

如果某个细分市场可能吸引新的竞争者，他们会增加新的生产能力和大量资源，并争夺市场占有率，这样就使这个市场失去吸引力。

随着我国经济发展和居民消费水平的提高，休闲食品成为人们日常消费中的重要组成部分，休闲食品行业市场需求量持续增长。成立于 2012 年的三只松鼠瞅准市场机遇，乘着电商东风已经做到了单年成交额突破 100 亿元，跑赢了比自己年长很多的同业态零食企业。

3. 替代产品的威胁

如果某个细分市场现正存在替代产品或有潜在的替代产品，该细分市场便失去了吸引力。替代产品会限制细分市场内价格和利润的增长，食品企业应密切注意替代产品的价格趋向。如果这些替代产品行业中技术有所发展，或者竞争日趋激烈，这个细分市场的价格和利润可能会下降。

多年来受到儿童和青年人喜爱的薯片，因其含有大量油脂和高盐分，被称为垃圾食品。当前，人们越来越重视健康，传统油炸薯片对消费者的吸引力逐渐降低，找到传统薯片的替代产品意义重大。某企业从消费者对休闲食品的健康需求出发，主打山药传统保健功效，“山药薄片”一经推出就获得了消费者的高度认可，出现了供不应求的局面。

4. 购买者议价能力加强的威胁

如果某个细分市场中购买者的议价能力很强或正在加强，该细分市场就没有吸引力。这时，购买者便会设法压低价格，对产品质量和服务提出更高的要求，并且使竞争者互相争斗。所有这些都会使食品销售商的利润受到损失。

如某些年份由于大蒜产量显著增加，市场上出现供过于求现象，大蒜收购商会压低进价，而种植户因为急于出售，也会牺牲利润空间。

5. 供应商议价能力加强的威胁

供应商威胁买方的手段主要包括提高供应价格和降低供应产品或服务的质量。在市场中没有替代品、产品或服务是独一无二的且转换成本很高、供应商的产品对客户的生产业务很重要、企业的采购量占供应商产量比例很低等情况下，供应商的议价能力就非常强，该企业所在的细分市场就没有吸引力。

如前例中的“山药薄片”，因其极受消费者欢迎，供应市场的数量又有限，该企业与经销商谈判时，议价能力就比较强，经销商的利润空间就相应减少。

（三）企业的目标和资源

即使一个细分市场既具有适当的规模和增长速度，又具有吸引力，食品企业还必须与其目标和资源联系起来考虑。有些很有吸引力的市场，由于它们与企业的长远目标不吻合，也可能要被放弃。食品企业要考虑自身的技术和资源情况，如果没有足够的资源以及比竞争者更高一筹的技术，能生产出更优质的产品，那么也不能选择这一细分市场。

20 世纪 80 年代末，国内肉制品加工刚刚起步，高温产品大行其道，其价格低廉，迎合国人的消费需求，且生产设备与工艺简单，在当时市场成熟、投资少、见效快，稳赚不赔。而欧洲的肉制品加工技术已经成熟，风靡欧洲的肉制品被称为低温肉，运用先进的低温工艺，不破坏肉类的纤维组织和自然营养成分，并且口感细嫩、滋味鲜美。当时低温肉为国内空白，进口设备昂贵，消费者概念模糊，市场需要慢慢培养，投资风险很大，但得利斯集团还是决定不惜投入巨资引入设备，潜心研制出中国市场上第一批低温肉制品。原因就在于，高温肉制品营养大量损失，早已被发达国家所摒弃，让消费者吃到更健康的食品是企业的根本目标。

四、食品目标市场的选择

食品目标市场选择是指食品企业在细分出若干子市场之后，根据自身条件和特点，决定要进入的市场(图 5-1)。市场细分和目标市场选择既有区别又有联系，市场细分是将整个市场划分为不同的消费群，目标市场选择是企业根据自身条件和特点选择一个或几个细分市场作为营销对象的过程。市场细分是目标市场选择的前提和条件，目标市场选择是市场细分的目的和归宿。

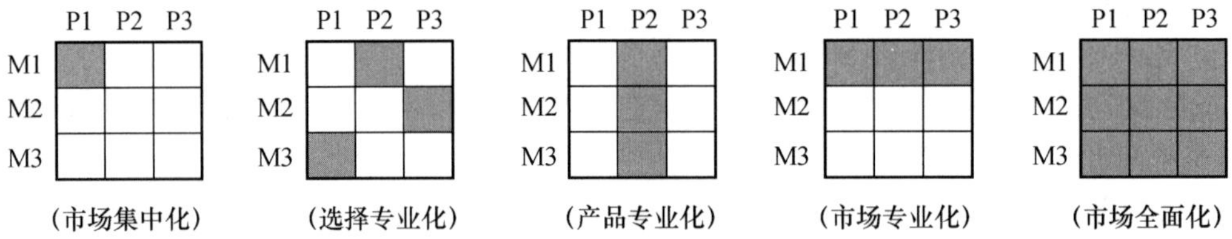

P 代表产品种类,M 代表市场种类

图 5-1 选择国际目标市场策略

(一)选择目标市场的类型

1. 市场集中化

企业只选取一个细分市场,只生产一类产品,供应单一的顾客群,进行集中营销。例如,某食品企业只生产儿童饼干。

2. 选择专业化

企业有选择性地进入几个细分市场,为不同顾客群提供不同性能、款式和质量的同类产品。例如,某罐头生产企业经过调研,发现水果罐头市场和鱼罐头市场具有良好的市场发展前景,确定生产低档水果罐头市场和中档鱼罐头。

3. 产品专业化

企业集中生产一种产品,并向各类顾客销售这种产品。例如,某食品企业只生产山楂类产品,向各年龄段、各种职业、各类用户销售。

4. 市场专业化

企业专门经营某一顾客群体需要的性能有所区别的同类产品。例如,某生产辣酱的食品企业以喜欢吃辣的人群作为目标市场,根据其需求生产特辣、中辣、微辣三种不同辣度的辣酱,以满足不同消费者对辣度的需要。

5. 市场全面化

企业生产多种产品去满足各种客户群体的需要。一般来说,只有实力雄厚的大公司会采取这种策略。例如,康师傅生产多种口味方便面及矿泉水、冰红茶等很多种类的食品,以满足不同消费群体的要求。

案例链接

星巴克在中国是怎样进行市场定位的呢?

1. 星巴克征服的不仅仅是消费者的胃

在网络社区、博客或是文学作品的随笔中,不少人记下了诸如“星巴克的下午”这样的生活片段,似乎在这些地方每天发生着可能影响着人们生活质量与幸福指数的难忘故事。这种细腻的感情、美妙的感觉,不仅仅是偶然地在一个消费者心中激起涟漪,而是形成一种广泛的消费共鸣。我们不得不承认,星巴克的成功与准确的品牌定位不无关系。

2. 星巴克的“第三空间”

星巴克选择了一种“非家、非办公”的中间状态,星巴克不是提供服务的咖啡公司,而是提供咖啡的服务公司。因此,作为“第三空间”的有机组成部分,音乐在星巴克已经上升到了仅次于咖啡的位置，它本身已经成了星巴克的一个很重要的商品。星巴克的音乐确确实实让人感受到在消费一种文化，催醒人们内心某种也许已经快要消失的怀旧情感。

3. 产品中国化

星巴克利用自己独特的消费环境与目标人群，为顾客提供精美的商品和礼品。商品种类从各种咖啡的冲泡器具，到多种式样的咖啡杯。在中秋节等中国特色的节庆时，还推出“星巴克月饼”等。

“我不在星巴克，就在去星巴克的路上”，传递的是一种令人羡慕的“小资”生活，这就是品牌定位的魅力。

(二)选择目标市场营销战略

1. 无差异性营销战略

实行无差异性营销战略的企业把整体市场看作一个大的目标市场，不进行细分，用一种产品、统一的市场营销组合对待整体市场(图 5-2a)。无差异性营销策略只考虑消费者或用户在需求上的共同点，而不关心他们在需求上的差异性。此种战略最大的优点在于成本的经济性，生产单一产品可以大批量生产以降低成本，无差异的广告宣传和促销活动可以减少促销费用，不进行市场细分也可以减少市场调研和产品研制开发、制订各种营销组合方案等方面的费用。但是，由于消费者需求偏好的复杂性，某种产品或品牌受到市场的普遍欢迎是非常少见的，而且无差异也容易引起市场效仿，造成市场上某个局部竞争非常激烈，而其他部分需求却没有得到满足。这种策略对于消费者需求广泛、市场同质性高且能大量生产、大量销售的食品产品比较合适。例如，消费者对食盐的需求同质性高且广泛，各种品牌的食盐在品质、成分和包装上都没有太大的区别，也很少有食盐生产企业进行广告、促销等营销活动，此类产品可以采用无差异性营销策略。

2. 差异性营销战略

差异性营销战略是把整体市场划分为若干需求与愿望大致相同的细分市场，然后根据企业的资源及营销实力选择两个以上甚至全部细分市场作为目的市场，并为各目标市场制定不同的市场营销策略(图 5-2b)。该营销战略最大的优点是可以针对性地满足不同特征的顾客群的需求，提高产品的竞争能力。由于产品品种、销售渠道、广告宣传的扩大化与多样化，市场营销费用会大幅度增加。例如，某乳制品企业把整体市场按照年龄细分为几个市场，分别制定不同的营销组合策略：针对婴幼儿市场提供助长、健脑和壮骨的奶粉；针对老年人推出补钙、补铁等奶粉；针对中青年女性推出低脂、脱脂奶粉等等，同时制定相应的渠道、促销策略。

3. 集中性营销战略

集中性营销战略是指企业在将整体市场分割成若干细分市场之后，只选择其中某一细分市场作为目标市场，为该市场开发一种理想的产品，实行集中营销(图 5-2c)。该战略适合资源稀少的小企业，这些小企业如果与大企业硬性抗衡，弊大于利，因而必须学会寻找对自己有利的微观生存环境。例如，河南某乡镇企业根据市场需要，集中力量开发辣条类产品，而舍弃了其他产品，由于该产品品种多样，口味良好，受到国内外客户的欢迎，一跃成为国内知名品牌。该种战略的不足是经营者承担风险较大，如果目标市场的需求状况突然发生变化，目标消费者的兴趣突然转移或是市场上出现了更强有力的对手，企业就可能陷入困境。

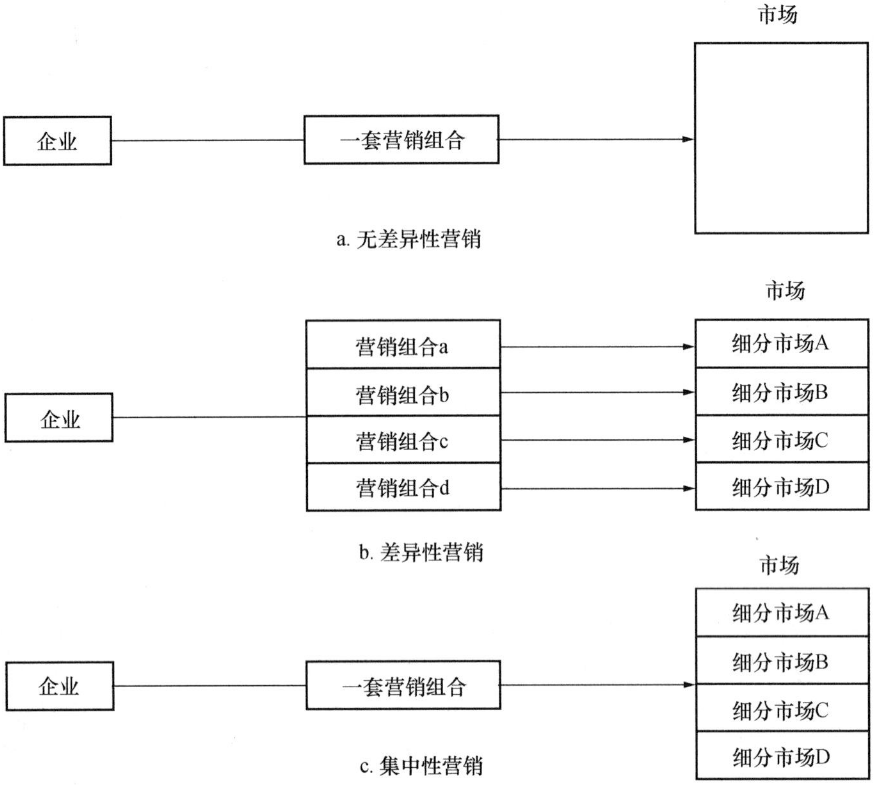

图 5-2 目标营销战略的类型

案例导入

一、经典案例

潍坊乐港食品股份有限公司批准成立于 1993 年 1 月，注册资金 2.17 亿元，为目前国内配套最完善、质量最好、出口产品最多的肉鸭生产经营企业之一，现有总资产 36 亿元，年产值 30 亿元，为潍坊市“农业产业化十佳龙头企业”、山东省“大型工业企业”、山东省“百强民营企业”和全国“农业产业化国家重点龙头企业”。

公司位于山东省昌乐县红河镇，地处山东沿海经济开放区腹地，距济南、青岛均不足 200 km，自然、经济及社会条件优越。公司下设种鸭场、孵化场、标准化商品鸭场、饲料厂、肉鸭加工冷藏厂、熟制品加工厂等 70 多处生产经营单位，形成了完善的肉鸭“一条龙”生产体系。年肉鸭饲养加工能力 4 000 万只，年可加工各类肉鸭产品 15 万 t。

公司肉鸭系引进英国樱桃谷 SM3 型良种，肉质好、抗病力强、饲料报酬高，其加工产品作为一种高档肉制品，具有广阔的市场。公司设施设备配套先进，主体加工设备引进荷兰、丹麦的世界一流水平家禽宰杀线；厂房建筑设计科学，卫生设施配套齐全，符合出口食品厂库卫生注册要求。公司建立健全食品安全卫生质量控制体系：通过了 ISO 9000、ISO 22000、HACCP、GAP、SC、BRC、IFS 等体系认证，并有效贯彻执行 GMP、SSOP 等良好操作规范；实现了“五统一”控制管理，推进了源头养殖环节的标准化生产；质量检测中心下设微生物、禽病、药残及饲料化验室，专业检化验力量雄厚，能够对各种微生物指标、动物疫病、兽药残留、饲料成分等进行精密检测控制。公司投入巨资建设热电厂和污水处理厂各一处，安全、环保各项标准均达到最高要求，为公司一条龙产业链保驾护航。

公司现已开发冷鲜、冰冻、蒸煮、电烤、烟熏、酱卤、春卷、罐头、休闲食品等系列产品，建立了完善的市场营销网络，出口欧盟、日本、韩国、美国、加拿大、瑞士、南非及东南亚、中东、东欧等数十个国家，并在国内各大中城市设立代理机构，产品销售遍布全国各地。

目前，公司产品分为四大类：出口产品，包括北京烤鸭、去骨烤鸭、香酥鸭、鸭胸肉等；罐头产品，包括军供食品罐头系列、午餐肉罐头、红烧狮子头罐头等；休闲食品，包括鸭掌、鸭脖、鸭翅、休闲食品大礼包等；生鲜食品，包括整鸭、鸭头、鸭舌、鸭心等。（摘自企业官方网站）

二、案例分析

（1）通过分析案例提供的信息，乐港集团的市场细分标准有地理细分、心理细分、行为细分、人口细分等。

根据地理细分标准，把产品分为国内市场和出口市场，国内市场品种更多，出口市场则侧重于包装精美、中国特色口味的熟食制成品，以满足国外客户或国外华人的口味需求；根据心理细分标准中的购买动机是自己使用还是送给亲朋好友，分为普通装和礼盒装；根据行为细分标准中的消费者追求的利益和偏好程度，分为熟食类、生鲜类、罐头类，又根据消费者口味的不同，分为午餐肉、狮子头、鸭脖、鸭心、鸭掌等不同的口味；根据人口细分标准中的年龄，分为年轻人更喜欢的休闲食品和中老年人、家庭主妇更愿意选择的生鲜类。

二维码 5-1　汇源果汁的衰败

（2）通过市场细分，企业规划出更多产品种类，以满足市场上不同消费者对产品种类、口味、包装的不同需求，市场覆盖率提高，并能够集中力量对不同大类产品进行不同程度的侧重，采取适应目标客户的营销方式有针对性的提高销售量。

任务设计与实施

一、任务实施内容

以小组为单位，为食品准确选择目标市场，选定某一食品作为市场细分对象，组织一次市场细分活动；收集相关资料并整理、汇总和分析；根据研究结果，提交一份食品目标市场选择报告，并在班级汇报交流。

二、任务流程设计

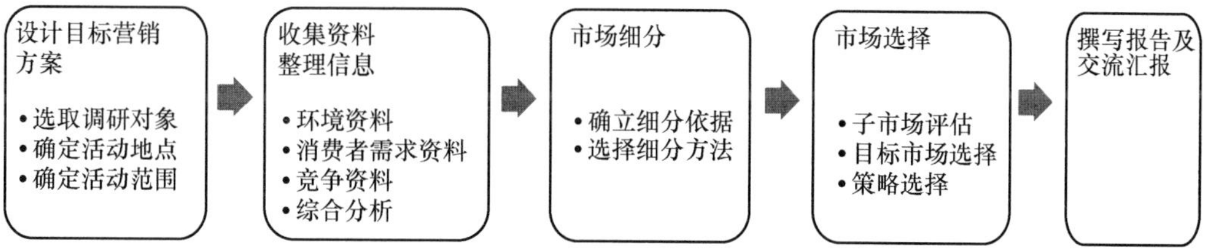

三、任务实施要求

（1）把学生分成若干小组，每个小组以 3～4 人为宜，科学合理分工，要求每个同学参加。

（2）以小组为单位，为食品准确选择目标市场，根据调研主题，选定某一食品作为市场细分对象，广泛查找资料和收集情况，完成目标市场细分内容素材的收集、归纳、整理与分析。

（3）以小组为单位写出食品目标市场选择报告，要求格式规范，字数在 2 000 字以上。

（4）各小组制作 PPT，派代表进行课堂汇报并进行观点讨论。

四、任务实施考核

表 5-3　任务实施考核

考核类别	考核项目	考核要点	考核分值	考核方式			
				自我评价	组内评价	组间评价	教师评价
专业技能（60%）	调研方案设计	方案设计合理性	10				
		小组分工合理性	5				
		数据真实性、可靠性	5				
	任务实施过程	市场细分准确性	5				
		目标市场选择准确性	10				
		任务实施过程中的表现和贡献	10				
	任务实施成果	目标市场选择报告规范性	5				
		PPT 制作规范性	5				
		PPT 汇报答辩流畅性	5				
职业素养（40%）	学习态度和纪律性		8				
	发现问题、解决问题的能力		8				
	团队协作能力		8				
	沟通能力		8				
	吃苦耐劳精神		8				

任务二　为食品进行市场精准定位

任务内容

认识食品企业精准定位目标市场的重要作用，并掌握精准定位目标市场的步骤与方法，提交一份食品市场精准定位策划报告。

必学理论

一、精准定位目标市场是营销策划的重要组成部分

食品市场定位是指食品企业根据所选目标市场的竞争情况，即竞争者现有产品在市场上所处的位置，针对消费者对产品某些特征或属性的重视程度，凭借自身优势为本企业产品塑造与众不同、个性鲜明的形象，并把这种形象有效传递给消费者，从而确定该产品在市场上所处的位置。食品企业市场定位的核心内容是设计和塑造产品的特色或形象。以矿泉水为例，冰露矿泉水定位于“价格低廉、品质安全”，农夫山泉矿泉水则定位于“价格中端、天然健康”。

市场定位对于企业发展有着重要的作用。市场定位能创造差异，有利于塑造企业特有的形象；市场定位能适应细分市场消费者或顾客的特定要求，以更好地满足消费者的不同需求；市场定位能整合企业现有资源，重点发力，形成竞争优势。

案例链接

依云品牌在中国市场已经被确立为“身份消费”的专属品。超过50%的五星级酒店、近90%的高档消费场所、95%以上的一线娱乐明星均指定依云作为其饮用水消费的唯一产品，其已经成为高端消费人群的身份象征。依云产品瞄准的是中国月收入在6 000元以上的年轻人市场，这一市场人数在2013年已经超过3 000万人。依云品牌战略的成功因素有以下几点：

(1)依云品牌的“纯粹观”。依云矿泉水的商标意义：从来没有任何人触碰，纯粹大自然的完美产品。依云矿泉水对待市场是“纯粹”的，专心做矿泉水品牌。这种对品牌的执着和诠释，使得几乎没有任何因素能削弱它在高端纯净水市场上的地位。

(2)清晰的品牌定位。依云矿泉水的定位非常明确，330 mL的矿泉水在中国售价为15～20元，是矿泉水中的高端品牌。

(3)品牌文化的延伸。依云不仅仅是一瓶矿泉水，还是一个概念，一种生活方式。在喝依云的时候，了解它的人会想到高山积雪在阿尔卑斯山经过天然过滤及冰川沙层的矿化，从而有一种天然、纯净的感受。

(4)品牌创意传播的影响力。依云频频与社会名流接触，并作为一些重要场合的指定饮品。这种独特的价值分享带给消费者独特的体验，也将依云的品牌价值准确地传递出去，从而成功地征服消费者，影响和改变着消费者的价值观念以及消费心理。

二、精准定位目标市场的步骤与方法

(一)精准定位目标市场的步骤

目标市场定位的方法可分成四个具体的操作步骤。

1. 建立市场结构图

任何一种产品都有许多属性或特征，如价格的高低、质量的优劣、规格的大小、功能的

多少等。其中任何两个不同的属性变量就能组成一个坐标，从而构建起一个目标市场的平面图。

以产品的价格和质量分别作为变量建立一个坐标系来分析目标市场是非常普遍的，因为任何产品的这两个属性特点都是消费者最关心的(图 5-3)。当然，根据不同的产品，企业也可选择消费者关心的其他属性。

2. 在市场结构图上大致描绘出竞争状况

目标市场定位的第二步就是在市场结构图上标明现有竞争者的位置(坐标平面上的点)及其市场份额大小(圆圈的面积)。以图 5-3 为例，A、B、C、D、E 五个圆圈分别代表目标市场上已有的五个竞争者，圆心的坐标反映其在目标市场中的实际定位，圆圈的面积大小则说明各个竞争者的销售额大小。我们可以看到，A 是该食品市场中颇有声望的企业，它生产的是优质优价的产品；B 企业与 A 企业在同一定位中，但其采用避强定位，产品价格和质量都低于 A；C 企业的定位为高质低价；D 企业占据着低档产品市场部分，以低价提供低质的产品；E 企业以高价提供着质量低劣的产品，简直是市场骗子形象。这五个企业中 B 企业的销售情况最好，市场份额最大。E 企业的市场份额最小。完成上述工作，企业就能得到一张详细的“作战图”，“对手”的分布和实力都一目了然。

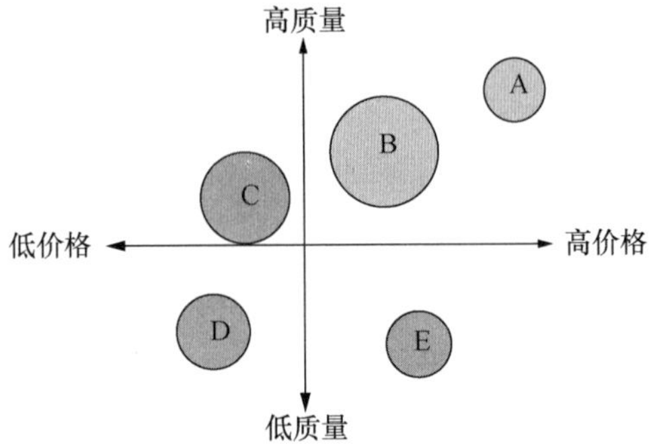

图 5-3 市场结构示意图

3. 初步确定定位方案

营销策划人员可以试着将代表本食品企业的“小旗”插到“作战图”的不同位置，每一种位置意味着一种定位方案。分析、评价各种可能的方案后，选出最理想的作为初步的定位，经有关部门详细论证后，由企业决策者确定。

4. 修正定位方案和再定位

食品企业的市场定位是否准确是关系企业成败的关键，所以在初步定位完成后，还应做一些调查和试销工作，及时找到偏差并立即纠正。

即使初步定位正确，还应看到市场环境的动态变化，随时准备对产品进行再定位。一般来说，三种变化可能促使企业考虑再定位：一是消费需求的萎缩或消费者偏好的转移；二是竞争者定位策略和实力的改变，并威胁到企业在目标市场的发展；三是企业自身的变化，如掌握一种尖端生产技术，使生产成本大幅度下降或能生产原先不能开发的产品。

再定位可以视为企业的战略转移。前后定位的差异可视为转移的距离，通常再定位可能导致产品的名称、价格、包装和品牌的更改，也可能导致在产品的用途和功能上的变动。企业必须考虑定位转移的成本和新定位的收益问题。

(二)精准定位目标市场的方法

1. 避强定位

避强定位是指食品企业避免与强有力的竞争对手发生直接竞争，而将自己的产品定位于另一市场的区域内，使自己的产品在某些特征或属性方面与强势对手有明显的区别。这种策略可使企业迅速在市场上站稳脚跟，并在消费者心中树立起一定形象。由于这种做法风险较小，成功率较高，常为多数企业所采用。

案例链接

七喜在生产饮料时采取了独特的定位方式。为了体现自己的特色，它发动了“无咖啡因”战役。约 350 mL 的可口可乐含有 34 mg 的咖啡因，而等量的百事可乐则含 37 mg。七喜的广告词：“你不是不愿意让你的孩子喝咖啡吗？那么为什么还要给孩子喝与咖啡含有等量咖啡因的可乐呢？给他非可乐，不含咖啡因的饮料——七喜！”

七喜请赫赫有名的球星麦格罗出现在屏幕上。在这一广告中，多种饮料排列在一起，其中有可口可乐、百事可乐、七喜等，麦格罗先问大家哪一种饮料不含咖啡因，然后，他一一指着不同的品牌说：“不是这种，不是这种，也不是这种”。最后，七喜汽水出现在屏幕上，麦格罗喊道：“就是这种！七喜汽水不含咖啡因，将来也不含咖啡因。”

2. 迎头定位

迎头定位是指企业根据自身的实力，为占据较佳的市场位置，不惜与市场上占支配地位、实力最强或较强的竞争对手发生正面竞争，从而使自己的产品进入与对手相同的市场位置。由于竞争对手强大，这一竞争过程往往相当引人注目，企业及其产品能较快地被消费者了解，达到树立市场形象的目的。这种策略可能引发激烈的市场竞争，具有较大的风险。因此，企业必须知己知彼，了解市场容量，正确判定凭自己的资源和能力是不是能比竞争者做得更好，或者能不能平分秋色。例如，乳品行业中，作为伊利的竞争对手，蒙牛的市场定位就是迎头定位。

3. 创新定位

创新定位又叫作补缺定位，就是在市场中寻找新的尚未被占领但有潜在市场需求的位置，填补市场上的空缺。RIO 鸡尾酒不同于传统的白酒、啤酒、洋酒，是一种果汁型的预调鸡尾酒，是一个全新的品类，其定位是“social drinking”以及年轻化，并且主打“女性、白场、尽兴不失态”的差异性特征。其定位的核心就是在竞争激烈的市场环境中，不是去抢占品类大牌的山头，而是开创新品类，成为第一，从而抢占新的市场。

4. 重新定位

重新定位是指食品企业对销路少、市场反应差的产品进行二次定位。初次定位后，如果由于顾客的需求偏好发生转移，市场对本企业产品的需求减少，或者由于新的竞争者进入市场，选择与本企业相近的市场位置，这时，企业就需要对其产品进行重新定位。一般来说，重新定位是企业摆脱经营困境，寻求新的活力的有效途径。此外，企业如果发现新的产品市场范围，也可以进行重新定位。

案例链接

红罐王老吉在消费者心中原有的定位是药茶。当成药服用，无须也不宜经常饮用，消费者有心理障碍且购买量有限。营销专家从战略定位入手，将王老吉从药茶重新定位为饮料，明确红罐王老吉是一种功能饮料，改变了红罐王老吉的类别属性，为红罐王老吉从区域市场走向全国市场和挖掘潜在需求扫除了障碍。预防上火的饮料是红罐王老吉的品牌定位主张，由此而采用的广告口号是“怕上火，喝王老吉”。

在饮料行业中与其他饮料竞争，年轻人是重要的目标市场。红罐王老吉为了争取年轻消费者群，避免过时、老化、落伍的老字号形象，与“传统凉茶”区分开来。采取了以注入品牌新元素为主导的策略，即利用时尚元素激活老字号。

案例导入

一、经典案例

白酒对于中国人而言从不陌生，中国的酒文化源远流长。凡是中国人的聚会都离不开白酒，婚丧嫁娶、朋友相聚、良辰佳节，可以说是无酒不欢，白酒承载起了诸多感情。酒俗、酒礼等酒文化成为一项重要的生活内容。过去几十年，市场上对酒文化的塑造主要集中于高档尊贵。知名的白酒品牌基本都在强调古法酿造、历史深厚、原料优秀上做文章。网络上曾经有经典的段子形容中国的白酒市场：茅台卖“贵”，五粮液卖“尊”，剑南春卖“喜”，国窖 1573 卖“历史”，郎酒卖“红”，水井坊卖“高尚”，洋河卖“情怀”，金六福卖“福”，董酒卖“密”，古井贡酒卖“年份”，泸州老窖卖“老”，酒鬼酒卖“醉”，汾酒卖“馆藏”。这些所突出的正是营销当中非常重要的一个内容——市场定位。

如果你是一家白酒生产企业，如何能在众多历时悠久且威名远播的知名品牌中异军突起，闯出自己的一片天地呢？你一定会说那相当难，但是江小白做到了。

重庆江小白酒业有限公司于 2012 年成立，其创始人陶石泉通过对白酒市场的调查和细分，发现传统的白酒太烈太呛口，现在的年轻人不是很喜欢喝，市场上并没有针对年轻人的一款白酒，但年轻人正是社交活动的主力人群，市场前景巨大，因此就想做一款口味较清爽的年轻人会喜爱的白酒。基于这一市场定位，选用重庆红高粱作为原料酿酒，根植于重庆传统酿造工艺的纯高粱新生代品牌江小白应运而生，其香气悠久、口味醇厚、入口甘美、口味清爽。江小白属于清香型高粱酒，度数普遍低于传统白酒。而白酒的低度化是一门技术活，江小白有一个专门的研发团队，包含了国家级、省级的优秀酿酒师，专门来研究酿酒技艺。这种低度酒酒体接近伏特加，更好入口，还给有活力的年轻一族留下了发挥空间，兑点牛奶、橙汁混着喝也不成问题，好喝又有趣。

为迎合年轻消费者的偏好，江小白开创了小而美的营销体系：小瓶酒、小投入、小传播、小营销，还聚焦于四种消费场景：小聚、小饮、小时刻和小心情。定位年轻群体，打造“文艺青年”“青春小酒”，在战略上实现与其他品牌的区别。现在一提到江小白，浮现在大家脑海中的一定是它的酒瓶和酒瓶上贴近青年人心声的那些文艺语录：“我是江小白，生活很简单”“跟重要的人才谈人生”“低质量的社交，不如高质量的独处”“一个人，喝酒不是孤独，喝了酒，想一个人是孤独”“兄弟间的约酒聚会，应该无关应酬和勾兑”，句句都堪称经典。江小白酿造的是酒，讲的是情怀。

跟其他酒企不同，江小白从不出现在各大卫视的广告中。投青年人所好，江小白在他们最熟悉的互联网上进行营销，很多人认识江小白是通过微博。江小白关注目标顾客需求，基于对年轻人饮酒态度转变的调研，充分利用年轻人中盛行的“粉丝”文化，通过“小聚小饮小时刻”的场景化营销提升粉丝黏度，渗透进核心“粉丝”圈，再通过一系列营销方式做品牌“粉丝”到衍生族群的图层传播。打造了一种青年人的酒文化：酒不应该是应酬的工具，而是真诚交流、情绪表达的催化剂。江小白每年都会围绕一个主题举办一场约酒大会，邀请“粉丝”参加，2016 年的主题为“小约在冬季”。“粉丝”来自各行各业，每一个被邀请的“粉丝”又邀请自己的朋友来参加，打造一场“现实版的朋友圈”。江小白推出的“表达瓶”颠覆了以往“品牌说什么，用户听什么”的模式，通过 HTML5 让粉丝参与语录撰写，把发声的主动权让渡给用户，让用户成为江小白品牌的主角，提升参与感。

从销售业绩来看，江小白 2014 年实现营收破亿，此后更是连年增长，2017 年破 10 亿元、2018 年破 20 亿元。2019 年江小白合并销售收入在 30 亿元量级(含税)。

二、案例分析

1. 江小白的成功在于精准定位市场

(1)江小白创始人陶石泉善于观察市场，通过市场调查，发现市场的空白点和市场领导者的薄弱环节，抓住商机，填补市场空白。

(2)江小白对白酒市场按照消费者的年龄，追求的利益不同等进行细分，市场定位于口味较清爽的年轻人会喜爱的白酒，定位清晰明确，市场潜力巨大。根据定位研发出的低度酒兼顾了适合年轻人的口感和适合年轻人的趣味性，因此品质得到了目标顾客的认可。

(3)江小白紧扣年轻人这一定位明确的目标客户群体，采用年轻人喜闻乐见的互联网作为营销载体，紧扣年轻群体小资、文艺、情怀等心理诉求，运营“粉丝”文化，让顾客参与发声，满足目标顾客的需求，因而能够取得成功。

2. 江小白的成功带来的启示

观念指导行动，行动带来结果，市场细分、市场定位、整合营销等观念给企业的营销活动注入了新的理念，在这种理念的指导下开展营销活动，能够提升企业市场竞争力，开拓市场竞争新局面。

任务设计与实施

一、任务实施内容

就本项目任务一选取的典型食品产品，组织一次为该食品进行市场精准定位的活动；收集相关资料、整理资料、汇总和分析；充分考虑影响食品市场精准定位的因素，按照合理的步骤和方法进行精准市场定位；根据研究结果，提交一份食品目标市场精准定位策划报告并在班级交流。

二、任务流程设计

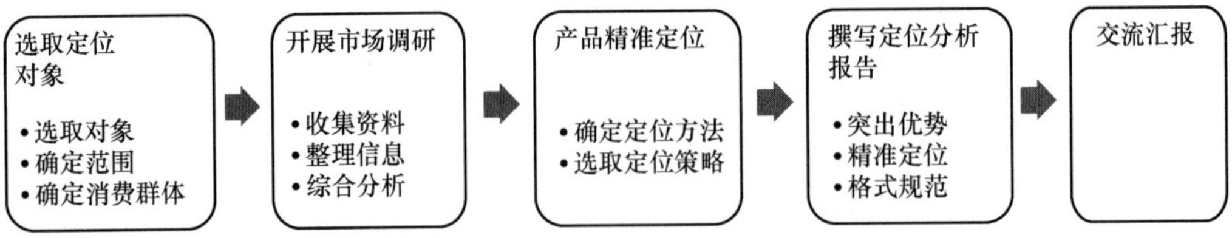

三、任务实施要求

(1)延续之前划分的小组,组织一次为食品进行市场精准定位的活动,科学合理分工,要求每个同学切实参与。

(2)以小组为单位,根据调研主题,广泛查找资料和收集情报,完成食品目标市场精准定位研究素材的收集、归纳、整理。

(3)以小组为单位完成食品目标市场精准定位策划报告,要求格式规范,字数在 3 000 字以上;各小组制作 PPT 并派代表进行课堂汇报。

(4)各小组制作 PPT,并派代表进行课堂汇报交流。

四、任务实施考核

请按照本项目任务一任务实施考核的内容与标准执行。

思考与练习

一、名词解释

食品市场细分　食品目标市场选择　无差异性营销战略　差异性营销战略

集中性营销战略　食品市场定位

二、选择题

1. 市场细分是选择目标市场的重要环节。以下关于市场细分的理解,不准确的是(　　)。

A. 市场细分是识别市场机会最有效的方法

B. 市场细分是制定科学、合理的市场营销战略的保证

C. 市场细分是企业强化竞争能力的重要措施

D. 市场细分是分析行业环境的方法

2. 市场细分是企业市场营销活动的重要组成部分,以下是一些企业所进行的市场细分,其中有效的有几项?(　　)

(1)某食品企业将全国市场根据消费者年龄分为青少年市场、中老年市场

(2)某童鞋企业将全国市场根据产品分为休闲鞋、运动鞋、皮鞋、特种鞋市场

(3)某汽车生产企业将全球市场根据地域分为美洲、亚洲、非洲、欧洲市场

A. 没有一项是正确的　　B. 有一项正确

C. 有两项正确　　D. 有三项正确

3. 消费者市场细分标准包括地理、人口、心理和行为因素。以下属于行为因素细分要素的是(　　)。

A. 消费者所在的国家或地区

B. 消费者生活方式、个性和购买动机等

C. 消费者购买某种产品的时机、态度和追求的利益

D. 消费者家庭规模及生命周期

4. 在春节、中秋节、情人节等节日即将来临的时候，许多商家都大做广告，以促销自己的产品。他们对市场进行细分的依据是(　　)。

A. 地理细分　　B. 人口细分　　C. 心理细分　　D. 行为细分

5. 大型超市连锁店为不同地区分店选择重点销售商品时，会考虑到每个地区中居民的一般消费特性，其中一个分类是按居民的平均收入水平的高低，将居民消费者划分为高收入、中等收入及低收入三个客户群组，该细分过程属于(　　)。

A. 人口细分　　B. 财富细分　　C. 购买特性细分　　D. 价值细分

6. 甲企业是一家进口零食销售公司，该企业为其产品确定的目标市场为“年轻时尚、习惯在高档场所购物的女性白领阶层”，其中包括的市场细分变量为(　　)。

A. 人口细分变量　　B. 地理变量　　C. 品牌忠诚度　　D. 购买特性

7. 商界有句名言“女人和孩子的钱好赚”。从战略分析角度来看，该说法主要分析的因素是(　　)。

A. 人口因素　　B. 价值观　　C. 生活方式变化　　D. 消费心理

8. 咨询人员在判断企业市场细分的分析是否有效时，主要分析 3 点，即可衡量性、可占领性、可营利性，其中，可衡量性是指(　　)。

A. 企业结合自身的长期发展目标选定细分市场

B. 企业利用现有的人力、物力和财力及营销能力必须足以进入并占领所选定的子市场

C. 企业所选定的细分市场的规模与购买力足以使企业有利可图

D. 细分市场不仅范围界定清晰，可以识别，而且各细分市场的规模大小可以测量和比较

9. 目标市场营销策略主要有三种：无差异市场营销、差异性市场营销和集中市场营销。以下关于这三种营销策略的描述，正确的是(　　)。

A. 无差异市场营销可以满足不同顾客的不同需求

B. 集中市场营销的风险较大

C. 差异市场营销的成本低，可以取得成本和价格优势

D. 差异市场营销易于在较小的市场取得占有支配地位的市场份额

10. 某奶粉企业生产、销售婴幼儿奶粉，将婴幼儿奶粉市场分为 0～2 岁、2～5 岁、5～7 岁三个子市场。该企业在不同的市场通过不同的市场营销组合策略推出不同的产品和品牌，0～2 岁推出妈妈乐、2～5 岁推出宝宝爱、5～7 岁推出快乐成长。该企业实施的是(　　)。

A. 无差异市场营销　　B. 集中市场营销

C. 差异化市场营销　　D. 兼有集中市场营销策略和差异化市场营销

11. 采用无差异性营销战略的最大优点是(　　)。

A. 市场占有率高　　B. 成本的经济性

C. 市场适应性强　　D. 需求满足程度高

12. 集中性市场战略尤其适合于(　　)。

A. 跨国公司　　B. 大型企业　　C. 中型企业　　D. 小型企业

13. 同质性较高的产品，宜采用(　　)。

A. 产品专业化　B. 市场专业化　C. 无差异营销　D. 差异性营销

14. 重新定位，是对销路少、市场反应差的产品进行(　　)定位。

A. 避强　B. 对抗性　C. 竞争性　D. 二次

15. 某食品企业选择靠近市场现有强势企业产品的或与其重合的市场位置，与强势企业采用大体相同的营销策略，与其争夺同一个市场。该企业的市场定位方式是(　　)。

A. 迎头定位　B. 回避性定位　C. 避强定位　D. 比附定位

16. 公务员老贾辞职经商，经营五金产品积累了大量的资产，近年五金产品的销售竞争激烈，老贾经过考察，发现肉制品行业市场潜力巨大，于是创建达达食品，准备进入肉制品行业。当时肉制品行业主要是热处理肉制品，火腿肠等热处理肉制品占据大部分市场。老贾考虑再三准备暂时不进入热处理肉制品市场，而是进入其他企业涉及较少的冷处理肉制品市场，如西餐用肉。公司开业后，销售额飞速增长，现在已经成为冷处理肉制品市场的龙头老大。老贾的市场定位策略是(　　)。

A. 竞争性定位　B. 避强定位　C. 比附定位　D. 跟随定位

17. 某公司近年来一直专注于豆制品生产，在整个豆制品市场产品结构中，甲型、乙型、丙型、丁型豆制品的构成比例分别为10%、15%、8%和0.5%。该公司充分发挥自身的技术优势，做精做专，成为丁型豆制品领域的佼佼者。据此判断，该公司在豆制品行业的市场定位是(　　)。

A. 市场领先者　B. 市场挑战者　C. 市场跟随者　D. 市场补缺者

三、判断题

1. 在同类产品市场上，同一细分市场的顾客需求具有较多的共同性。(　　)
2. 产品差异化营销以市场需求为导向。(　　)
3. 市场细分对中小企业尤为重要。(　　)
4. 市场细分标准中的有些因素相对稳定，多数则处于动态变化中。(　　)
5. 通过市场细分，细分出的每一个细分市场，对企业市场营销都有重要的意义。(　　)
6. 市场专业化是一种最简单的目标市场模式。(　　)
7. 同质性产品适合于采用集中性市场营销战略。(　　)
8. 集中性市场战略适合于资源薄弱的小企业。(　　)
9. 与产品生命周期阶段相适应，新产品在引入阶段可采用无差异性营销战略。(　　)
10. 市场定位与产品差异化无关。(　　)
11. 企业采用服务差别化的市场定位战略，就可以不再追求技术和质量的提高。(　　)

二维码 5-2　模块五项目一思考与练习参考答案

四、简答题

1. 简述食品市场细分的意义。
2. 简述食品市场细分的步骤。
3. 食品市场细分的标准有哪些？
4. 食品目标市场评估时应考虑哪些因素？
5. 目标市场有哪几种类型？
6. 简述精准定位目标市场的步骤和方法。

项目二　食品营销策略

知识目标

1. 认识食品生命周期、食品组合、食品品牌、食品包装策略和新产品开发策略。
2. 认识食品定价内涵、影响因素及食品定价方法和策略。
3. 了解食品营销渠道的内涵和类型，掌握常见的食品分销渠道。
4. 知晓食品营销促销的含义和作用，掌握常见的食品促销策略。

能力目标

1. 能够科学地制定与实施食品产品的各种营销策略。
2. 能够在实践过程中根据竞争对手价格变动制定有效策略。
3. 能够根据食品企业的实际情况选择适合的渠道及灵活选择实用的促销策略。

素质目标

1. 正确履行业务工作职能，具有发现、分析与解决问题的意识与能力，并灵活选择实用的促销策略。
2. 具有团队合作与互助意识、良好的沟通统筹整合能力，培养学生创新思维和发展能力。
3. 在食品营销实践中养成客观公正、守法依规的行为意识和习惯。

项目概述

食品企业要达到最佳营销目标，需要提供最优的手段，即讲究一定的营销策略才能获得成功，常见的营销策略主要有科学制定产品策略、合理使用食品定价策略、找到最合适的食品营销渠道和灵活运用促销策略四个方面。要达到最佳营销目标，必须注重这四种营销策略的灵活应用。

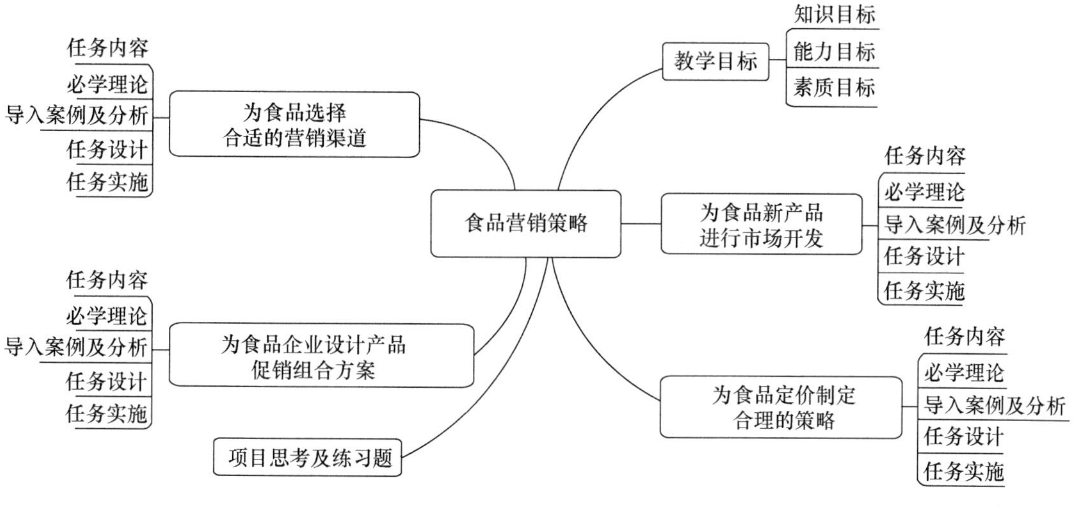

任务一 为食品新产品进行市场开发

任务内容

认识产品整体概念,掌握食品生命周期策略、食品组合策略、食品品牌策略、食品包装策略,熟练掌握为新产品进行市场开发的策略。

必学理论

一、产品整体概念、生命周期与组合策略

(一)产品整体概念

人们通常理解的产品是指具有某种特定物质形状和用途的物品,是看得见、摸得着的东西。这是一种狭义的定义。而市场营销学认为,广义的产品是指人们通过购买而获得的能够满足某种需求和欲望的物品的总和,包括核心产品、服务、体验、事件、人物、地点、财产、组织、信息和想法等。

产品整体概念是市场营销学的一个重要理论,它是市场经济条件下产品概念的完整、系统、科学的表述,它体现了以消费者需要为核心的指导思想,也体现了消费者购买行为的复杂心理动机。它包含核心产品、形式产品,期望产品,附加产品和潜在产品五个层次,这五个层次构成了顾客价值层级。

1. 核心产品

核心产品也称实质产品,是指消费者购买某种产品时所追求的核心利益,是顾客真正要买的东西。人们购买一瓶绿茶饮料,实质是"解渴",买一碗牛肉面,实质是"充饥"。

2. 形式产品

形式产品是指核心产品借以实现的形式或目标市场对需求特点的满足形式。如果形式产品是实体物品,则它在市场上通常表现为产品质量水平、外观特色、式样、品牌名称和包装等。产品的基本效用必须通过某些具体的形式才得以实现。

3. 期望产品

期望产品是指购买者在购买产品时期望得到的与产品密切相关的一整套属性和条件。如顾客购买盒装方便面时,就会对面的分量、口味、质量、包装,甚至附送的叉子都会有期待。

4. 附加产品

附加产品是顾客购买有形产品时所获得的全部附加服务和利益,包括提供信贷、免费送货、质量保证、安装、售后服务等。随着外卖行业的蓬勃发展,我们会发现很多商家提供了专门用于外卖的食品包装,确保食物的外形、温度、卫生和口感。

5. 潜在产品

潜在产品是指一个产品最终可能实现的全部附加部分和新增加的功能。企业通过对现有产品的附加与不断扩展,不断寻求满足顾客的新途径,不断将潜在产品变成现实的产品,才能使顾客得到更多的意外惊喜,更好地满足顾客的需要。

(二)产品生命周期策略

产品生命周期(product life cycle),简称 PLC,是产品的市场寿命,即一种新产品从开始进入市场到被市场淘汰的整个过程。美国哈佛大学教授雷蒙德·弗农认为,产品生命是指其在市场上的营销生命,产品和人的生命一样,要经历形成、成长、成熟、衰退这样的周期。

典型的产品生命周期一般可分为四个阶段,即投入期、成长期、成熟期和衰退期(图 5-4)。

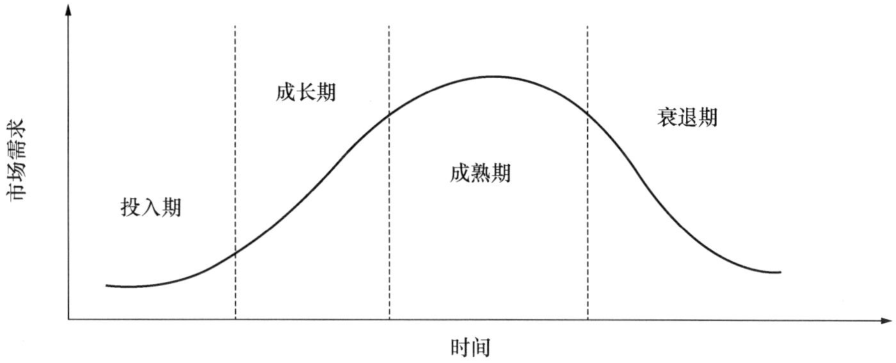

图 5-4　产品生命周期曲线

在投入期,顾客对产品还不了解,只有少数追求新奇的顾客可能购买,销售量很低。在这一时期,一般为了扩大销售量,需要大量的促销费用,对产品进行宣传推广。

进入成长期后,市场对产品已经有一定的接受度,大量的新顾客开始购买,销量逐步增大。产品大批量生产,单位生产成本相对降低,企业的销售额迅速上升,利润也迅速增长。但此时竞争者也开始纷纷进入。

销售额增长到一定的时期,进入成熟期。此时,潜在的顾客已经很少,销售额增长缓慢直至转而下降,竞争更加剧烈,产品售价降低,促销费用增加,企业利润下降。

最后进入衰退期。此时,新产品或新的代用品出现,产品的销售额和利润额迅速下降。顾客的消费习惯发生改变,转向其他产品。

(三)产品组合策略

企业一般不会仅仅经营单一的产品,但也并不是经营的产品越多越好。一个企业应该生产和经营哪些产品才是有利的,这些产品之间应该有哪些配合关系,这就是产品组合问题。

1. 产品组合

产品组合是指一个企业生产或经营的全部产品线及产品项目的组合方式。它包括四个方面内容:产品组合的宽度、产品组合的长度、产品组合的深度、产品组合的一致性。此外,企业在进行产品组合决策时,在遵循既有利于促进销售、又有利于增加企业的总利润这个基本原则的基础上,需要考虑三个层次的问题:一是是否增加、修改或剔除产品项目;二是是否扩展、填充和删除产品线;三是哪些产品线需要增设、加强、简化或淘汰。

下面以百事可乐公司的部分产品为例,进行详细说明(表 5-4)。

表 5-4 百事公司部分产品组合

	产品组合的宽度				
	碳酸饮料	非碳酸饮料	休闲食品	餐饮服务	运动服饰
产品线的长度	百事可乐	果缤纷	乐事	肯德基	百事运动服装
	美年达	都乐	妙脆角	必胜客	百事运动鞋
	七喜	佳得乐	百草味	太坎贝尔	
	极度可乐	鲜果粒			
	激浪	草本乐			

(1)产品组合的宽度。即企业所拥有的产品线(product line)的数量。从表中可以看出，百事公司有 5 条产品线的产品组合宽度。

(2)产品组合的长度。指企业所拥有的产品品种的平均数,即全部品种数除以全部产品线数所得的商。根据上表所示,可以计算百事公司产品线的平均长度,将产品线总长度 18,除以产品线的数量 5,可以得出平均的长度为 3.6。

(3)产品组合的深度。指产品线中每个产品的花色、规格有多少。假如乐事薯片有 5 种口味、3 种包装,则这一产品有 15 种花色。对每一个产品都进行计算后,就可以得出百事公司产品的平均深度。

(4)产品组合的一致性。指各产品线的产品在最终使用、生产条件、分销等方面的相关程度。从上表可知,百事公司的产品有饮料类、食品类,还有餐饮服务与服装产品,说明该公司的产品之间一致性是较低的。

2. 产品线分析

产品线是指一群相关的产品,这类产品可能功能相似,销售给同一顾客群,经过相同的销售途径,或者在同一价格范围内。针对一条产品线,企业往往会开发一个基本的平台和模组,如食品企业的加工方式类似的食品共享一条生产线。这种方式既可以增加产品的多样性,也可以降低企业的生产成本。

企业需要关注产品线中每个品目的销售额和利润情况,以及产品项目的市场定位情况。公司同一个产品线上的产品一般会产生不同的销售额和利润。以一个蛋糕店为例,我们根据不同的毛利润对不同的产品进行分类说明。

一是核心产品。蛋糕店里的单价较低、销量很大的一些现烤面包,这些产品往往作为蛋糕店吸引顾客上门的产品。

二是稳定产品。销售量不高,但利润较高的品目,这些产品一般不用做广告,如蛋糕店里的生日蛋糕,顾客会习惯性地选择自己常去的蛋糕店购买生日蛋糕。

三是特殊产品。销售量较低,但需要大力促销的产品。蛋糕店里推出的新品糕点、糖果等,这些产品很可能会成为店里新的销售增长点,需要向顾客进行介绍推荐。

四是便利产品。外围产品,利润较高,顾客在消费时关联性地购买的产品。如蛋糕店里的奶茶、果汁、咖啡等,顾客在购买面点时可能会顺便购买一些饮品。

企业要认识到不同的产品有不同的定位,具有不同的市场前景。有些定价可以高些,有些可以加强促销,保持产品线的总体活力。

企业产品经理除了必须了解产品线中每个产品项目的销售和利润外,还要了解市场中,自己的产品线与竞争对手的对比情况,一般可以通过产品项目定位来分析。

3. 产品组合策略

根据产品线分析，企业针对市场的变化，调整现有产品结构，从而寻求和保持产品结构最优化，这就是产品组合策略。常见的产品组合策略包括产品线扩散策略、产品线削减策略、产品线现代化策略等。产品组合策略的具体形式有以下几种。

(1)全线全面型。全线全面型是指企业向业务范围内的所有顾客提供所需的产品。采取该种策略的企业必须有能力满足整个市场的需求。

(2)市场专业型。市场专业型是指企业着眼于向某专业市场提供其所需要的各种产品。这种策略强调的是产品组合的广度和关联性，产品组合的深度一般较小。

(3)产品线专业型。产品线专业型是指企业根据自己的专长，专注于某几类产品或服务的提供，并将它们推销给各类客户。这种策略强调的是产品组合的深度和关联性，产品组合的宽度一般较小。

(4)特殊产品专业型。特殊产品专业型是指企业根据自身所具备的特殊资源条件和特殊技术专长，专门提供或经营某些具有优越销路的产品或服务项目。这种策略的特点是产品组合的宽度极小，深度不大，但关联性极强。采取该策略时，由于产品或服务的特殊性，决定了企业所能开拓的市场是有限的，但竞争的威胁也很小

二、食品品牌与包装策略

(一)食品品牌策略

1. 品牌

品牌是用以识别某个销售者或某一群销售者的产品或服务，使之与竞争对手的产品或服务区别开来的名称和标志，通常由文字、标记、符号、图案和颜色等要素或这些要素的组合构成。简单而言，品牌是指消费者对产品及产品系列的认知程度，是人们对一个企业及其产品、售后服务、文化价值的一种评价和认知，是一种信任。

品牌最持久的含义和实质是其价值、文化和个性；品牌是一种商业用语，品牌注册后形成商标，企业即获得法律保护拥有其专用权；品牌是企业长期努力经营的结果，是企业的无形载体。

为了深刻揭示品牌的含义，还需要从以下六个方面透视。

(1)属性。品牌代表着特定商品的属性，这是品牌最基本的含义。

(2)利益。品牌不仅代表着一系列属性，而且还体现着某种特定的利益。

(3)价值。品牌体现了生产者的某些价值感。

(4)文化。品牌还附着特定的文化。

(5)个性。品牌也反映一定的个性。

(6)用户。品牌暗示了购买或使用产品的消费者类型。

品牌与商标既有联系，又有区别。商标与品牌是两个不同领域的概念，它们都是商品的标记，但商标是一个法律名词，而品牌是一个经济名词。

2. 品牌化

品牌化是赋予产品或服务品牌的过程。品牌化的根本是创造差别使自己与众不同。品牌化的作用主要体现在两方面。

(1)对营销者的作用。品牌有助于促进产品销售，树立企业形象；注册的品牌可以保护企

业合法权益;品牌有利于规范企业的行为;品牌有助于扩大产品组合。

(2)对消费者的作用。品牌便于消费者辨认、识别、选购商品;品牌有利于维护消费者利益;品牌有利于促进产品改良,有益于消费者;品牌可以让消费者更放心的购买;品牌可以形成一个完整的商业体系。

只要存在消费者可选择的地方,企业就能应用品牌化策略。不仅仅可以对一个有形的商品(金龙鱼食用油、康师傅方便面等)进行品牌化,也可以对一种服务(海底捞火锅店、仟吉西饼等)、一家卖场(中百超市、苏宁易购等)、一个人物(李佳琦、李子柒等)、一个地方、一个组织,甚至一个想法都可以进行品牌化。

3. 品牌资产

品牌资产(brand equity)是赋予产品或服务的附加价值。它反映在消费者对有关产品品牌的想法,感受以及行动的方式上,由此也影响了产品和服务的价格、市场份额以及盈利能力。

品牌资产主要包括五个方面内容,即品牌忠诚度、品牌认知度、品牌知名度、品牌联想、其他专有资产(如商标、专利、渠道关系等),这些资产通过多种方式向消费者和企业提供价值。

品牌资产具有四个特点:

首先,品牌资产是无形的,它是存在于消费者心理的一种认识。

其次,品牌资产是以品牌名字为核心,由围绕品牌名称的产品类别、产品评价和关联物的联想构成的。

再次,品牌资产会影响消费者的行为包括购买行为以及对营销活动的反应。

最后,品牌资产依附于消费者,而非依附于产品或服务。

可口可乐曾经有一个非常“狂”的宣言:“假如可口可乐的工厂被一把大火烧掉,第二天全世界各大媒体的头版头条一定是银行争相给可口可乐贷款。”可口可乐的这种底气主要来自它的品牌价值。

4. 品牌战略

品牌战略是公司将品牌作为核心竞争力,以获取差别利润与价值的企业经营战略。品牌战略的本质是塑造企业的核心专长,从而确保企业的长远发展。一般来说,产品、技术及管理诀窍等都容易被对手模仿,而品牌一旦树立,则不但有价值并且不可模仿,因为品牌是一种消费者认知,是一种心理感觉,这种认知和感觉不能被轻易模仿。常见的品牌战略有:

(1)单一品牌战略。单一品牌又称统一品牌,它是指企业所生产的所有产品都同时使用一个品牌的情形。企业在不同的产品之间形成了一种品牌结构协同,使品牌资产得到充分的共享。如雀巢食品公司的产品都以“雀巢”命名,咖啡、奶粉、巧克力、糖果等都用一个品牌名称。单一品牌的另一个优势就是品牌宣传的成本较低,更能集中体现企业的意志,容易形成市场竞争的核心要素,避免消费者在认识上发生混淆。但单一品牌也存在着一定的风险,它有“一荣共荣”的优势,同样也具有“一损俱损”的危险。如果名下的某种商品出现问题,在该品牌下附带的其他商品也会受到牵连,导致整个产品体系面临挑战。

(2)副品牌战略。副品牌战略以一个成功品牌作为主品牌,涵盖企业的系列产品,同时又给不同产品起一个名字作为副品牌,以突出产品的个性形象。典型案例如康师傅,康师傅不同品类的产品使用的都是康师傅这个主品牌加产品品类或加产品副品牌的策略。康师傅主品牌加产品副品牌的有“康师傅 3+2”“康师傅鲜的每日 C”“康师傅食面八方”等;康师傅主品牌加产品品类的有“康师傅冰红茶”“康师傅冰绿茶”等。企业使用副品牌有效的划分了不同产品的功能和特点，使得每组商品的特点得以彰显，同时也弥补了单一品牌过于简单、不生动的缺点。

(3)多品牌战略。一个企业同时经营两个以上相互独立、彼此没有联系的品牌的情形，就是多品牌战略。多品牌的优点很明显，它可以根据功能或者价格的差异进行产品划分，这样有利于企业占领更多的市场份额，面对更多需求的消费者；多品牌彼此之间看似是竞争关系，但是实际上却壮大了整体的竞争实力，增加了市场的总体占有率；避免产品性能之间的影响，比如把卫生用品的品牌扩展到食品上，消费者从心理上来说就很难接受。而且，多品牌可以分散风险，某种商品出现问题了，可以避免殃及其他的商品。但其缺点也很明显：宣传费用高昂，企业打造一个知名的品牌需要财力、人力等多方面的配合，如果想成功打造多个品牌自然要有高昂的投入作为代价；多个品牌之间的自我竞争；品牌管理成本过高，容易在消费者中产生混淆。

案例链接

达利集团的三大类产品分别使用不同的产品品牌，薯片系列产品使用“可比克”品牌，糕饼系列产品使用“好吃点”品牌，饮料系列产品使用“达利园”品牌。三大系列产品的三大品牌共同支撑达利集团的企业品牌，同时也为达利集团预留下了品牌发展的空间。

(4)背书品牌战略。可口可乐公司的可乐饮料采用可口可乐品牌，随着可乐市场的逐步萎缩，可口可乐进入果汁饮料和茶饮料市场。但果汁饮料和茶饮料并未使用可口可乐这个品牌，而是采用了多品牌策略。茶饮料使用的是“原叶”品牌，果汁饮料使用的是“美汁源”品牌等，虽然采用多品牌战略，但每一个产品下面，都会有一行文字提醒：“可口可乐公司出品”。背书品牌依附于产品，贯穿于整个公司品牌和项目品牌之中，背书品牌的管理通过在价值链的各环节实施，确保开发项目能够成为公司区别于其他品牌的鲜明特征体现。通过这样的战略，提升了整体的竞争实力，也关照了不同的消费人群。

二维码 5-3　食品品牌的“人设”营销方式

(二)食品包装策略

进入市场的产品一般都要进行包装，有一些产品的包装就很出名，如“可口可乐”的瓶子、“农夫山泉”的水瓶等。包装对产品非常重要，以至于有人将包装化(packaging)称为市场营销策略的第五个 P，另外的 4P 指的是产品(product)、价格(price)、渠道(place)和宣传(promotion)。

设计良好的包装除了可以保护商品、方便储运外，还可以吸引消费者注意，表现商品特色，为消费者带来方便，为生产者创造宣传价值。

为产品制定有效的包装，需要进行大量的决策，如包装物大小、形状、材料、色彩、文字说明，以及品牌标记等。设计完成后，要进行试验，确保包装在正常情况下经得起磨损；进行消费者测试以了解消费者的反应。

一般常见的包装策略有以下几点。

1. 类似包装策略

企业对其生产的产品采用相同的图案、近似的色彩、相同的包装材料和相同的造型进行包装，便于顾客识别出本企业产品。类似具有促销的作用，企业还可节省包装的设计、制作费用。但类似包装策略只能适宜于档次接近的产品，对于品种差异大、质量水平悬殊的产品则不宜采用。

2. 配套包装策略

按消费者的消费习惯，将数种有关联的产品配套包装在一起成套供应，便于消费者购买、使用和携带，同时还可扩大产品的销售。如超市里销售的烹饪佐料，商家会将一些常用的佐料包装在一起，打包销售。

3. 再使用包装

再使用包装指包装内的产品使用完后，包装物还有其他的用途。如各种形状的香水瓶可作装饰物，精美的食品盒也可被再利用等。这种包装策略可使消费者感到一物多用而引起其购买欲望，而且包装物的重复使用也起到了对产品的广告宣传作用。

4. 附赠包装策略

商品包装物附赠奖券或实物，或包装本身可以换取礼品，吸引顾客重复购买。

5. 改变包装策略

改变包装策略即改变和放弃原有的产品包装，改用新的包装。由于包装技术、包装材料的不断更新，消费者的偏好不断变化，采用新的包装以弥补原包装的不足。

三、新产品开发战略

(一)新产品的概念

新产品的定义可以从三个角度说明：对企业而言，第一次生产销售的产品都叫新产品；对市场来讲，只有第一次出现的产品才叫新产品；从技术方面看，在产品的原理、结构、功能和形式上发生了改变的产品叫新产品。营销学的新产品定义综合前面三者，但更注重消费者的感受与认同，它是从产品整体性概念的角度来定义的。凡是产品整体性概念中任何一部分的创新、改进，能给消费者带来某种新的感受、满足和利益的相对新的或绝对新的产品，都叫新产品。

(二)新产品的种类

按产品研究开发过程(图 5-5)，新产品可分为全新产品、模仿型新产品、改进型新产品、形成系列型新产品、降低成本型新产品和重新定位型新产品。

(1)全新产品。指应用新原理、新技术、新材料，具有新结构、新功能的产品。该新产品属于第一次出现，能开创全新的市场。

(2)改进型新产品。指在原有老产品的基础上进行改进，使产品在结构、功能、品质、花色、款式及包装上具有新的特点和新的突破，改进后的新产品，其结构更加合理，功能更加齐全，品质更加优质，能更多地满足消费者不断变化的需要。

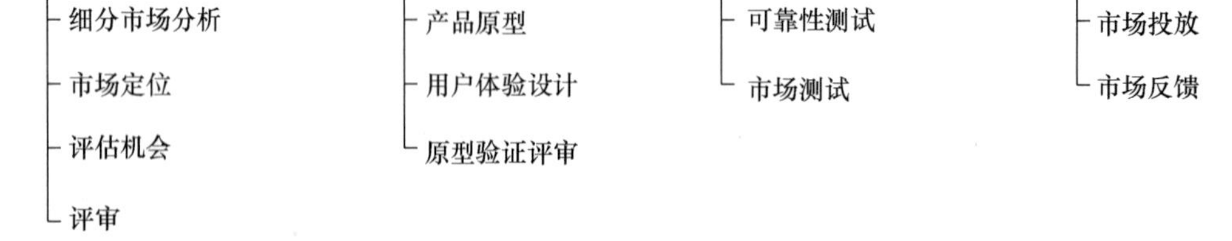

图 5-5 新产品开发流程

(3)模仿型新产品。企业对国内外市场上已有的产品进行模仿生产,称为本企业的新产品。

(4)形成系列型新产品。指在原有的产品大类中开发出新的品种、花色、规格等,从而与企业原有产品形成系列,扩大产品的目标市场。

(5)降低成本型新产品。以较低的成本提供同样性能的新产品,主要是指企业利用新科技,改进生产工艺或提高生产效率,削减原产品的成本,但保持原有功能不变的新产品。

(6)重新定位型新产品。企业的老产品进入新的市场而被称为该市场的新产品。

(三)新产品开发战略

1. 领先型开发战略

采取这种战略,企业努力追求产品技术水平和最终用途的新颖性,保持技术上的持续优势和市场竞争中的领先地位。这种策略可使企业享有新技术成果的独占权,取得对后进入市场的竞争者的优势,但采用此策略具有投入大、成本高、开发周期长、风险大等缺点。2005年,蒙牛推出高端的常温奶品牌"特仑苏"。在此之前,蒙牛在常规常温奶市场中面临巨大压力,市场饱和,价格战不断。蒙牛具有强大的新产品开发能力和丰富的奶源地这些优势。蒙牛在推出"特仑苏"后,市场给予了充分认可,在国内的中产阶层消费者中形成了一股潮流,一些人甚至形成了"我只喝特仑苏"的观点。由此也带动了其他牛奶生产企业纷纷推出自己的高端常温奶品牌。

2. 追随型开发战略

采取这种战略,企业并不抢先研究新产品,而是当市场上出现较好的新产品时,进行仿制并加以改进,迅速占领市场。娃哈哈的产品开发就是追随性开发战略的典型。该公司开发儿童营养液时,当时国内做营养液的企业已多达30多个,但没有一种是针对儿童这一目标消费群体的。娃哈哈抓住了这一细分市场,采用"喝了娃哈哈,吃饭就是香"这样的感性诉求,同时引发大人和儿童的互动。AD钙奶是乐百氏先推出的,娃哈哈跟进时加上了"吸收"的概念。娃哈哈做茶跟进康师傅和统一,宣传时强调其个性为"天堂水,龙井茶"。这一战略给娃哈哈带来了丰富的回报。另一方面,这种战略要求企业具有较强的跟踪竞争对手情况与动态的技术信息机构与人员,具有很强的消化、吸收与创新能力。

3. 替代型开发战略

采取这种战略,企业有偿运用其他单位的研究与开发成果,替代自己研究与开发新产品。香港加多宝公司开发王老吉红罐凉茶就是采用这一战略,王老吉品牌原为广药集团拥有,1995年,广药集团将罐装王老吉品牌的使用权租给加多宝。加多宝公司利用人们"预防上火"诉求,对产品进行精准定位,加以推广,产品取得了巨大成功。当然,加多宝与广药集团后来的商标争夺从另一个方面说明了替代型开发战略存在着产权纠纷的隐忧。

4. 混合型开发战略

以提高产品市场占有率和企业经济效益为准则,依据企业实际情况,混合使用上述几种产品开发战略。实际营销实践中,新产品开发往往也会采用不同的战略混合开展,也可能在不同的时期或对不同的产品采用不同的策略。

案例导入

一、经典案例

卤制品属于一般熟肉制品，具有“滋味重、辛辣，色香味诱人”的特性，深受广大消费者的喜好。由于制作、保存等方面的因素影响，鲜货卤制品消费存在即时性的特点。因为准入门槛低、地域口味差异及不易保存，我国的卤制品行业一直处于比较分散的状态。

1995 年，重庆人周富裕开始在武汉摆摊卖卤货，随后生意越做越大，在赚到钱后，周富裕开始在街边开店。2016 年 11 月 11 日，湖北周黑鸭管理有限公司登陆港交所，当天股价大涨 13.435%，报收于 6.67 港元/股，市值达到 154.71 亿港元。从街边小作坊到香港上市公司，周黑鸭成功靠的是什么呢?

第一，“周黑鸭”具有独特口味。入口微甜爽辣，吃后悠长，辣而微甜是周黑鸭的口味特色。刚入口时“有点甜”，然后“越来越辣”，吃完了“嘴边还留有余香”。

第二，独特的气调锁鲜包装。周黑鸭开发出一种纯天然的保鲜防腐工艺——气调包装，相对于真空包装产品来说，锁鲜装产品更加能体现产品的原汁原味。这种包装技术，通过加入惰性气体为食物保鲜，配合严格控温的冷链运输，为周黑鸭的鲜度加上了双保险，延长了保鲜期。

第三，品牌定位于时尚、个性化。作为一家传统卤制品公司，周黑鸭本应被贴上“传统”的标签。但周黑鸭努力成为年轻、有活力兼具文化底蕴、生活品位的品牌。“会娱乐，更快乐”是周黑鸭的品牌理念。与年轻人“打”成一片，让周黑鸭插上了“娱乐”的标签。

第四，抓住新的零食、社交场景需求，广开门店。周黑鸭打破了传统佐餐品类天花板，扩大了消费场景及消费频率。从 2011 年 4 月开始，周黑鸭借门店换装战役契机开始跳出菜场、社区、临街店的“红海”，进军机场、高铁和综合卖场的新场景“蓝海”市场。为确保口味和品质的稳定，周黑鸭一直以直营门店为主，不做加盟。

周黑鸭用了 21 年时间，成功开发了适合年轻消费群体的鸭类卤制休闲食品系列，成为卤制品行业内当之无愧的明星和中国传统食品市场化的楷模。

二、案例分析

周黑鸭的成功原因有多种解释，其中一个很重要的原因就是产品开发战略的成功。具体来说，主要有以下几点。

首先，周黑鸭的产品打破了卤制品传统形象。卤制品过去一般是佐餐食品，购买渠道在一般的菜市场、超市等开放式柜台。周黑鸭突破性地将产品定位于休闲、娱乐零食，适应年轻人消费群体和新的消费场景，打开了新的市场。

其次，周黑鸭为了确保口味统一，质量稳定，只做直营店，不做加盟。这一做法与大部分竞争者不同，形成了鲜明的风格。

最后，周黑鸭独特的气调锁鲜包装，配合冷链运输，延长了产品的保鲜期，保持了产品的口感。

当然，一些人认为周黑鸭只做直营、不做加盟，导致开店速度过慢，供应链过长，价格较高，产品销售量受限制，使得周黑鸭在竞争中处于不利地位。从营销的角度来分析，这正是周黑鸭产品开发战略的有意选择所导致的结果。

任务设计与实施

一、任务实施内容

以组为单位，以你所在的地区的一个食品产品（如休闲零食、卤制品、饮料等）为基础，假设你们是某一家企业的经营者，要开发一个新的产品，请试着分析市场，选择一种新产品开发策略，给出相应的产品开发方案，并在班级交流汇报。

二、任务流程设计

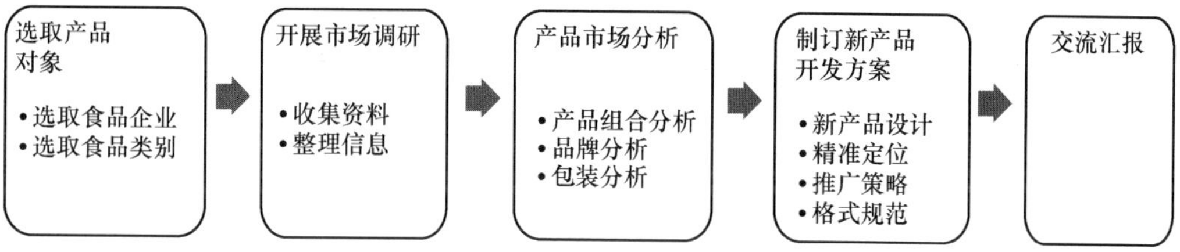

三、任务实施要求

（1）组长对团队成员进行任务分配，以组为单位合作完成任务实施。

（2）以小组为单位，为食品新产品进行市场开发，根据任务实施内容，具体完成某新产品开发策略及相应的产品开发方案内容素材的收集、归纳、整理与分析。

（3）以小组为单位试着分析市场，确定选择某新产品开发策略，给出相应的产品开发方案，要求格式规范，字数在 2 000 字以上。

（4）以组为单位制作 PPT 并派代表进行班级课堂汇报。

四、任务实施考核

表 5-5　任务实施考核

考核类别	考核项目	考核要点	考核分值	考核方式			
				自我评价	组内评价	组间评价	教师评价
专业技能（60%）	产品对象选择	食品选择代表性	10				
		小组分工合理性	5				
		调研数据真实性、全面性	5				
	任务实施过程	产品分析准确性	5				
		新产品定位策略准确性	10				
		任务实施过程中的表现和贡献	10				
	任务实施成果	新产品开发方案规范性	5				
		PPT 制作规范性	5				
		PPT 汇报答辩流畅性	5				

续表 5-5

考核类别	考核项目	考核要点	考核分值	考核方式			
				自我评价	组内评价	组间评价	教师评价
职业素养（40%）	学习态度和纪律性		8				
	发现问题、解决问题的能力		8				
	团队协作能力		8				
	沟通能力		8				
	吃苦耐劳精神		8				

任务二　为食品定价制定合理的策略

任务内容

认识食品定价的内涵和影响因素，掌握食品定价的方法和策略，在实践过程中能够根据竞争对手价格变动制定有效的策略，撰写某食品定价策略报告

必学理论

一、食品定价的内涵及影响因素

（一）价格的内涵

从市场营销的角度看，价格指顾客为得到单位产品或服务而必须支付的货币数量，或指产品和服务的提供者提供单位产品或服务收取的费用。在市场营销的策略中，价格是最容易调整的因素。但这并不说明产品价格是可以随意确定的，合理的产品或服务价格除了可以带来可观的利润外，还可以向市场展示企业对其产品或品牌的价值定位。企业在确定产品价格时，会考虑到多种因素的影响，过程往往是复杂而困难的。

（二）定价的影响因素

企业在确定产品价格时，必须与企业的营销战略、目标市场定位、品牌定位保持一致，要综合考虑多种影响因素。

1. 定价目标

企业的定价目标是以满足市场需要和实现企业盈利为基础的，它是实现企业经营总目标的保证和手段。同时，又是企业定价策略和定价方法的依据。企业的定价目标有多种，每一种目标又可以分解为具体几类，如表 5-6 所示。

2. 产品成本

需求制约着产品价格的上限，而成本则是产品价格的下限。产品的价格必须包括所有的生产、分销和推销成本，还需要给企业一个合理的利润。成本包括固定成本和变动成本，固定成本是在短期内不随企业产量和销售收入的变化而变化的生产费用。如厂房设备的折旧费、租金、利息、行政人员薪金等，与企业的生产水平无关。变动成本，即随生产水平的变化而直接

表 5-6　企业定价目标

企业定价目标	扩展目标	维持企业生存
		扩大企业规模
		多品种经营
	利润目标	最大利润
		满意利润
		预期利润
	销售目标	扩大市场占有率
		争取中间商
	竞争目标	稳定价格
		应付竞争
		质量优先
	社会目标	社会公共事业
		社会市场营销概念

变化的成本，如原材料费、工资等。

企业定价时，往往还要考虑产品的预期销售情况及企业资金周转情况，以及由此产生的平均成本的变动情况。在此基础上，确定产品的合理价格。

3. 市场需求

价格与市场需求互相影响。在正常情况下，市场需求会按照与价格相反的方向变动。价格上升，需求减少；价格降低，需求增加，表现这一影响程度的一个指标就是商品的价格需求弹性。企业在制定价格时，要考虑价格变动对需求的影响程度。

4. 竞争因素

不同的市场，竞争情况是不同的。如果一个市场只有一个产品提供者，我们会称其为完全垄断市场。如果一个市场里，有大量的参与者提供同质的产品，没有人能控制价格，我们称其为完全竞争市场。实际上，大部分市场介于两者之间，被称为不完全竞争市场。不同的竞争状态下，企业会采用不同的定价策略。

5. 产品特点

产品有特色，就有可能成为名牌产品、时尚产品、高档产品，会对顾客产生极大的吸引力，企业定价的自由度较大。

6. 其他因素

产品定价除了受以上因素影响外，还要受政府政策、行业规则、消费者心理等因素的影响。

二、食品定价的策略

（一）新产品定价策略

新产品定价是企业定价的一个重要方面。新产品定价合理与否，不仅关系到新产品能否顺利地进入市场、占领市场、取得较好的经济效益，而且关系到产品本身的命运和企业的前途。新产品定价策略主要有撇脂定价法、渗透定价法和满意定价法。

1. 撇脂定价

撇脂定价又称“取脂定价”，是指在新产品上市之初，把价格定得很高，趁竞争者尚未进入市场，在短期内获取厚利，迅速收回投资，减少经营风险。如餐饮企业对自己独创的新品菜系经常采取这种定价方法。

2. 渗透定价

与撇脂定价相反，渗透定价是一种建立在低价基础上的新产品定价策略，即在新产品进入市场初期，把价格定得很低，借以打开产品销路，扩大市场占有率，谋求较长时期的市场领先地位。老产品也可采用这种定价策略来延长其生命周期。渗透定价是一种颇具竞争力的薄利多销策略。

3. 满意定价

许多企业对新产品既不定高价，也不定低价，而确定在一个中价。中价即为“满意价格”。高价和低价各有利弊，各有一定的风险，中价介于两种价格水平之间，取两者之利，弃两者之弊，应该说是一种较为公平、正常的价格。

(二)差别定价策略

差别定价策略是对于同一产品的，当企业在不同地区或者面向不同细分市场进行销售时制定不同的价格。差别定价法有以下几种形式。

1. 顾客细分定价

企业把同一种商品或服务按照不同的价格卖给不同的顾客。如电影票，针对不同习惯的顾客，一种是在网上购买，如通过支付宝、美团等购票渠道，还有一种是直接到门店购买，这两种方式价格相差较大。

2. 产品形式差别定价

企业按产品的不同型号、不同式样，制定不同的价格，但不同型号或式样的产品其价格之间的差额和成本之间的差额是不成比例的。我们在水果摊看到的苹果，根据直径被分为 70、80、90 级，不同直径的苹果售价差别就非常大。

3. 形象差别定价

有些企业根据形象差别对同一产品制订不同的价格。这时，企业可以对同一产品采取不同的包装或商标，塑造不同的形象，以此来消除或缩小消费者认识到不同细分市场上的商品实质上是同一商品的信息来源。液态奶的不同包装价格差别非常大，一些常温液态奶 1 L 装的价格可能是 250 mL 装的价格的 2 倍，同样的情况也出现在碳酸饮料等产品上。

4. 地点差别定价

企业对处于不同位置或不同地点的产品和服务制订不同的价格，即使每个地点的产品或服务的成本是相同的。如同样的水果，在不同的地点销售，往往会有不同的价格。

5. 时间差别定价

价格随着季节、日期甚至钟点的变化而变化。超级市场里面生鲜区的商品，临近保质期时往往会低价折扣处理。中秋节时商家销售的月饼，在中秋节即将过去时价格会大幅“跳水”。

(三)产品组合定价策略

产品组合定价策略是处理本企业各种产品之间价格关系的策略。它包括系列产品定价策略、互补产品定价策略和成套产品定价策略。对于互替商品，适当提高畅销品价格，降低滞销品价格,以扩大后者的销售,使两者销售相互得益,增加企业总盈利。对于互补商品,有意识降低购买率低、需求价格弹性高的商品价格,同时提高购买率高而需求价格弹性低的商品价格,会取得各种商品销售量同时增加的良好效果。

常用的产品组合定价形式有以下几种:

1. 产品线定价

产品线定价是根据购买者对同样产品线不同档次产品的需求,精选设计几种不同档次的产品和价格点。

2. 任选产品定价

即在提供主要产品的同时,还附带提供任选品或附件与之搭配。

3. 附属产品定价

以较低价销售主产品来吸引顾客,以较高价销售备选和附属产品来增加利润。

4. 副产品定价法

在许多行业中,在生产主产品的过程中,常常有副产品。如果这些副产品对某些客户群具有价值,必须根据其价值定价。副产品的收入多,将使公司更易于为其主要产品制定较低价格,以便在市场上增加竞争力。因此制造商需寻找一个需要这些副产品的市场,并接受任何足以抵补副产品储存和运输成本的价格。

5. 捆绑定价

将数种产品组合在一起以低于分别销售时支付总额的价格销售。

(四)心理定价策略

每一件产品都能满足消费者某一方面的需求,其价值与消费者的心理感受有着很大的关系。企业在定价时可以利用消费者心理因素,有意识地将产品价格定得高些或低些,以满足消费者生理的、心理的、物质的和精神的多方面需求,通过消费者对企业产品的偏爱或忠诚,扩大市场销售,获得最大效益。

1. 尾数定价策略

尾数定价,也称零头定价或缺额定价,即给产品定一个非整数价格。很多零售商给产品定价时,往往会带有尾数,如 0.99 元、9.98 元等。消费者会认为这种价格经过精确计算,购买不会吃亏,同时,价格虽离整数仅相差几分或几角钱,但给人一种低价的感觉。

2. 整数定价策略

整数定价与尾数定价正好相反,企业有意将产品价格定为整数,以显示产品具有一定质量。整数定价多用于价格较贵的耐用品或礼品,以及消费者不太了解的产品。

3. 声望定价策略

声望定价即针对消费者“便宜无好货、价高质必优”的心理,对在消费者心目中享有一定声望,具有较高信誉的产品制定高价。如蒙牛的“特仑苏”牛奶,其价格就比普通的常温液态奶要高不少。

4. 习惯定价策略

有些产品在长期的市场交换过程中已经形成了为消费者所适应的价格,成为习惯价格。企业对这类产品定价时要充分考虑消费者的习惯倾向,采用“习惯成自然”的定价策略。虽然多年来一般产品的物价早已涨了不少,但我们可以看到,如瓶装矿泉水和纯净水的价格,一般常见的饮料价格却很少变动,消费者已经习惯这些产品的定价了。

5. 招徕定价策略

这是适应消费者“求廉”的心理，将产品价格定得低于一般市价，个别的甚至低于成本，以吸引顾客、扩大销售的一种定价策略。

(五)折扣定价策略

折扣定价是指对基本价格做出一定的让步，直接或间接降低价格，以争取顾客，扩大销量。其中，直接折扣的形式有数量折扣、现金折扣、功能折扣、季节折扣，间接折扣的形式有回扣和津贴。折扣定价运用非常普遍，如淘宝(天猫)从2009年开始的“双十一”购物节就是全网的大规模折扣活动。在这一天，天猫等电商平台上的商家，会综合运用了各种折扣形式，吸引顾客下单。类似的还有美国的黑色星期五，即每年感恩节后面的那个星期五，在这一天美国的商场将会出现大量的打折以及优惠活动，是年底最后一次的大规模促销。

三、食品定价的方法

(一)成本导向定价法

成本导向定价法是以产品单位成本为依据，加上预期利润来确定价格的定价法，是企业最常用、最基本的定价方法。成本导向定价法又衍生出了平均成本加成定价法、边际成本定价法、目标收益定价法、盈亏平衡定价法等几种具体的定价方法。

1. 平均成本加成定价法

平均成本是企业在生产经营一单位产品时所花费的固定成本和变动成本之和，在单位产品的平均成本加上一定比例的单位利润，就是单位产品的价格。用公式表示为：

$$单位产品价格=单位产品成本+单位产品预期利润$$

2. 边际成本加成定价法

也称为边际贡献定价法。即在定价时只计算变动成本，而不计算固定成本，在变动成本的基础上加上预期的边际贡献。用公式表示为：

$$单位产品价格=单位产品变动成本+单位产品边际贡献$$

3. 目标收益定价法

目标收益定价法又称投资收益率定价法，是根据企业的投资总额、预期销量和投资回收期等因素来确定价格。

4. 盈亏平衡定价法

在销量既定的条件下，企业产品的价格必须达到一定的水平才能做到盈亏平衡、收支相抵。既定的销量就称为盈亏平衡点，这种制定价格的方法就称为盈亏平衡定价法。科学地预测销量和已知固定成本、变动成本是盈亏平衡定价的前提。

(二)需求导向定价法

需求导向定价法是指根据国内外市场需求强度和消费者对产品价值的理解来制定产品销售价格。这种定价方法主要是考虑顾客可以接受的价格以及在这一价格水平上的需求数量，而不是产品的成本。

1. 理解价值定价法

这种定价方法认为，某一产品的性能、质量、服务、品牌、包装和价格等，在消费者心目中都有一定的认识和评价。消费者往往根据他们对产品的认识、感受或理解的价值水平，综合购物经验、对市场行情和同类产品的了解而对价格进行评判。当商品价格水平与消费者对商品价值的理解水平大体一致时，消费者就会接受这种价格，反之，消费者就不会接受这个价格，商品就卖不出去。

2. 需求差异定价法

需求差异定价法以不同时间、地点、商品及不同消费者的消费需求强度差异为定价的基本依据，针对每种差异决定其在基础价格上是加价还是减价。主要有以下几种形式：

(1)因地点而异。如机场的商店、餐厅向乘客提供的商品价格普遍要远高于一般地方的商店和餐厅。

(2)因时间而异。如旅游旺季，很多餐饮企业、旅游景点的服务业价格都会有所上涨。

(3)因商品而异。如在奥运会举行期间，标有奥运会会徽或吉祥物的商品价格，比其他同类商品的价格要高。

(4)因顾客而异。因职业、阶层、年龄等原因，顾客有不同的需求与价格承受能力。零售店在定价时给予相应的优惠或提高价格，可获得良好的促销效果。

实行差异定价要注意一些条件，如市场能够根据需求强度的不同进行细分；细分后的市场在一定时期内相对独立，互不干扰；高价市场中不能有低价竞争者；价格差异适度，不至于引起消费者的反感。

(三)竞争导向定价法

竞争导向定价法是企业通过研究竞争对手的生产条件、服务状况、价格水平等因素，依据自身的竞争实力，参考成本和供求状况来确定商品价格，以竞争者的类似产品的价格作为本企业产品定价的参照系的一种定价方法。竞争导向定价主要包括以下几种方法。

1. 随行就市定价法

在垄断竞争和完全竞争的市场结构条件下，任何一家企业都无法凭借自己的实力而在市场上取得绝对的优势，为了避免竞争特别是价格竞争带来的损失，大多数企业都采用随行就市定价法，即将本企业某产品价格保持在市场平均价格水平上，利用这样的价格来获得平均报酬。此外，采用随行就市定价法，企业就不必去全面了解消费者对不同价差的反应，也不会引起价格波动。

2. 产品差别定价法

产品差别定价法是指企业通过不同营销努力，使同种同质的产品在消费者心目中树立起不同的产品形象，进而根据自身特点，选取低于或高于竞争者的价格作为本企业产品价格。因此，产品差别定价法是一种进攻性的定价方法。

3. 密封投标定价法

在国内外，许多大宗商品、原材料、成套设备和建筑工程项目的买卖和承包以及出售小型企业等，往往采用发包人招标、承包人投标的方式来选择承包者，确定最终承包价格。一般来说，招标方只有一个，处于相对垄断地位，而投标方有多个，处于相互竞争地位。标的物的价格由参与投标的各个企业在相互独立的条件下来确定。在买方招标的所有投标者中，报价最低的投标者通常中标，其报价就是承包价格。

四、合理使用定价策略

(一)主动降价策略

主动降价策略是指企业为了适应市场环境和内部条件的变化,把原有产品的价格调低。主动降价的原因,归纳起来有以下几种:

(1)企业的生产能力过剩。这时企业库存积压严重,需要扩大业务,但是企业又不能通过产品改良和加强促销等手段来扩大销售,就必须考虑通过降价来提高销售量。

(2)在强大的竞争压力下,企业的市场占有率下降,迫使企业降低价格来维持和扩大市场份额。

(3)企业为了控制市场,通过降低成本来降价。企业通过销售量的扩大来进一步降低成本费用,从而降低价格。

(4)市场需求不振。在宏观经济不景气的形势下,价格下降是许多企业借以渡过经济难关的重要手段。

(5)根据产品寿命周期阶段的变化进行调整。相对于导入期时较高的价格,在进入成长期后期和成熟期后,市场竞争不断加剧,可以通过下调价格来吸引更多的消费者。

因企业产品所处的地位、环境以及引起降价原因的不同,企业选择降价的方式也会各不相同,可能会采用直接降价的方式,也可能会采取打折、附送赠品等间接降价的方式。

(二)主动提价策略

所谓主动提价策略,是指在市场营销中,企业为了适应市场环境和自身内部条件的变化,把原有价格调高。主动提价的原因主要有:

(1)产品成本上涨,企业只能通过涨价来转嫁负担。

(2)产品供不应求,企业必须通过提价来抑制部分需求,以缓解市场压力。

(3)改革产品。企业通过改进产品的质量、性能、结构来提高市场竞争力。

(4)竞争策略的需要。以产品的高价位,来显示产品的高品位。

企业采用主动涨价策略时,一般也有两种方式可供选择,一种是直接调高价格;另一种则是通过缩小产品尺寸、分量及降低折扣等间接方式。

案例导入

一、经典案例

2005 年,在襄樊、上海开过面包连锁店的陆伟进入武汉,正式在黄浦路开起了第一家仟吉饼店。那时,皇冠、罗莎、圣娜多堡等都是在武汉打拼了十来年的老品牌,门店也都很多。对当时的很多人来说,蛋糕业是一个产品同质化严重,价格非常敏感的行业。对仟吉这样一个新品牌来说,市场竞争十分激烈,如何才能站稳脚跟是企业面临的大难题。

仟吉西饼在武汉创立初期,团队凭借敏锐的市场洞察,精准的市场定位和品牌差异化迅速地帮助仟吉突破众多竞争品牌的包围圈,切入以皇冠为首的武汉市场。烘焙行业高速发展的大环境下,本地市场竞争环境相对宽松,仟吉成立于一个烘焙品牌升级换代的最好时机。其形象及定位符合现代人的需求,填补了武汉中高端市场的空白。仟吉的现烤产品模式体现了新鲜，迎合了现代人的市场需求。仟吉从一个规模小、知名度低的烘焙品牌逐步成为武汉乃至华中区域的第一烘焙品牌。目前，仟吉已在武汉以外的长沙、郑州、合肥等多地实现战略布局，连锁门店总数达到70余家。

二、案例分析

仟吉西饼所在的蛋糕行业是一个竞争白热化的行业。2005年，仟吉西饼进入武汉时，当时的武汉市场上已经有皇冠、罗莎、圣娜多堡、元祖等多个品牌，但仟吉西饼很快脱颖而出，成为市场上的佼佼者，主要有以下几个原因。

1. 明确的市场细分定位

企业定位于白领、时尚阶层，主导面包时尚化，并成功摸索出一套白领乐于接受的时尚与文化，形成了市场美誉度。2012年仟吉首开体验店，为消费者提供舒适、休闲、享乐的全新体验空间，在这里可以尽情喝下午茶、品咖啡、上网、阅读，放松身心，享受美食，体验时尚且充满情调的生活方式。

2. 抓住消费升级，起步于高端

产品定价策略采用高价策略，初入武汉市场时，选择市中心核心区域开店。门店装修风格、产品创新与包装设计都很好地抓住了顾客的需求，做出个性化的品牌设计，主色调为墨绿色，代表环保、低碳的时尚潮流，辨识度更高。在武汉市场快速发展的时间正好契合了经济飞速发展、人们消费急速提升的时机。

3. 借力热门IP，保持品牌形象

2009年，魔术师刘谦红遍整个亚洲，仟吉西饼洞察其巡演“武汉站”的商机，策划和主导了“仟吉2009中秋美味诱惑体验”大型传播推广活动——“仟变仟吉”，开创中国烘焙实效营销先例。

总体而言，仟吉的品牌塑造在于它精准的自我定位，通过培养客户群体得到客户的喜爱，随后不断地完善自己，精益求精。与此同时，仟吉也没有忘记发展时下最流行的电子商务，在这一切都准备好之后，仟吉的成功就已经是水到渠成了。

任务设计与实施

一、任务实施内容

为食品定价制定合理的策略，将班级同学进行分组，假设每组代表一个公司，每个公司都经营同一种食品，按给定的游戏规则，分组分析市场，撰写某食品定价策略报告。学生进行专题汇报并研讨，需重点掌握食品定价的技巧。

二、任务流程设计

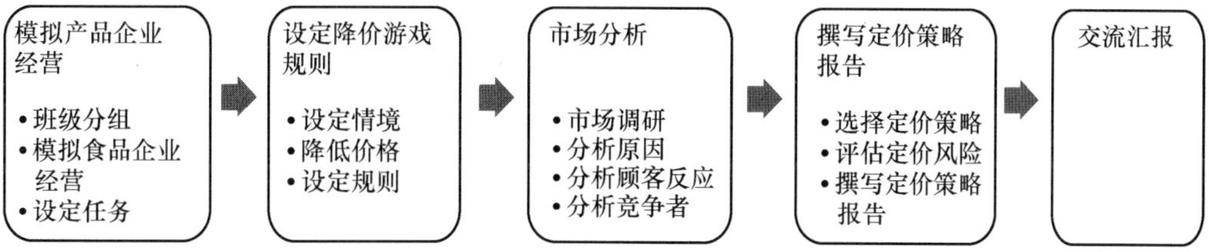

三、任务实施要求

(1)将班级同学分成5～6个组,每个组将分别代表一家公司在市场经营,每组选出一名组长,以组为单位合作完成任务。

(2)以小组为单位,为食品定价制定合理的策略,根据任务实施内容,具体完成某食品定价及相应的策略分析素材的收集、归纳、整理与分析。

(3)以小组为单位试着分析市场,精心选择某食品品种,撰写食品定价策略报告,要求格式规范,字数在2 000字以上。

(5)以组为单位制作PPT,派代表进行班级课堂汇报,并研讨交流。

四、任务实施考核

请按照本项目任务一任务实施考核的内容与标准执行。

任务三　为食品选择合适的营销渠道

任务内容

认识食品营销渠道的内涵和类型,掌握常见的食品营销渠道类型,并能够根据食品企业的实际情况选择合适的营销渠道,编制食品分销渠道的调查分析报告。

必学理论

一、食品营销渠道的内涵和类型

食品营销渠道是食品企业经营系统的组成部分,是连接食品企业与市场的桥梁,是沟通食品与顾客的媒介,是企业开拓和占领市场的关键,对企业改善经营效率、提升竞争能力、强化经营安全等起着重要作用。

大多数食品生产者并不是将其产品直接出售给食用的顾客,在生产者和最终食用的顾客之间需要一系列的中间机构执行不同的功能。这些中间机构就组成了食品的营销渠道,也可以称之为分销渠道。因此,食品营销渠道是促使食品或者服务顺利地被食用或消费的一套相互依存、相互影响的组织。它们是食品或服务在被生产或者产生后必须要经历的途径,需要被食用者购买并消费。这些机构包括批发商和零售商等买卖中间商,他们通过买进产品取得所有权后再出售;还包括经纪人、制造商或销售商代理人、物流公司、仓库管理者、银行和广告代理商等辅助机构,它们不取得产品所有权,也不参与买卖谈判过程。食品营销者应该从生产、分配、销售、服务的流程出发,选择最适合的营销渠道,以实现企业的销售目标。

营销渠道的参与主体,是指为促使产品或服务顺利地被使用或消费的一整套相互依存的组织,它们组成一个产品或服务在产生后的一系列途径,经过销售到达最终用户手中;营销渠道是当产品从生产者向最终消费者或产业用户移动时,直接或间接转移所有权所经过的途径和过程;商品只有通过各种营销渠道的协同运作,才能进入市场进行销售。

总之,营销渠道是由构建渠道的主导企业及其他相关企业所形成的一个系统的路径过程,其目的是将产品和服务从生产企业手里有效地转移到消费企业或消费者手中，在满足消费者需求的同时，促成消费者的主动支付，从而使生产企业实现产品与服务的销售，持续不断地获得现金流入，实现和提升企业价值。可见，随着渠道参与企业的变化、企业经营环境的变化、企业经营管理活动的调整，渠道参与企业之间表现出一种动态的协作关系。

一般而言，一个成功的营销渠道具有商品流通功能、营销推广和形象传播功能、信息采集功能和价值实现功能。营销渠道设计和管理状态不同、营销渠道被有效利用的程度不同，渠道的价值也大不一样。

二、食品营销渠道

食品营销企业要有一整套统一贯彻营销战略战术的营销渠道。通过增加更多的渠道，可以获得以下三个好处：一是可以提高市场覆盖率。使得更多消费者在更多不同的地方购买到产品，同时多渠道购买的顾客往往比在单一渠道购买的顾客更加有利可图。二是降低了渠道成本。对于小客户，通过电话销售比通过人员拜访成本低。三是能提供更多的定制销售。满足不同的消费者的需求。

开辟新渠道需要做出权衡，引进新渠道会与原有的渠道产生冲突和控制问题。两个或更多的渠道可能会为争夺同一客户而竞争，营销人员需要认真考查营销渠道机构并决定由哪些渠道完成哪些功能，优化渠道结构。常见的食品营销渠道有以下几类。

1. 直接销售渠道

从生产厂家直达超市、商场、各类零售店、酒店餐饮企业、娱乐场所等。这种方式主要适用于城市运作或公司力量能够直接辐射到的地区，销售力度大，对于价格和物流的控制力强。它的优点是渠道够短，对市场的反应最为迅速，服务能够更为及时。没有中间商，价格可以很稳定，促销最到位，可直达消费者，控制最为有效。但是也会局限在交通便利、消费集中的城市，会出现许多销售盲区；在人力物力的投入较大，各种费用较高，管理难度较大。在消费品市场，直接渠道也有扩大趋势。像生鲜类食品，有着长期传统的直销习惯。

2. 网络销售渠道

销售路径为生产厂家—经销商—批发商—零售商。主要适用于大众产品在农村和中小城市市场的销售。它的优点是可以节省大量的人力物力；销售面广，渗透力强，铺货迅速；各个层级之间权利义务分明，为共同利益会形成价格同盟，互助互利。它的缺点是容易造成价格混乱和区域间的窜货，一旦碰到竞争激烈的情况，反应会较为迟缓，需要有强有力的管理者使之活而不乱。

3. 平台式销售渠道

销售路径为生产厂家—经销商—零售终端。主要适用于密集型消费的大城市，需要做到服务细致、交通便利、管理观念新颖。如在一线城市设置大量经销商，形成一个巨大的物流平台，做到真正意义上的深度分销。它的优点是责任区域明确而严格；服务半径较小，送货及时，服务周到；销售网络稳定，基础扎实；基本不会受到低价窜货的影响，适合精耕细作，深度分销。缺点是会受到区域市场较强的条件限制，必经厂家直达送货，需要有较多的人员配合管理。如百事可乐就是采用这一类渠道。

4. 农贸批发市场向周边自然辐射销售渠道

农贸市场虽然总体上有些萎缩，但在农产品集中产地和产区，由于地方政府的支持和农产品流通的需要，这种模式还很有活力。该渠道的优点是无规则自由流通，不受行政区域的限制；经营灵活且薄利多销；品种繁多、配货方便；辐射带动能力强。但是也存在着一些缺点，它是以松散的形式关系为主体，没有固定网络和客户，以价格优势为主要手段吸引顾客，容易导致相互压价、低价冲货，没有树立深层的服务意识，只能等待客户到店达成销售，较为被动。

需要指出的是，以上四种模式还可以因地因时制宜，采取复合型模式以提高效率和降低成本。如采取“网络销售＋平台销售”的复合模式，以前提是经销商必须具备经营实力和品牌忠诚，同时要求网络健全；采取“直接销售＋网络销售”的复合模式，弥补市场和无力直接送达的零售店，设置经销商来查漏补缺；也可采取“网络销售＋直接销售”的复合模式，以网络销售为主，辅以一定的直接销售力量，直接做到大型超市和经销商难以涉及的特殊终端，对整个市场起到控制和调整的作用。

三、选择最合适的食品营销渠道

随着我国食品产量的不断增加，食品销售难的问题逐渐显现出来。近些年来全国不少地方出现了因食品销售困难而伤农事件。食品买卖难的问题频繁出现，如有些地方出现了时令水果因交通、天气等因素无法从产地运出，而消费者又想吃而吃不到，严重影响了人民的经济利益和社会稳定，也从一个侧面说明如今食品的市场营销在经济发展中的重要性。目前，尽管一些农民已经意识到营销渠道对农民增收的作用，但由于受各种因素的制约，对食品开展营销推广活动却总感觉举步维艰。因此，通过系统的品牌营销策划开展食品的销售是目前脱贫攻坚的一项重要内容。

结合近年来一些在食品方面的渠道策划的成功案例，开展食品营销渠道策划需要做到如下几点：

1. 正确的营销观念是选择食品营销渠道的前提条件

市场营销观念是开展营销渠道活动的指导思想，它决定着商品生产经营者活动是否科学、合理，能否取得满意的效果。以消费者需求为中心的食品市场营销观，即消费者取代生产者掌握了市场选择的主动权，生产者和销售者应该改变以往的观念，树立消费者需要什么，我就生产什么、销售什么，并比竞争对手提供更多、更好优质服务的营销观念。

2. 健全的食品市场制度是建设食品营销渠道的保障

市场经济制度是食品营销的基础和前提。在市场制度基础前提下，形成以政府宏观调控下的市场价格机制，运用价格的合理波动，使生产者自主调节供给数量，以达到食品总量上的市场供求平衡，避免价格剧烈变动。

3. 只有科学的市场调研才能选择到最好的营销渠道

加强对食品市场环境的调查，主要包括农业生产水平、科技水平、食品消费结构、食品市场价格水平和食品市场竞争环境、市场占有率等；加强食品生产供给情况调查，主要是农业生产情况以及对食品市场状况的影响；对销售渠道的通畅情况调查，要了解食品销售渠道的过去和现状，包括推销人员及销售渠道的利用等存在的问题；加大对市场行情的调查，如有关地区、企业同类商品的生产、经营、成本、价格等重要经济指标。

4. 有效培养食品市场主体是渠道拓展的重要途径

提高农民素质，培育和发展各种市场中介组织。食品营销主体是从事食品生产和销售的个人或组织，具有市场信息获得能力和营销控制能力。目前，主要生产者是农户，由于农户本身能力的局限性，很难在市场体系中建立自己的经济社会地位，不能真正成为市场营销主体，也不能从市场交换中获得利益。当前家庭农场、专业合作社等规模比较大，他们中很多都成了市场营销的主体，

5. 组建相关的农业合作社等组织，充分发挥协会的作用

现在有大量的农民专业合作社组织，可以充分依靠这些组织，积极为食品营销打开出路。做到统一供种、统一技术、统一收购，这样有一个强有力的组织作为牵头人，更容易开展食品营销，避免个人单打独斗。

6. 加强食品品牌营销，提升品牌价值

品牌是企业综合素质的标志，是企业自主知识产权和经营管理能力的集中体现，也是企业占领市场和拓展市场的利器。加强食品品牌建设，可以提高食品知名度，增强农业竞争力，也是现代市场营销的重要组成部分。

7. 积极推动食品网络营销是扩大销路的新举措

食品的网络营销较之于传统交易方式具有容易获取市场信息、增加交易机会、降低交易成本、有利于打造食品品牌、有利于开拓国内国际市场、有利于客户关系管理等众多优势。它的主要特点是：可以打破传统的时空限制，扩大农产品流通半径；使农产品信息更加透明化，减少由于没有销售渠道而带来的不必要的浪费；有利于实现农产品的产、供、销一体化，实现产业链的整合。既要建立食品营销有形市场网络，如批发市场、配送中心、生鲜超市等，又要适应新形势，建立无形市场网络。顺应网络经济迅猛发展的新形式，积极发展网上食品营销，搭建网上营销平台，实施电子商务，努力推动食品更多地走出本地区，面向全国和世界。

总之，食品营销策划要涵盖消费习惯、消费心理、消费潜力、消费心态等诸多方面，要从小商小贩的心态里走出来，建立一套可持续发展的食品营销策划模式与销售通路，建立食品身份证制度，建立食品消费家庭的识别系统，从而逐步建立可以稳定发展的高效农业销售体系。只有根据实际情况，针对不同的食品选择合适的营销渠道，使食品的升级换代不存在风险，只有市场有保障，产品才有出路，农业现代化才有依靠。

现在的食品的行业趋势是健康消费，是消费者对好的食材、对多场景的应用、对线上线下社区“三位一体”、对融合化的消费和购物模式的追求。这都是要提前布局的，因为它涉及渠道、产品、供应链、传播、顾客管理，更重要的是关于资源的组织结构和人员能力，以及品牌所讲述的故事、品牌的价值。

渠道对食品行业来说很重要，绝大多数食品企业都没有直销的能力，产品都是通过经销、电商方式送到顾客手里，所以分销渠道的结构和分销渠道的能力，以及分销渠道去经营终端的能力，决定了食品企业能否成功。

顾客买到手里的产品，其价值中的相当一部分是渠道所赋予的，高效、快速、方便地让顾客拿到产品，这就是渠道价值。现在，营销渠道正面临一个非常重大的变革，因为互联网的发展，使过去那种传统的营销渠道的生存空间被挤压。现在的渠道正在经历着从简单物流分销变成营销平台，从过去单一品牌、单一品类的经营，变成多品类、多品种、多品牌的平台经营的转型。所以，企业要把渠道布局好，要和渠道共同成长，要给渠道赋能，要细化，同时要会经营终端，要让渠道能够去连接企业客户，并及时帮助渠道转型。

总之，作为食品企业、食品品牌，要努力成为顾客价值的守望者。它们肩负的使命不仅仅要创造经济价值，还要创造长期的顾客价值，输出价值观。要做好绿色食品营销渠道建设工

作，依托绿色食品展示交易中心、旗舰店、连锁店等打好绿色食品生产、流通企业的品牌和渠道基础，引入拥有渠道和物流等优势的投资主体，吸收社会资本，注重线上线下相结合，建设连接生产企业、经销商、消费者、投资者、地方政府、监管机构等各方的全产业链一体化管理营销体系。

案例导入

一、经典案例

“三只松鼠”是由安徽三只松鼠电子商务有限公司于2012年强力推出的第一个互联网森林食品品牌，代表着天然、新鲜以及非过度加工。仅仅上线65天，其销售额在淘宝(天猫)坚果行业跃居第一名，花茶行业跃居前十名，发展速度之快创造了中国电子商务历史上的一个奇迹。

在2012年天猫“双十一”大促中，刚刚成立4个多月的“三只松鼠”当日成交近800万元，一举夺得坚果零食类冠军宝座，并且成功在约定时间内发完10万笔订单，创造了中国互联网食品历史突破。2013年1月份单月业绩突破2 000万元，轻松跃居坚果行业全网第一。“三只松鼠”2013年销量就突破了3亿，而在2019年确认营收超过百亿，达到101.94亿元，同比增长45.61％。

“三只松鼠”以打造一个互联网时代的生态农业产业链为企业使命，公司存在的价值是不断为消费者及合作伙伴创造新的价值，成为一个透明、简单、可靠的公司。

二、案例分析

“三只松鼠”是如何找到合适的营销渠道，然后做到风靡全网的呢？

1. 依托互联网技术，实现“四化”

“三只松鼠”主要是以互联网技术为依托，定位于做“互联网顾客体验的第一品牌”，努力实现“四化”。①品牌动漫化：让新媒体时代与客户进行更具互动化的沟通；②数据信息平台化：自助研发建立完善的数据信息系统平台；③物流仓储智能化：设置物流可控制节点，完善全国物流仓储规划；④产品信息可追溯化：让产品信息可以追溯到源头，建立产品信息的系统化机制。互联网的速度可以让产品更新鲜、更快到达，这就是“三只松鼠”成功的最根本原因。

2. 开始进军线下实体，全面布局新零售体系

作为线上休闲食品的龙头企业，从坚果到全品类的休闲食品，“三只松鼠”已然驶入万亿休闲食品赛道。其打造的“三只松鼠”形象，早已深入消费者的内心。无疑，“三只松鼠”的角色营销是非常成功的，但仅有互联网渠道是不够的，公司已开始全面进军线下实体，布局网络与线下实体互为补充的新零售体系，以占领更为广阔的市场空间。

3. 坚持“企业离消费者更近”的核心思想

企业在营销中牢固贯彻四个基本点。品牌——让消费者认识“三只松鼠”品牌；速度——让产品到达消费者手中的速度更快；服务——让客户得到最具个性化的服务；品质——让产品品质更稳定、更安全。

任务设计与实施

一、任务实施内容

小组分工协作完成制定食品渠道推广实践活动。以小组为单位查找典型案例，归纳整理与分析，并为食品选择合适的营销渠道，并编制食品营销渠道的分析调研报告，进行汇报交流。

二、任务流程设计

三、任务实施要求

(1)由学生自由组合成4～6人为一组的任务实施小组，并确定负责人，小组分工协作完成食品渠道推广实践活动。

(2)以小组为单位，查找典型案例，进行食品营销渠道素材的收集、归纳、整理与分析，并为食品选择合适的营销渠道。

(3)以小组为单位试着为食品选择合适的营销渠道，并编制食品营销渠道的分析调研报告；要求格式规范，字数在2 000字以上；

(4)以组为单位制作PPT并派代表进行课堂汇报，每组汇报时间不超过10分钟。要求分工协作、人人参与；PPT要求制作精美，数据翔实，言之有理；提交书面的食品营销渠道调查分析报告。

四、任务实施考核

请按照本项目任务一任务实施考核的内容与标准执行。

任务四　为食品企业设计产品促销组合方案

任务内容

认识食品促销的含义和作用，掌握常见的食品促销策略，并能够根据食品企业的实际情况灵活选择实用的促销策略，完成书面的营销组合策划方案。

必学理论

一、食品促销的含义与作用

(一)食品促销的含义

食品促销是指食品企业通过人员销售或非人员销售的方式，向目标顾客传递商品或服务的存在、特征、性能等信息，帮助顾客了解商品或服务所能带来的利益，从而引起消费者的兴趣，驱动消费者的购物欲望，并触发购买行为的活动。

首先，食品促销的实质是有效的信息沟通。企业与消费者之间进行交易的基本条件是信息交流。只有将食品或提供的服务等信息传递给消费者，才能引起消费者注意，并使其产生购买欲望。其次，食品促销的目的是引起消费者对食品的兴趣，进而激发消费者的购买欲望并促成购买行为。消费者是否产生购买行为主要取决于消费者主观的购买意愿，但外界刺激也能在一定程度上激发购买意愿。

因此，要想成功地使顾客对食品产生兴趣并促成购买行为，必须借助一定的促销方式。一般来说包括两大类：一类是单向传递，即一方发出信息，另一方接收信息。如商业广告、橱窗陈列等，称之为非人员推销。另一类是双向沟通，即买卖双方互相交流信息，如推销人员通过上门推销、现场推销等方式将食品直接介绍给消费者，同时消费者也将自己对食品的需要或特殊需求反映给推销人员，如食品企业开展食品展销会或免费品尝活动等，我们把这种方式称之为人员推销。

（二）食品促销的作用

1. 传播与沟通信息

食品企业通过促销活动，一方面可以及时地将商品和服务的有关信息传递给消费者，引起他们的广泛注意，吸引消费者购买；另一方面可以及时了解消费者对食品的看法和意见，密切生产者、中间商与消费者之间的关系，加强营销渠道各环节的协作，加速食品的流通。同时，通过传递和沟通信息，把众多分散的消费者和食品企业联系起来，有效提高饰品企业和食品品牌的知名度。

2. 协调配合，稳定销售

促销是食品企业市场营销组合中最灵活、重要的组成部分。通过促销可以有效协调和配合其他营销策略，有助于树立企业新产品的特色，从而推动企业整体战略的实施及总体营销目标的实现。

3. 激发需求，扩大市场

消费需求既可以扩大，也可以缩小；既可以诱发，也可以抑制。有效的促销活动不仅能诱导与激发消费者的需求，在一定条件下还可以创造需求。当需求处于潜伏状态时，促销可以起到催化剂的作用；当需求减少时，促销能够充当刺激，使需求得到一定程度的恢复，进而稳定或扩大产品的市场份额。例如，蛋糕连锁店在端午节前后开展购买礼品粽即可半价购买蛋糕的活动，提高进店率，有效推动粽子和蛋糕的销售。

4. 突出特色，提升竞争力

随着经济全球化和科技快速发展，市场竞争越来越激烈，市场面临的产品同质化现象也越来越突出。面对琳琅满目的食品，消费者很难做出选择。要快速引起消费者注意，实现商品、服务和品牌的差异化是唯一的途径。企业差异化竞争优势的建设，一方面，有赖于企业自身“苦练内功”，生产出符合消费者需求的产品；另一方面，必须借助有效的促销手段，突出产品的性能和特点，以及带给消费者的特殊利益，促使消费者对本企业产品产生兴趣，才能不断提升市场竞争力。例如，众所周知的海底捞，除了对食材、底料的要求非常高，让顾客吃到放心、满意的火锅之外，还创新了服务模式，吸引大量顾客前往。

二、常用的食品促销策略

(一)食品促销策略的含义

食品促销策略是指食品企业运用人员推销、广告、公共关系、营销推广等促销手段,向消费者传递食品信息,吸引其注意和兴趣,激发消费者购买欲望,并促成购买行为,以达到扩大食品销售的目的的活动。

食品促销策略从总体上可以分为推式策略和拉式策略两类。推式策略是食品企业运用人员推销的方式,把食品推向市场,即从生产企业推向中间商,再由中间商推广给消费者,故也称人员推销策略。拉式策略也称非人员推销策略,是食品企业在某一时间内通过大众传播媒介向大量消费者传递信息,主要包括广告、公共关系和营销推广等方式,促使消费者对食品企业、品牌、食品等产生兴趣,进而采取购买行为的推销策略。

(二)常见的食品促销策略类型

1. 人员推销策略

人员推销是即食品企业通过推销人员或委托推销人员,直接向消费者介绍、推广食品相应信息及服务,促进食品销售的沟通活动。这种方式有利于产品和服务信息的直接、准确传达,并能有效接收消费者的反馈信息,具有双向沟通的特点。

2. 广告宣传策略

广告宣传是指食品企业支付一定数额的费用,通过大众传播媒体对产品进行广泛宣传,向消费者传递产品和服务信息,促进食品销售的传播活动。这种方式有利于扩大产品宣传,在较短时间内促使消费者认识食品品牌并产生好感,有效弥补人员推销中推销人员在到达之前或无法到达区域内的信息传递。

3. 公共关系促销策略

公共关系促销指的是食品企业为了促进消费者对食品企业的了解,提高企业的知名度和社会声誉,为企业创造良好的外部环境,有计划地开展一系列公共关系活动,有效促进与内部员工、外部公众的良好关系的沟通活动。

4. 营业推广

营业推广策略是指食品企业为刺激消费者购买,通过商品陈列、商品推广展示会、赠送和免费品尝食品等方式,有效吸引消费者,并刺激其消费欲望,达成短期内有效销售的沟通活动。

三、食品促销策略的原则与方法

食品企业的促销策略主要类型包括人员推销、广告、营业推广、公共关系。每种类型都有其长处和短处,食品促销的重点在不同时期、不同食品上也各有区别。如何有效运用和优化促销策略,需要有机食品特点、促销目标、促销预算、市场性质和产品生命周期等因素,综合运用几种促销方式。

(一)人员推销策略

人员推销是食品企业派出推销人员直接向消费者推荐和介绍食品,解答消费者疑问,促使消费者了解并偏爱本企业产品,并以此达到销售食品的活动。这是食品销售中最常用、最富有技巧性的推销方式,是食品企业实现营销目标最直接的销售方式。

1. 人员推销的形式

一般说来，人员推销主要有上门推销、柜台推销、会议推销三种形式。

(1)上门推销。上门推销是由推销员携带食品样品上门走访顾客、推销食品的方式。这是最常见的也是消费者广泛认可和接受的一种推销方式。如常见的上门推销某食品的新品种、免费试吃等。

(2)柜台推销。柜台推销又称门市推销，即食品企业开设固定营业场所，由营业人员接待进入店内的顾客，并向其介绍和销售食品的活动。在此过程中，营业员通过在与顾客面对面的接触和交谈，准确了解消费需求，有针对性地介绍食品、回答问题，并促成交易。相对于上门推销，这是一种“等客上门”式的推销方法，成交率较高。

(3)会议推销。会议推销是指利用订货会、展销会、洽谈会、供货会等会议形式宣传和介绍本企业产品，并由此开展的一系列食品销售活动。这种推销形式加强了食品企业与消费者之间的沟通，为双方提供广泛的营销信息，具有推销集中、成交额大的特点，其推销效果比上门推销和柜台推销更加显著，因此越来越被大多数食品企业采用。

2. 人员推销的步骤

(1)寻找和挖掘顾客。人员推销不仅要提供产品信息，满足老顾客的购买需求，更重要的是在市场中寻找机会，挖掘和发现潜在顾客，开拓新市场、创造新需求、发现新顾客。寻找顾客常见的方法包括电话访问、地毯式访问、老顾客介绍等。

(2)传递信息，收集资料。食品推销人员是通过传递和整合信息来推销食品的，所以推销人员需要准确掌握食品信息、企业信息、竞争者信息等，并熟悉本企业发展历史和现状，方便为顾客提供完整、准确的资料。同时，食品企业所需的营销信息很大一部分来源于顾客，推销人员活跃于企业和顾客之间，在推销食品的过程中方便开展调查研究，了解顾客的现实和潜在需求，并及时反馈给企业，为改进营销措施、及时做出正确的食品营销决策提供依据。

(3)推销商品，提供服务。推销人员通过与消费者的直接接触，根据不同情况灵活运用推销技巧，向顾客提供优惠的产品和优质的服务，从物质上和精神上满足对方的需求，激发顾客做出购买行为。值得注意的是，食品推销中除成功推销商品外，服务顾客也是必不可少的，在推销中积极主动地为顾客提供售前、售中和售后服务，如食品的相关原材料信息、食用过程中的注意事项、食品保质期等，切实维护顾客利益，提升企业在顾客心中的形象，从而转化为本企业的忠诚客户。

(4)异议处理。在推销商品和顾客服务的过程中，有时会出现推销人员与顾客的意见不一致的情况。食品人员推销中常见的异议来源于食品的价格和质量。一个优秀的推销员应随时准备好应对异议的措辞和理由，在异议处理过程中，要表现出真诚和冷静，善于运用资料和数据做出合理解释，消除顾客心中的疑虑，由此达成促成商品交易的目的。

(5)达成交易。推销人员在解决顾客疑虑后，要抓住适当时机促使买卖双方达成交易。在与顾客面对面的交流中，推销人员要善于观察顾客表情和动作，准确把握成交的机会，一旦发现顾客有购买意愿，可适当提供一些优惠条件或馈赠，促成交易。

(6)事后跟踪，维护客户资料。事后跟踪是推销人员确保顾客满意并重复购买的重要环节。食品销售成功后，涉及顾客食用的感受、体验效果、客户资料维护等。如保质期较短或有特别保藏要求的食品，销售后可通过短信方式提示顾客。统计成交金额较大或重复购买率较高的顾客，建立顾客档案，有助于维护客户资料，开拓新的客户资源。

3. 人员推销的方法

(1)约见顾客的方法。首先,做好约见前的准备工作,包括展示或试吃的食品、资料、心理、语言等;其次,仔细斟酌并合理选择约见的时间和地点,并通过委托或直接约见的方式约见客户。尤其是针对社区或某单位集中销售时,更需做好充足准备。

(2)接触潜在顾客的方法。首先,应尽可能了解潜在顾客的心理特征,如外向型、保守型、随和型、暴躁型等。其次,常见的接触方法有印象先导接近法、聊天式接近法、关系交际接近法、赞美建议接近法、广告赠物接近法、自我介绍接近法、表演接近法等。在运用各种接近方法时,要密切关注对方的反应,根据对方情绪的变化,适时调整接近的方法。

(3)交谈的技巧。一是要注重自己的仪表和服饰妆容,给顾客留下健康、卫生、积极向上的良好形象;二是在交谈中充分了解顾客对食品的安全、品牌、品质、口味、外观设计等方面的需求;三是适时地推荐符合消费者需求的产品,既要说明产品的优点所在,也要如实反映缺点,做到真诚、客观、全面。

知识扩展

人员推销的"5S原则"

(1)微笑(smile)。微笑可体现感谢、心灵上的宽容,笑容可表现开朗、健康和体贴,增强人的亲和力。

(2)诚恳(sincerity)。真诚的工作态度是一种重要的基本心态,也是为人处世的一条基本原则。

(3)迅速(speed)。快速响应,不让顾客等待是服务是否优质的重要衡量标准。

(4)灵巧(smart)。善解人意、懂得换位思考,善于从顾客的角度考虑问题,机敏过人、思路开阔,有利于获取顾客的信赖。

(5)研究(study)。要注重不断学习相关知识和技能,既要熟悉商品相关知识,又要学会分析顾客心理和提升洽谈技巧。

(二)广告宣传策略

广告宣传策略是食品促销策略的重要分支,它对食品企业经营的成败有至关重要的作用。合理的广告策略不仅要符合食品企业的经营实质,还应以消费者为中心,根据消费者的文化特点、需求特点及风俗习惯等来制定,同时还必须符合有关法律法规及道德标准,兼顾消费者、社会及企业三者的利益。

1. 广告宣传策略的含义

食品广告指的是食品企业为推销本企业商品、服务或宣传企业理念,以付费的方式,通过各种媒介向公众发布食品相关信息的促销手段。

2. 广告宣传的作用

广告促销的作用可从以下三个方面分析。

(1)从消费者角度看。广告是以信息方式沟通需求和食品企业生产经营的中介环节,它对消费者的心理和行为产生影响,从一定程度上可以满足消费者现有的需求,进一步激发潜在的需求,并创造新的消费需求。

(2)从企业的角度看。广告是食品企业增强竞争力、提高市场份额的有力手段。随着市场竞争越来越激烈,食品企业必须形成与竞争者有差异性的产品,广告定位中的差别化策略就有助于增强企业的竞争力。所以,从企业的角度看,广告的作用是有助于吸引消费者的注意,获取消费者好感,建立品牌偏好,以尽可能少的投入获得尽可能大的产出。

(3)从市场的角度看。广告是商品信息传播的重要工具,是搭建买卖双方信息沟通的桥梁,能帮助消费者获取企业相关信息,并有助于食品企业在较短时间内开拓市场。

3. 广告促销的设计原则

(1)效益性与真实性兼顾的原则。食品企业的一切经济活动都以效益为中心展开,所以效益性是广告的基本要求。但过分夸张的、失真的广告会引起消费者的反感,甚至会给企业带来难以想象的不良后果。所以食品企业在制定广告时既要考虑效益,又要以事实为依据,讲求信誉,切不可夸大食品的口感或食用效果。如保健食品适宜于特定人群,具有调节机体功能,但不能在广告中将其宣传为治疗疾病的食品。

(2)群众性与民族性兼顾的原则。食品具有很强的地域化差异,要扩大食品广告的受众范围,增强食品广告的吸引力,必须将广告与区域文化紧密结合,体现食品独有的特色和艺术,呈现较强的针对性。如伊利、蒙牛在广告中突出内蒙古广阔的草原、当地人健康的身体和独特的内蒙古文化等,强烈吸引消费者。

(3)思想性与艺术性兼顾的原则。思想性使广告具有较高的思想文化内涵,可以较好地展现企业文化。同时又要注意广告形式的生动性和活泼性,使广告具有强烈的感染力,以增强广告的吸引力,进一步体现食品广告的价值。

4. 食品广告创作的内容要素与广告设计的表达形式

(1)广告创作的内容要素。食品广告创作的内容要素主要包括主题、概念、形象、创意四大要素,是广告创作人员在构思广告内容时必须考虑的因素。主题是广告的中心思想,统率整个广告设计。主题的选择必须根据广告目标、信息特点和消费者心理来综合决定。概念是传达给广告对象的重点信息。形象是广告意图给广告受众留下的特殊印象。创意是主题形象化、具体化和艺术化的体现,集中表现广告主题的构思。例如,王老吉的广告利用夏天吃火锅的场景和“怕上火,喝王老吉”的广告词,集中突出该产品可降火、消暑的功效。

(2)广告设计的表达形式。食品广告设计的表达形式,就是选择最有效的信息符号来表达信息内容和结构。常见的有:通过印刷产品信息传递文字和图片;利用广播媒体传递声音,如炎热的夏季喝冰冻七喜;电视或网络广告利用视频传递图片、声音、动画等。因此,在设计食品信息的表达形式时必须采用与媒体相适应的信息符号,选择相应的信息表达形式。同时,要注意表达形式的个性化和艺术化,增强广告的特色和审美价值,从而增强广告信息的吸引力和传播效果。

二维码 5-4 广告文案策划要求

5. 广告促销效果的评估

食品广告效果的评估是指运用科学的方法来鉴定食品广告的综合效益。狭义的广告效果是指广告所获得的经济效益,即通过广告促进食品销售的增加程度,也是广告带来的销售效果。广义的广告效果则是指广告活动目的的实现程度,主要包括广告的经济效益、广告的心理效益,如消费者对食品广告的心理认同程度和购买意向及购买频率、广告的社会效益等。

(三)公共关系促销策略

1. 公共关系促销的含义

食品公共关系促销是指某一食品企业为改善与社会公众的关系,促进公众对该企业的认识、理解及支持,达到树立良好组织形象、促进食品销售的目的的一系列促销活动。任何一个组织都不可避免地要与社会各界发生各种各样的交往关系,食品企业获得更好的生存和发展,就必须采用有计划的政策和行动,处理好这些纵横交错的关系,塑造良好的社会形象,以赢得社会公众的理解、喜爱和信赖。例如,“生态行动,助力中国”大型终端巡展活动,是蒙牛与全国消费者共同参与并打造的绿色生态行动。2010 年 4 月 24 日,“生态行动,助力中国”来到上海,众人争相体验蒙牛带来的生态魔法。作为世博会的主办城市,上海在“低碳、和谐、可持续发展城市”这三大主题下,勾勒出了创新型新一代城市的雏形,此次生态行动与上海的城市主题不谋而合,也因此得到了社会各界的广泛关注。

2. 公共关系促销的作用

(1)收集信息,有效沟通。公共关系促销是食品企业与公众沟通的重要手段。食品企业通过公共关系活动收集整理与企业形象相关的信息,了解公众对食品及企业评价,检测企业环境,从而做出正确的营销决策。主要收集的信息包括两大类:产品形象信息与企业形象信息。产品形象信息包括公众对食品质量、价格、用途、包装等方面的反馈,对食品优点、缺点的评价以及改进建议等。企业形象信息主要包括公众对该食品企业的评价、对企业人员素质的评价、对企业服务质量的评价、对企业管理水平的评价等。

(2)有助于食品企业塑造良好的形象。食品企业要赢得公众的支持,必须在公众心目中树立良好的形象。这种形象是食品企业巨大的无形资产,既能赢得更多的公众理解和信任,扩大市场影响力,又可以提高新产品的市场认知率。因此,企业在食品促销过程中,一方面要为顾客提供安全、优质的产品和服务;另一方面要通过各种形式的公关活动,诸如公益广告宣传、社会赞助活动等,迅速提高企业知名度和美誉度,塑造企业良好的形象。例如,农夫山泉一直热衷公益,这大大地提高了其在消费者心目中的形象。

(3)有助于创造和谐的企业内、外部环境。公共关系的主要职能之一是正确处理和协调企业内、外部公众的关系。首先,食品企业要顺利地发展,企业内部要充满生机和活力。良好的公共关系有利于员工积极性、智慧性和创造性的发挥。其次,企业要与外界公众不断联络和协调,良好的公共关系有利于食品企业取得外界公众的理解与协作,与外界环境平衡发展。

3. 公共关系促销的原则

(1)信息双向交流原则。食品企业贯彻信息双向交流原则的目的在于提高信息沟通的质量,以最快速度消除信息沟通障碍,建立相互间的了解、信任和支持。

(2)以诚取信的原则。诚实能获得公众的信任。食品企业要在公众心目中树立良好的形象,必须做到诚实守信,做到食品安全,让消费者放心。

(3)全员公关原则。全员公关是指食品企业的公共关系工作不仅要依靠公关部门和专职人员的努力,还要依靠企业部门之间的密切配合和全体员工的共同参与。企业形象是通过企业所有人员的集体行为表现出来的,企业员工的活动都体现企业的整体形象和风貌。例如,海底捞的成功就取决于全体员工共同塑造的形象。

(4)公众利益与企业利益相协调的原则。食品企业的生存发展离不开社会的支持,诸如劳动力、资金、生产资料的提供及政府的宏观调控。因此,企业需要从社会公众的利益出发进行公共关系活动，为社会提供优质的产品和服务；在处理与外部关系时，坚决维护公众利益。企业做到“不谋私利”，就一定会获取公众的理解和支持，就一定会树立起良好的社会形象。

4. 公共关系促销的方式

(1)网络宣传。食品企业可借助网络进行食品宣传，如直播、短视频、微信、微博等，以扩大影响，树立企业形象。例如，湖北周黑鸭、广西螺蛳粉、湖南臭豆腐等的生产企业通过短视频和直播的方式，让广大网民产生兴趣，甚至出现销售火爆的场面。

(2)专题活动。企业可以通过举办各种专题活动，提高知名度，扩大影响力。包括举办各种庆典活动，如厂庆、开工典礼、开业典礼等；开展各种竞赛活动，如知识竞赛、劳动竞赛、有奖评优等。

(3)赞助活动。赞助活动是食品企业无偿地提供资金或物质支持某一项社会事业或社会活动，以获得一定形象传播效益的公共关系专题活动。通过赞助活动来获得更高的曝光率和知名度，或提升自身口碑，都能够为建立公众形象带来巨大的作用，这种赞助公关，实际上是一种将企业有形资产转化为无形资产的有力手段。

(4)对外开放参观。对外开放参观活动是食品企业为了让公众更好地了解自己，面向社会各界开放，及时组织和安排广大公众到企业内部来参观、考察，以提高食品制作流程的透明度，争取公众了解和支持的一个重要手段。

(5)企业识别系统。视觉识别是食品企业通过传播企业名称、标准字体、标准色、品牌、建筑物、制版等基本信息，便于公众识别企业的特色，给公众留下深刻的印象。统一的视觉识别标志，有助于提高企业及产品的辨识度，迅速建立企业形象。因此，企业识别系统是目前食品企业广泛运用的公关促销手段。

二维码 5-5 公共关系策划

(四)营业推广策略

1. 营业推广的含义及形式

营业推广又称销售促进，是指食品企业在特有的目标市场中，为了迅速地刺激需求和鼓励消费者购买而采取的一种促进销售的策略。

食品企业可根据营业推广对象、竞争形势、市场类型及各种营业推广形式的成本和效果等因素在多种营业推广形式中进行选择。营业推广形式主要包括针对中间商的营业推广形式、针对消费者的营业推广形式，以及针对销售人员的营业推广。针对中间商的营业推广的目的是吸引中间商经营本企业产品，有效减少竞争对手的促销影响，获得中间商更多的合作和支持。其主要方式有：提供销售津贴、赠品、列名广告、举办销售竞赛、业务会议和展销会等。针对消费者的营业推广，其目的主要是吸引新顾客购买、鼓励老顾客继续重复购买、动员顾客购买新品种等。其主要方式有：赠送样品、有奖销售、现场示范、优惠券等。针对销售人员的营业推广的目的是提高推销人员的推销热情，推动销售人员积极开拓新市场。其主要方式包括：销售额提成、免费培训、技术指导等。

2. 营业推广的特点

(1)针对性强，销售效果明显。食品营业推广可根据顾客心理和市场营销环境等因素，采取针对性的方法，向顾客提供特殊的购买机会，具有强烈的吸引力和诱惑力，能够引起顾客的关注并立即促成其购买行为，在较大范围内收到立竿见影的功效。

(2)有一定的局限性和副作用。食品营业推广的方式多种多样，有些方式显现出企业急于销售产品的意图，容易造成顾客的逆反心理。例如，赠送、奖售等方式，如果使用太多，或使用不当，顾客会怀疑食品的品质、品牌或推销人员的人品，有损企业和产品的形象。

3. 营业推广的实施步骤

(1)确定营业推广的目标。就消费者而言，目标包括鼓励消费者购买和促进大批量购买食品；促使目标顾客试吃并成功销售。就零售商而言，其目标是吸引零售商们分销新产品和维持较高水平的存货，建立品牌忠诚度。就销售人员而言，目标是鼓励销售人员提高销售技能，根据食品不同特点尽心推销，提高信心和热情，挖掘更多潜在客户等。

(2)选择推广工具。食品营业推广的方式很多，但如果使用不当，则适得其反。因此，选择合适的推广工具是取得良好推广效果的关键因素。企业一般要根据目标对象的接受习惯和产品特点、目标市场状况等来综合分析选择推广工具。

(3)明确营业推广的期限。食品营业推广的时间选择必须符合整体营销策略，并与其他经营活动相协调。如果时间太短，不能刺激到潜在客户，无法激发其购买欲望，从而收效甚微；如果推广时间太长，又会给消费者造成这不过是一种变相减价或推销临期食品的印象，从而失去吸引力。因此，时间选择要恰到好处，既要给消费者"欲购从速"的吸引力，又要避免草率行事。

(4)制订营业推广方案。制订营业推广方案要确定食品营业推广的刺激程度、推广对象、传播媒介、推广时机和预算分配等。如随着刺激程度的增加、市场销售量会增加，但到了一定程度后，其效应出现递减现象。

(5)实施和控制营业推广方案。实施的期限包括前置时间和销售延续时间。前置时间是从开始实施这种方案前所必需的准备时间，包括计划和设计工作、包装修改的批准或者分送到家、配合广告的准备工作和购买或印刷特别赠品或包装材料、预期存货的生产等。销售延续时间是从开始实施到大约95%的采取此促销办法的商品到达消费者手里所经历的时间。

二维码 5-6 营业推广方案设计

(6)评价营业推广结果。评价营业推广结果最普通的方法是比较食品营业推广前、推广中和推广后的销售情况。

案例导入

一、经典案例

内蒙古伊利实业集团股份有限公司创始于1993年，是中国规模最大、产品线最全的乳制品企业，是中国唯一一家符合奥运会标准，为2008年北京奥运会提供服务的乳制品企业；也是中国唯一一家符合"世博会"标准，为2010年上海"世博会"提供服务的乳制品企业。2017年8月30日，伊利集团成为北京2022年冬奥会和2022年冬残奥会官方唯一乳制品合作伙伴。据2019年伊利企业年报显示，2019年实现营业总收入902.23亿元，同期增长13.41%；净利润70亿元，同期增长7.73%，再创亚洲乳业新高，连续6年创亚洲乳业第一，营收增长连续超百亿级。

二、案例分析

伊利是怎样灵活运用各种促销策略的呢？

1. 打好促销组合拳

伊利取得如此成功，其成功的促销策略起到了事半功倍的作用。伊利促销方式繁多，其中最常用的促销方式是组合促销搭赠，依靠不同的品类配比达到保持明星产品的市场优势地位，培养二线产品，带动新品铺市、滞销品清理、协调产销平衡等多重目的。消费者促销集中在节假日热卖或买赠，销售旺季家批活动开展。值得一提的是，由于伊利完成了全国中心城市直营体系的建设，可以确保所有消费者促销活动不折不扣地到达消费者口中，真正实现与消费者零距离沟通。

2. 特别注重广告投放

伊利的广告投放焦点是央视频道，2018 年，伊利在广告营销上的花费超百亿，达到 109.55 亿元，而总体销售费用则达到 197.73 亿元占企业营收的 25.04%。

3. 独特的产品定位

伊利产品“心灵的天然牧场”定位是相当成功的，给人以一种亲切而又迷人的感觉，不失活力、贴近消费者而又没有盛气凌人的霸气。天然牧场，突出了内蒙古奶源的优势，而通过心灵的沟通又对品牌形象进行了感性的升华。在推广过程中，辅之较强视觉冲击力的广告画面，取得了消费者的信赖，并逐渐建立起清新健康的品牌形象，这为伊利创造市场销售“神话”提供了强有力的感性支持。

二维码 5-7 重庆市鱼泉榨菜(集团)有限公司基本信息

任务设计与实施

一、任务实施内容

为食品企业设计产品促销组合方案，根据所学习的促销策略知识及四种主要的促销组合策略，结合当地市场实际，根据给定的基本信息，为重庆市鱼泉榨菜(集团)有限公司设计促销组合方案，并组织实施。提交书面的产品促销组合方案；以组为单位制作 PPT 并派代表进行课堂汇报研讨。

二、任务流程设计

三、任务实施要求

(1)由学生自由组合成 4～6 人为一组的产品推广小组，并确定负责人，以组为单位合作完成任务。

(2)以小组为单位，根据任务实施内容及给定的基本信息，具体完成重庆市鱼泉榨菜(集团)有限公司促销素材的收集、归纳、整理与分析。

(3)以小组为单位完成重庆市鱼泉榨菜(集团)有限公司产品促销组合方案，要求格式规范，字数在 2 000 字以上。

(4)提交书面的产品促销组合策划方案；以组为单位制作 PPT 并派代表进行课堂汇报研讨。

四、任务实施考核

请按本项目任务一任务实施考核的内容与要求进行考核。

思考与练习

一、名词解释

产品　产品生命周期　产品线　产品组合　食品品牌　新产品　食品价格　食品营销渠道　食品促销

二、选择题(1～9题为单选题,10～30题为多选题)

1. 食品的核心价值属于(　　)。

A. 核心产品　B. 形式产品　C. 期望产品　D. 附加产品　E. 潜在产品

2. 食品的品牌属于(　　)。

A. 核心产品　B. 形式产品　C. 期望产品　D. 附加产品　E. 潜在产品

3. 商家提供外卖食品属于(　　)。

A. 核心产品　B. 形式产品　C. 期望产品　D. 附加产品　E. 潜在产品

4. 某食品饮料公司原来生产糕点、方便面,目前又增加纯净水和茶饮料,我们称该企业增加了产品组合的(　　)。

A. 广度　B. 深度　C. 长度　D. 相关度　E. 组合度

5. 品牌和商标的关系,说法正确的是(　　)。

A. 品牌与商标既有联系,又有区别　B. 商标与品牌是两个不同领域的概念

C. 它们都是商品的标记　D. 商标是一个法律名词,品牌是一个经济名词

E. 以上都正确

6. 常见一些酒类商品包装中带有开瓶器、酒杯等,这种包装策略属于(　　)。

A. 再使用包装策略　B. 类似包装策略

C. 配套包装策略　D. 附赠品包装策略

E. 等级包装策略

7. 超级市场里面生鲜区的商品,临近保质期时往往会低价折扣处理,此种定价法属于(　　)。

A. 顾客细分定价　B. 产品形式差别定价

C. 形象差别定价　D. 地点差别定价

E. 时间差别定价

8. 根据购买者对同样产品线不同档次产品的需求,精选设计几种不同档次的产品和价格点,这种定价策略属于(　　)。

A. 产品线定价　B. 任选产品定价

C. 附属产品定价法　D. 副产品定价法

E. 捆绑定价

9. 一种价值为10元的食品定价为9.98元,这种策略属于(　　)。

A. 差异定价策略　B. 折扣折让策略

C. 心理定价策略　D. 促销定价策略

E. 地区定价策略

10. 产品作为一个整体概念，它包含(　　)。

A. 核心产品　B. 形式产品　C. 期望产品　D. 附加产品　E. 潜在产品

11. 典型的产品生命周期一般可分为哪些阶段？(　　)

A. 开发期　B. 投入期　C. 成长期　D. 成熟期　E. 衰退期

12. 产品组合策略的具体形式有(　　)。

A. 全线全面型　B. 市场专业型

C. 产品线专业型　D. 特殊产品专业型

E. 新产品专业型

13. 食品品牌化的作用主要体现在(　　)。

A. 品牌有助于促进产品销售，树立企业形象　B. 品牌可以保护企业和消费者合法权益

C. 品牌有利于规范企业的行为　D. 品牌便于消费者辨认、识别、选购商品

E. 品牌可以形成一个完整的商业体系。

14. 品牌资产主要包括(　　)。

A. 品牌忠诚度　B. 品牌认知度

C. 品牌知名度　D. 品牌联想

E. 其他专有资产(如商标、专利、渠道关系等)

15. 品牌资产的特点有(　　)。

A. 品牌资产是无形的，它是存在于消费者心理的一种认识

B. 品牌资产是以品牌名字为核心，由围绕品牌名称的产品类别、产品评价和关联物的联想构成的

C. 品牌资产会影响消费者的行为包括购买行为以及对营销活动的反应

D. 品牌资产依附于消费者，而非依附于产品或服务

E. 以上都不正确

16. 食品包装的作用有(　　)。

A. 保护商品　B. 方便储运

C. 吸引消费者注意　D. 表现食品特色

E. 创造促销价值

17. 新产品的种类有(　　)。

A. 全新产品　B. 模仿型新产品

C. 改进型新产品　D. 形成系列型新产品

E. 重新定位型新产品

18. 新产品开发战略有(　　)。

A. 领先型开发战略　B. 追随型开发战略

C. 替代型开发战略　D. 混合型开发战略

E. 重新开发战略

19. 新产品定价策略主要有(　　)。

A. 尾数定价法　B. 撇脂定价法

C. 渗透定价法　D. 满意定价法

E. 整数定价法

20. 差别定价法的形式有(　　)。

A. 顾客细分定价　　B. 产品形式差别定价
C. 形象差别定价　　D. 地点差别定价
E. 时间差别定价

21. 常用的心理定价策略有(　　)。
A. 尾数定价策略　　B. 整数定价策略
C. 声望定价策略　　D. 习惯定价策略
E. 招徕定价策略

22. 折扣定价策略的形式有(　　)。
A. 数量折扣　　B. 现金折扣　　C. 功能折扣　　D. 季节折扣　　E. 回扣和津贴

23. 食品定价的方法有(　　)。
A. 成本导向定价法　　B. 需求导向定价法
C. 竞争导向定价法　　D. 产品导向定价法
E. 渠道导向定价法

24. 下列属于需求导向定价法的是(　　)。
A. 边际贡献定价法　　B. 理解价值定价法
C. 产品差别定价法　　D. 需求差异定价法
E. 密封投标定价法

25. 常见的食品营销渠道有(　　)。
A. 直接销售　　B. 网络销售
C. 平台式销售　　D. 农贸批发市场向周边自然辐射
E. 复合渠道

26. 食品促销的作用表现在(　　)。
A. 传播与沟通信息　　B. 稳定销售
C. 激发需求,扩大市场　　D. 突出特色
E. 提升竞争力

27. 常见的食品促销策略有(　　)。
A. 人员推销策略　　B. 广告宣传策略
C. 公共关系促销策略　　D. 营业推广
E. 渠道策略

28. 人员推销的形式有(　　)。
A. 上门推销　　B. 柜台推销　　C. 订货会　　D. 展销会　　E. 洽谈会

29. 公共关系促销的原则有(　　)。
A. 信息双向交流原则　　B. 以诚取信的原则
C. 全员公关原则　　D. 随意原则
E. 公众利益与企业利益相协调的原则

30. 公共关系促销的方式有(　　)。
A. 网络宣传　　B. 专题活动
C. 赞助活动　　D. 对外开放参观
E. 企业识别系统

三、判断题

1. 任何食品都会经历产品生命周期的四个阶段。(　　)
2. 食品的品牌和商标都受到法律的保护。(　　)
3. 食品在投入期时,企业的重点是扩大市场占有率、树立产品和企业形象。(　　)
4. 只要企业有研发的实力,就可以进行新产品开发。(　　)
5. 无论何时,食品的定价都以成本为主。(　　)
6. 季节折扣策略是对在销售旺季购买商品的顾客,给予折扣优惠。(　　)
7. 食品销售的起点是批发,重点是零售。(　　)
8. 代理商均不拥有商品所有权。(　　)
9. 便利品通常采用广泛分销策略。(　　)
10. 公共关系是一种间接促销方式。(　　)

四、简答题

1. 产品生命周期各阶段具有什么特点?针对各阶段特点应该采取什么样的营销策略?
2. 食品常见的品牌战略有哪些?
3. 常见的食品包装策略有哪些?
4. 营销食品定价的影响因素有哪些?
5. 如何合理使用食品定价策略?
6. 结合近年来在食品方面渠道策划的成功案例,谈一谈该如何开展食品营销渠道策划。
7. 简述人员推销的步骤。
8. 简述营业推广的实施步骤。
9. 举例说明常见的食品促销类型。

二维码 5-8　模块五项目二
思考与练习参考答案

模块六

食品网络营销策划

项目　食品网络营销实务

知识目标

1. 认识食品网络营销的含义、特点与优势。
2. 了解食品网络营销的类型和趋势，熟悉食品网络营销的方法和原则。
2. 知晓各个运营平台的要求和基本的运营规则，确保食品网络营销的安全。

能力目标

1. 能够掌握食品网络营销的现状和发展趋势并能进行科学分析。
2. 能够利用网络平台进行食品的分销；能够为食品企业进行网络营销策划。
3. 掌握食品网络营销的各种安全技巧。

素质目标

1. 具有食品网络营销安全的社会责任感、法律与诚信意识，恪守职业道德。
2. 具有食品网络营销的敏锐洞察和安全技巧意识与能力；熟悉企业文化，适应企业现代管理。
3. 能够在学习和实践的过程中融入团队合作和团队互助的意识；具有良好的沟通能力。

项目概述

食品的网络营销迅速改变传统营销模式，甚至在某种程度上，食品的网络营销反向改变了食品生产、物流、渠道和营销模式。伴随着大数据的兴起，食品的网络营销模式将继续不断地进化，并且最终将实现线上线下完全融合。但要注意的是，不管哪种网络营销模式，互联网仅仅是一种技术，真正支撑网络营销发展的是食品本身，千万不能本末倒置，过于依赖物联网技术而忽视对产品质量的控制。

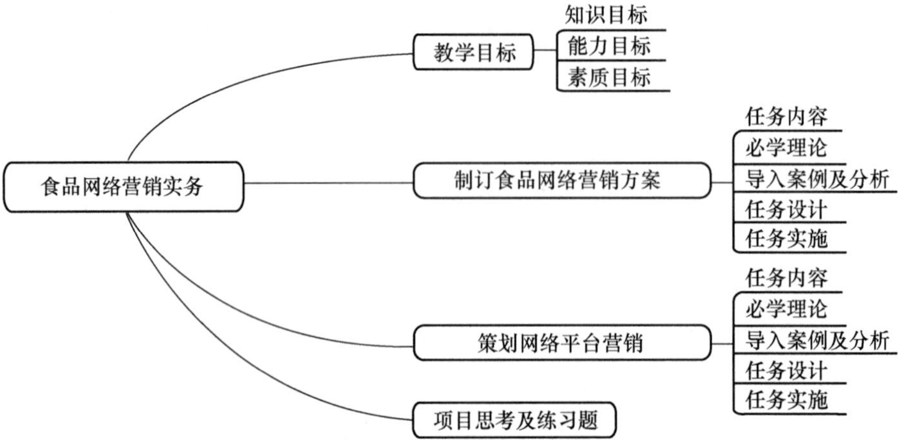

任务一　制订食品网络营销方案

任务内容

了解选择食品网络营销策略的原则，掌握最常用的食品网络营销方法及在食品网络营销实践中正确运用各种安全措施，能为食品企业制订网络营销方案。

必学理论

二维码 6-1　食品网络营销

一、选择食品网络营销策略的原则

1. 经济性原则

网络营销策划必须以经济效益为核心。网络营销策划不仅本身消耗一定的资源，而且要通过网络营销方法的实施，改变企业经营资源的配置状态和利用效率。网络营销策划的经济效益，是策划所带来的经济收益与策划成本和方案实施成本之间的比值。成功的网络营销策划，应当是在策划和方案实施成本既定的情况下取得最大的经济收益，或者是花费最小的策划和方案实施成本取得目标经济收益。

2. 可操作性原则

网络营销策划的第一个结果是形成网络营销方案。网络营销方案必须具有可操作性，否则就毫无价值可言。这种可操作性表现为在网络营销方案中策划者根据企业网络营销的目标和环境条件，就企业在未来的网络营销活动中做什么、何时做、何地做、何人做、如何做的问题进行周密的部署、详细的阐述和具体的安排。也就是说，网络营销方案是一系列具体的、明确的、直接的、相互联系的行动计划的指令，一旦付诸实施，企业的每一个部门、每一个员工都能明确自己的目标、任务、责任以及完成任务的途径和方法，并懂得如何与其他部门或员工相互协作。

3. 创新改进原则

所有经营者都明白网络营销中创新的重要性，但是对于绝大部分的企业，尤其是中小企业而言，创新并不是轻而易举的事情。行业中第一个吃螃蟹的人往往未必能够笑到最后。所以对于网络营销经营者而言，最重要的是能够发现别人创新的模式，然后结合自身的产品，对创新的网络营销模式进行模仿，然后尝试改进，使之能够成为适合自身产品的有效的模式。从早期的微博推广到微商推广，再从社群营销推广到目前火爆的短视频直播营销，每一个风口的转换都需要企业快速结合自身产品进行模仿改进，从而快速地把自身产品推广出去。

4. 系统性原则

网络营销是以网络为媒介，整合互联网资源和技术工具的系统性的企业经营活动，同时也是在网络环境下对市场营销的信息系统、物流系统、服务系统、生产系统、资金系统的方向倒推过程。因此网络营销方案的策划，是一个系统的工程，这个过程和传统的实体门店分部门管理模式完全不一样。网络营销人员必须以系统论为指导，对企业营销活动的各种要素进行整合和优化，各部门协同完成。

5. 快速转化过程

网络营销最大的特点就是变化快。如果网络运营品牌的发展变化速度慢下来，很快就会有新的品牌成长起来替代它。而且网民对于旧品牌的忠诚度往往跟不上新品牌的成长，这就需要网络营销从业者从产品、渠道、推广等每个环节不断地推陈出新跟上网络变化的节奏。这个变换的过程非常快，传统渠道的模式可能十年不变，而网络营销的模式基本三年就被淘汰了。

知识扩展

当前食品企业进行网络营销的三大成功因素

目前，我国网络营销的发展十分迅速，并建立了一批具有强大影响力的网络营销平台，如阿里巴巴、淘宝等。食品企业要把握网络营销的趋势，利用优良的网络平台，精心组织产品的网络策划，开拓网络新市场。食品企业要想取得网络营销的成功，做好以下三点是关键。

第一，利用优良的网络平台。现在的大型食品网络平台除淘宝、拼多多、京东外，还有政府部门打造的专业网络平台中国食品网（http://www.cnfood.com/）和各地方食品网等。食品企业要充分利用这些优质平台来进行产品营销。同时，食品企业也可以利用自建网站、微信公众号、顾客QQ群等网络媒体平台进行产品推广，让网民投票参与新产品开发、包装设计等环节，建立品牌论坛及时了解客户心声。通过这样的网络平台综合应用，食品企业的网络市场开发将打开全新的局面。

第二，提高网络创意质量。食品企业好的网络营销活动要求能够给予消费者全方位的视觉、听觉和参与体验，进而产生分享的效果。因此，网络营销策划要采取开放式的、互动的、多对多的创意。

第三，提升客户网络参与价值。食品企业要做好产品网络营销活动，必须要提升顾客参与的价值。它不一定是食品企业对消费者的利益承诺，但一定能让消费者参与网络营销活动并产生一定的价值。如让顾客参与食品企业产品包装的网络设计，会让顾客产生强烈的归属感，觉得是在给自己的产品进行包装设计，这样可以培养顾客对企业或产品的情感，从而形成忠实的顾客群体。

二、常用的食品网络营销方法

尽管网络营销的方法和方式很多，但是从从业者的切入角度而言，我们可以把网络营销的方法分为三大类：平台的SEO、SEM推广、即时通信工具营销和新媒体营销（图6-1）。

（一）基于平台的SEO、SEM推广

SEO是search engine optimization的缩写，是搜索引擎优化的意思。SEO是通过研究各类搜索引擎如何抓取互联网页面和文件，以及研究搜索引擎进行排序的规则，来对网页进行相关的优化，使其有更多的内容被搜索引擎收录，并针对不同的关键字获得搜索引擎中更高的优先级，从而提高店铺访问量，最终提升店铺的销售能力及宣传效果。SEO不是技术手段，而是

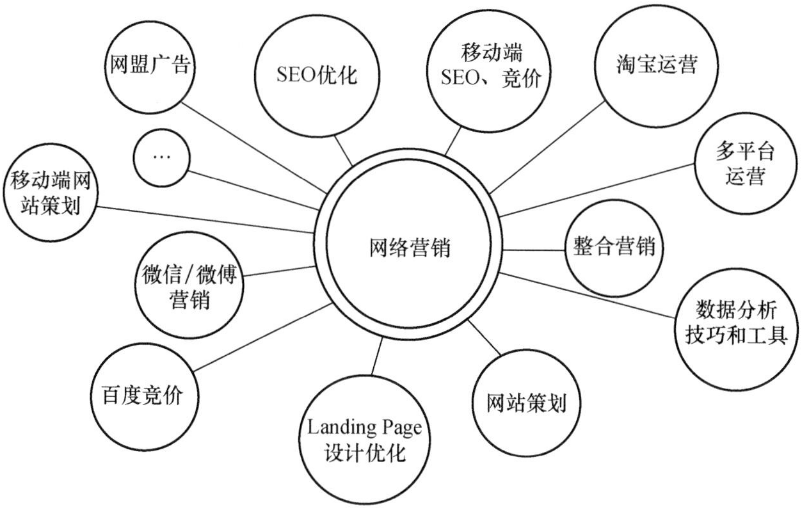

图 6-1　食品网络营销

店铺推广的一部分，属于被动式营销。SEO 是针对网络的传播模式，把目标内容（广告、产品、品牌）传递给目标授众的最有效的途径。例如，用户在淘宝 App 输入"儿童饼干"作为关键词，平台通过算法就能够将企业的产品和店铺信息推送给消费者，从而带来销售产品的机会。目前在各个电商平台如淘宝、天猫、京东、拼多多，以及美团、大众点评等的付费竞价排名推广服务，都属于这类。

SEM（search engine market）就是搜索引擎营销。简单理解就是购买搜索引擎提供的广告位。例如，在今日头条 App 上系统自动弹出的广告、淘宝界面的展位。这类产品按照关键词购买，按照点击收费，每次有用户点击广告，搜索引擎就扣一次费用。

（二）即时通信工具营销

即时通信工具营销最主要是微博营销和基于微信平台的腾讯生态系统营销。

1. 微博营销

微博是我国目前信息传播最活跃的社交媒体平台。几乎所有重大互联网事件都是通过微博发起、关注、转发而成为全体网民讨论的话题。微博用户群又是中国互联网使用的高端人群，这部分用户群虽然只占中国互联网用户群的 10%，但他们是城市中对新鲜事物最敏感人群，也是中国互联网上购买力最高人群。具有众多粉丝和关注的微博用户（即网络用语"大V"），其推广效率和效果远超一般广告。作为经营个人和企业可以分别开通个人微博和企业微博，通过与粉丝互动，可以及时地将信息推广传达给用户。

2. 微信生态系统营销

微信（WeChat）是腾讯公司于 2011 年 1 月 21 日推出的一个为智能终端提供即时通信服务的免费应用程序，目前用户超过 10 亿。国内超过 97%的智能手机都下载安装了微信。由于微信是开放平台，几乎能够对接所有对外平台，所有网络推广最终都可以在微信上完成传播。所以微信这种跨平台操作，延伸了很多基于微信的网络营销手段，我们称之为微信生态系统营销。目前主流的微信生态系统营销主要有两大类：小程序营销和社交电商。

（1）小程序营销。企业要建立自己的私域流量平台，最好的方式是开发出自己独立的

App,顾客直接在App上下单。但是随着App市场的饱和,大部分用户已经养成了使用习惯,新开发的App很难在市场上生存。此外,App开发和推广成本高,而且这些用户在后期未必能形成购买力转化。如果企业开发出来的App能够依托微信平台,借助微信庞大的流量,就可以在顾客不用下载安装App的情况下获得海量流量,这种依托于腾讯微信平台的App就是微信小程序。很多有影响力的App,例如知乎、美团、大众点评、小红书等用户流量巨大的App,其本质也是微信生态系统一种更高级别的微信小程序,因为其信息传播最主要的推广途径依然是微信。即便是微博这种体量的即时通信工具,很多信息也需要依靠微信传播才能获得更大范围的关注。

由于小程序使用方便,企业可以利用小程序做很多营销工作。首先,可以搭建用户了解企业的入口。当用户授权小程序后,企业就可以直接将自身产品广告推送给微信客户。例如,当用户利用微信搜索附近的烘焙店,系统会按照距离排序,离客户越近展示越靠前,这样为该烘焙店提供了一个高效的展示机会。其次,小程序也能够做分销。例如,"有赞分销员"就是一款可以帮助商家拓宽推广渠道的应用营销工具。商家通过制订推广计划招募买家加入推广队伍,并在其成功推广之后给予一定佣金奖励,以此给店铺带来更多的传播和促进销量提升。另外,通过有赞分销平台与有货源的店主建立合作关系,数百万的店铺分销企业的好货,触及上亿消费者,专业分销商等级管理,支持一键导入,帮助供货商更好更快地卖货。

(2)社交电商。社交电商是指通过社交网络平台,或电商平台的社交功能,将关注、分享、讨论、沟通互动等社交化元素应用到电子商务的购买服务中,以更好地完成交易的过程。传统电商以货为中心,是围绕商品、供应链的传统卖货平台。社交电商以人为中心,是社交关系形成的电商形态,不以产品搜索、展示为销售模式,而是通过社交,用户分享传播,形成口碑效应,从而激发消费需求。社交电商的本质在于依托社交链条的裂变式效应扩大用户规模和转化机会。社交电商起到了导购的作用,并在用户之间,用户与企业之间产生了互动和分享。对于企业来说,可以增加用户黏性,让用户有参与感。对于品牌商来说,社交电商通过社交化工具的应用及与社交化媒体、网络的合作,完成了品牌销售、推广和商品的最终销售。社交电商营销主要有社群营销、裂变营销、事件营销、文案营销这样几种类型。

①社群营销。互联网社群是指在互联网上具有共同语言或者联系的人,为了沟通和交流方便,自发组织在一起的社交团体。社群是互联网最早的一种社交生态。从国内互联网最早的BBS、聊天室、天涯论坛到百度贴吧、猫扑、腾讯QQ群,再到移动互联网的微信群,这些都是随着互联网不断进化而演变出的社群。由于互联网早期电子商务并没有兴起,所以在PC互联网时代,社群并没有商业价值,彼此都是纯粹的交流。但是随着移动互联网和电商的崛起,社群的商业价值凸显,现在已经成为网络营销的首选之道。其最根本的原因就是社群营销可用最低的成本获得最大的收益。社群营销就是把具有相同或相似的兴趣爱好的人群通过某种社交载体聚集在一起,到了特定的时候,再把产品或服务输送给消费群体。利用社群营销可以在很大程度上提高产品的转化率,相比较新闻门户、自媒体、社交平台、微信公众号,社群与用户的互动性更强,用户分享率更高,效果反馈也更直接,转化率也就更高。其营销模式有QQ群营销、微商、社区团购分享微信群。其中,QQ群主要针对的是20岁以下的年轻用户群,微商虽然口碑不太好,但是其衍生变化的商业模式依然具有广阔的市场。

目前规模最大的社群营销方式之一是社区微信群。在我国的一、二线城市,住宅小区密集,自然容易形成社区。社区群营销以社区为中心,以"团长"(通常是"宝妈"、便利店老板等社区意见领袖)作为分发节点和信任代理,消费者通过微信群、小程序等工具,拼团购买生鲜、日化用品等。

②裂变社交(病毒营销)。这是目前非常主流的一种网络营销方式。所谓的裂变社交,就是企业将利益让位给消费者,但是消费者需要将信息分享到自己的社交圈作为交换,被分享的用户继续将这个过程传递给下一个用户。这个过程就像裂变一样,一变二、二变四……不断地扩展下去,就像病毒繁殖一样,所以这个方式又叫病毒营销。成功的模式有拼多多,以及基于各类电商平台优惠的免费分享 App 如花生日记、粉象生活、京喜(基于京东平台)等。不过病毒营销平台与网络传销的界限不是很清晰,企业在选择平台的时候要小心区分。

③事件营销。事件营销(event marketing)是企业通过策划、组织和利用具有新闻价值、社会影响以及名人效应的人物或事件,吸引媒体、社会团体和消费者的兴趣与关注,以求提高企业或产品的知名度和美誉度,树立良好的品牌形象,并最终促成产品或服务销售的营销方式。通过公众对某个热点事件,巧妙地把自己的品牌植入到热点当中从而获得公众关注的一种营销方式。

事件营销是目前国内外十分流行的一种公关传播与市场推广手段,集新闻效应、广告效应、公共关系、形象传播、客户关系于一体,并可为新产品推介、品牌展示创造机会,建立品牌识别和品牌定位,是一种快速提升品牌知名度与美誉度的营销手段。例如,加多宝发布的"对不起体"、世界杯"帝豪退全款"事件、《变形金刚 4》上映期间"寻找周黑鸭"事件,这些都堪称是经典的事件营销案例。但是事件营销对于营销人员的水平要求比较高,普通的中小企业如果操作不当,也有可能给企业带来毁灭性打击。

④文案营销。文案是"广告文案"的简称,由 copy writer 翻译而来。多指以语言来表现广告信息内容的广告形式。好的文案能够引起读者强烈的共鸣,从而让消费者持续地关注品牌。在文案推广营销中,文案的内容可以是心灵鸡汤、图片、分享的人生经历、美食等各种题材。很多产品通过打动人心的优秀文案,能够快速获得消费者的青睐。比较成功的案例有江小白的"青春"系列文案、红星二锅头的"没有好酒,说不好故事"系列文案、杜蕾斯"感恩"系列文案。

(三)新媒体营销

随着移动互联网的兴起和 5G 网络的快速发展,各种新媒体不断地被开发创新出来。除了传统的阅读媒体模式外,视听媒体和 VR 虚拟现实营销逐步获得消费者的认同。因为有别于传统的阅读媒体,我们把这类产品定义为新媒体。最新发布的《2019 短视频内容营销趋势白皮书》显示,目前短视频独立用户数已经达到 5.08 亿,占国内网民总数的 46%。这意味着基本上每 2 个互联网用户数中就有 1 个使用短视频。因为新媒体用户在不断增加,所以这类媒体的营销也受到企业的广泛关注。这类营销比较常见的方式是直播营销、短视频营销、VR 可视化体验营销。

1. 直播营销

直播营销是指企业通过直播,与粉丝现场互动的方式,将产品销售出去的营销方式。直播最早只是单纯的"直播"。从最早的"央视新闻""春节联欢晚会"等广播电视直播逐渐发展成为"YY""六房间"等聊天室聊天、直播类的秀场直播再到"斗鱼""花椒"等游戏、移动、社交直播等。渐渐地,直播开始从一个聚集"网红"的平台发展成为创新营销平台。目前,"直播+营销"成为各大品牌营销模式的新标配。直播营销具有以下特点:

知识扩展

食品网络营销常见方式

食品网络营销是建立在互联网基础上，以营销型页面为载体发布产品信息，由营销人员利用专业的网络营销工具，面向广大网民开展一系列营销活动的新型营销方式。其主要特点是成本低、效率高、效果好。常见的形式有以下四种。

1. 论坛营销

论坛营销就是企业利用论坛这种网络交流的平台，通过文字、图片、视频等方式发布企业的产品和服务的信息，从而让目标客户更加深刻地了解企业的产品和服务。最终达到企业宣传企业的品牌、加深市场认知度的网络营销活动。

2. 博客营销

博客营销是建立企业博客，用于企业与用户之间的互动交流以及企业文化的体现，一般以诸如行业评论、工作感想、心情随笔和专业技术等作为企业博客内容，使用户更加信赖企业深化品牌影响力。博客营销可以是企业自建博客或者通过第三方 BSP(博客服务提供商)来实现，企业通过博客来进行交流沟通，达到增进客户关系、改善商业活动的效果。

3. 信息发布

针对 B2B 商务网站的产品信息发布，如阿里巴巴、瀛商网、慧聪网、食品商务网、食品伙伴网、中国食品产业网等；不同网站有不同的信息发布规则，要根据网站搜索引擎的规律发布。

4. 平台营销

如 B2B 的阿里巴巴、瀛商网、慧聪网，C2C 的淘宝、EBAY、腾讯拍拍，B2C 的 365 商城、百度等；主要是在各个平台网站上充分利用网站上面提供的功能来有效地推广自己的产品。

(1)直播作为一种新兴的娱乐风潮，它本身就具有很大的粉丝量。直播能够快速地抓住消费者的眼球，占领消费者流量，极大程度地满足消费者群体的猎奇心理。并且直播营销具有互动性。直播营销跟之前的电视广告不同，直播营销注重于与消费者的互动即消费者可以在直播的时候提出自己的问题，让商家做出详细回答。

(2)直播营销具有直接性和真实性。在直播营销过程中，一个主播如若想让自己的商品卖得出去，就需要将商品完全展现给消费者。让消费者可以清晰地了解到商品的款式、形状、功能、颜色等基本信息，从而决定购买与否。这样一来，直播营销给消费者带来了很大的便利，消费者就能从被动接受转变为主动出击，对商家的产品及服务进行主动的挑选及提出意见，让消费者真正能拥有自己想要的产品，也让商家的投入产生更大的效益。

(3)直播营销为消费者提供一种参与感。现如今流行“粉丝”文化，直播作为一个可以和消费者面对面的平台，在直播营销的过程中，拉近与消费者之间的距离，让消费者充满参与感，增强了消费者对于企业品牌的黏性。同时，直播营销运用群众的从众心理，让用户参与到品牌的整个建设过程之中，增加消费者对品牌后期的一种认同感。

成功的直播营销带来的销售额十分可观，很多顶级流量主播一场直播就能够获得其他企业一个月乃至一年的销售量。顶级的流量主播，如李佳琦和薇娅，一场直播销售额过百万，能够让一些中小企业迅速成为知名品牌。

2. 短视频营销

短视频营销又称短片视频营销，它是通过移动智能终端进行拍摄、美化并编辑，最终在各种社交媒体平台上播放的，适合在移动或者是短时间休息的状态下观看。短视频营销所花费的成本和预算相对低廉，尤其适合资源有限的中小企业。作为视觉营销的一种形式，短视频营销更契合人类作为视觉动物的信息接收习惯。除此之外，更有适用于移动端、有利于搜索引擎优化、分享便捷反馈即时等优势。

3. VR 可视化体验营销

VR 营销是通过 VR 技术，立体调动消费者一切感官、充分利用沉浸感产生三维虚拟空间，构造新的超越于现实的环境、场景和空间的体验营销方式。其营销方式具有以下优势：第一，VR 全景展示可以调动顾客情绪有利沟通，提高服务品质。企业可将商品放入到场景中，用户在 VR 全景的强沉浸和交互下，通过指引让用户点击商品进行查看，这就让营销变得更加有趣，从而提高服务品质。第二，VR 全景展示可以降低营销成本，提升企业利润。由于 VR 技术的 3D 全景展示，不再有时间地点的限制，顾客好像时刻将门店带在身边，需要向客户展示门店时将全景链接发过去即可，使得参观变得更加方便快捷。VR 营销同时也是目前网络宣传的推广利器，能很大程度地节省宣传成本，提升销售业绩。

案例导入

一、经典案例

对于“80 后”和“90 后”来说，辣条是无人不知无人不晓的零食，每当放学，学生三五成群地涌向校门口旁的小卖铺，买上一包 5 角钱的辣条边走边吃。时隔 10 余年，辣条还是那款辣条，而卫龙已经不是当初的卫龙。2019 年的卫龙，年销 100 亿包，营收超 20 亿元，卫龙到底如何玩转营销，让 5 角钱一包的辣条摇身一变成为零食界网红的呢？

1. 草根创业，重塑行业形象

1999 年，卫龙创始人刘卫平跟风去河南开小作坊制作辣条。但是他并不满足于小小的作坊，三年后，小作坊扩大成食品加工厂，2003 年正式注册了“卫龙”商标。当时的辣条市场遍地开花，辣条本身属于中低档食品，产品同质化程度高，顾客忠诚度低，刘卫平不甘平庸，试图打造自己的辣条品牌，与其他辣条品牌形成差异化。

2005 年，一家面筋厂被查出非法添加霉克星(一种食品禁用添加剂)，辣条被打上“垃圾食品”标签。在刘卫平看来，这次食品风波是建立品牌的好机会。他决心改革，引入先进的设备与技术，提质提价，把一个全新的辣条形象展示给消费者。

2010—2014 年，卫龙请了国内一线明星赵薇、杨幂等明星代言，迅速在国内市场提升品牌知名度。同时，为迎合年轻人群，卫龙包装以铝箔、铝膜包装取代以往的透明简装，让辣条产品一改廉价食品的形象。2014 年，卫龙再次修建了新厂房，并特意邀请摄影团队进入车间拍摄直播，整齐干净的环境让摄影师大为吃惊。车间图片发布在微博，瞬间引发网友围观，大大消除了辣条是“三无产品”的误解。

2016年9月,iphone7正式上市。卫龙在iphone7上市阶段高度模仿iphone的页面设计,借着iphone的热度,让众多消费者发现卫龙的包装原来已经如此高档,硬是让卫龙从传统廉价食品中跳脱出来,成为可以细看、细品的美食。卫龙的辣条品牌形象一步步的改变,与其他辣条品牌逐渐拉开距离,实现了产品差异化,在国内休闲零食界异军突起。

2. 节点营销,成为线上营销"泥石流"

2016年6月卫龙自导自演一出天猫店被"黑"大戏。当天卫龙旗舰店店铺首页满屏黑底红字"凭什么不给我发货"和暴漫表情包。官方给出的解释是,顾客的收货地址有问题,无法发货,导致店铺被顾客黑。众多"吃瓜群众"在微博上炸开了锅,当天"卫龙辣条被黑"话题的关注度一度超过了高考。

在好奇心的驱使下,微博网友都纷纷前往天猫店铺围观,当天店铺访问量高达68万人次,进店流量是365.9万次,全网曝光接近6 000万。其实,这只是卫龙为"6·18"造势的"自黑式"营销事件。无独有偶,2017年"双11"前夕,卫龙使用了购物台叫卖视频宣传方式,堪称"双11"宣传广告中的"泥石流"。这种电视台购物方式唤醒了"80后"和"90后"后人群童年时电视购物的回忆,为卫龙赚够了眼球。

卫龙的营销创意来势汹汹且接地气,只有你想不到,没有卫龙做不到,让众多消费者大呼过瘾,有趣的品牌形象更是深入人心。

3. 聆听消费者心声,反哺产品线

2018年,临近端午,知名博主"全是吃货"在线联系卫龙,提出想吃辣条粽子的心愿,众多网友纷纷支持并呼应。次日,卫龙官方回应"一周后见"。一周后,卫龙发布辣条粽子产品的消息,产品当天抢购一空。卫龙借"大V"发声,让消费者觉得品牌聆听了消费者的心声,拉近品牌与消费者间的距离,并且拓展了品牌品类。卫龙深谙品牌靠一个单品是难以在市场上形成核心竞争力的,想要在信息繁杂、选择多样的市场环境中占据消费者内心,除了创意,产品多元化也是实现品牌流量与客单转化的重要因素。

2019年9月开学季,卫龙联合晨光,稳稳抓住开学补作业的热点,顺势推出一系列的"补作业套餐"海报,把学生心理表述得淋漓尽致;卫龙天猫店同步上线校园"玛丽苏"页面,清奇的画风让消费者眼前一亮,同时唤醒消费者的校园记忆,建立品牌与消费者沟通的契机。卫龙联合晨光的一系列操作,让人不得不佩服卫龙对消费者群体的仔细研究,洞察消费者心理,引发群体共鸣,不仅让品牌凸显其创新且有趣的形象,同时带动了产品营销。

二、案例分析

卫龙辣条能够获得成功,除了对产品质量进行提升之外,在品牌的营销上,具有鲜明的网络营销特点。

(1)坚持好的产品才能带来用户的认同。良好的产品控制,引入先进的设备与技术,提质提价,改变廉价低质的定位。

(2)利用微博营销的方式,通过明星微博和短视频直播让网友看到生产车间,消除公众对行业的误解;通过微博和中国互联网最活跃的用户群体实时互动,加快公众对辣条这个产品的重新认识的过程。

(3)利用互联网快速传播的有效性,不断地制造热点事件,既增加了自身产品的曝光度,又增加了公众对其产品的认知。

①每年的高考都是全国讨论的话题，卫龙巧妙地在高考期间引入“自黑”的模式，利用全民讨论的机会，成功地“蹭”了高考的流量，引起全国网民的关注。

②利用 iphone 手机新款上市的机会，将自己打造成为辣条界的 iphone，成功地加强了用户对自身品牌的再认识。

③在中国传统节日端午节，制造出端午辣条粽子，既满足了用户的需求，又加强了产品与用户的互动过程。

④推出中、小学生开学系列海报，迎合社会对每年中、小学生开学的关注。让学生产生了强烈的共鸣，强化了自身产品在用户群体中的地位。

任务设计与实施

一、任务实施内容

以小组为单位、针对某产品的用户人群，收集资料、归纳整理；写出具体的食品网络营销方案，并进行课堂汇报及交流。

二、任务流程设计

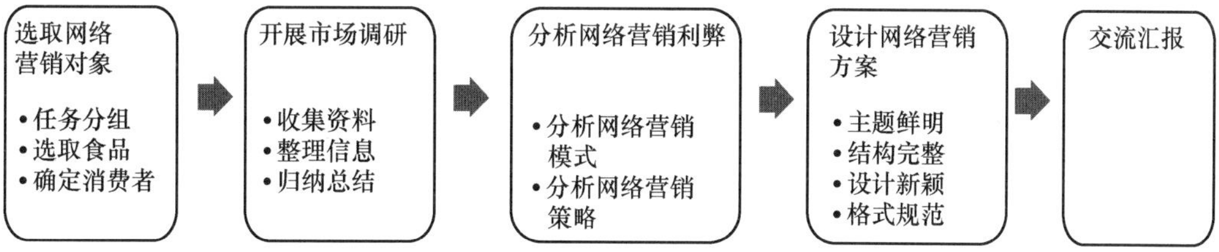

三、任务实施要求

(1)由 3～4 名学生自由组合成任务实施小组，便于合理分工，并确定负责人，以组为单位合作完成任务。

(2)以小组为单位，在小组共同收集资料、归纳整理的基础上，充分讨论确定具体的营销对象。

(3)以小组为单位，各小组成员讨论，针对该产品的用户人群，依据产品的信息，初步设计出格式规范的食品网络营销方案。

(4)提交书面的食品网络营销方案；以组为单位制作 PPT 并派代表进行课堂汇报，说明典型文案设计的心得与技巧。

四、任务实施考核

表 6-1 任务实施考核

<table>
<tr><th rowspan="2">考核类别</th><th rowspan="2">考核项目</th><th rowspan="2">考核要点</th><th rowspan="2">考核分值</th><th colspan="4">考核方式</th></tr>
<tr><th>自我评价</th><th>组内评价</th><th>组间评价</th><th>教师评价</th></tr>
<tr><td rowspan="10">专业技能（60%）</td><td rowspan="3">网络营销对象选择</td><td>食品选择代表性</td><td>5</td><td></td><td></td><td></td><td></td></tr>
<tr><td>消费群体选择代表性</td><td>5</td><td></td><td></td><td></td><td></td></tr>
<tr><td>小组分工合理性</td><td>5</td><td></td><td></td><td></td><td></td></tr>
<tr><td rowspan="4">任务实施过程</td><td>调研数据真实性、全面性</td><td>5</td><td></td><td></td><td></td><td></td></tr>
<tr><td>网络营销模式分析准确性</td><td>5</td><td></td><td></td><td></td><td></td></tr>
<tr><td>网络营销方案设计合理性</td><td>10</td><td></td><td></td><td></td><td></td></tr>
<tr><td>任务实施过程中的表现和贡献</td><td>10</td><td></td><td></td><td></td><td></td></tr>
<tr><td rowspan="3">任务实施成果</td><td>网络营销方案规范性</td><td>5</td><td></td><td></td><td></td><td></td></tr>
<tr><td>PPT 制作规范性</td><td>5</td><td></td><td></td><td></td><td></td></tr>
<tr><td>PPT 汇报答辩流畅性</td><td>5</td><td></td><td></td><td></td><td></td></tr>
<tr><td rowspan="5">职业素养（40%）</td><td colspan="2">学习态度和纪律性</td><td>8</td><td></td><td></td><td></td><td></td></tr>
<tr><td colspan="2">发现问题、解决问题的能力</td><td>8</td><td></td><td></td><td></td><td></td></tr>
<tr><td colspan="2">团队协作能力</td><td>8</td><td></td><td></td><td></td><td></td></tr>
<tr><td colspan="2">沟通能力</td><td>8</td><td></td><td></td><td></td><td></td></tr>
<tr><td colspan="2">吃苦耐劳精神</td><td>8</td><td></td><td></td><td></td><td></td></tr>
</table>

任务二 策划网络平台营销

任务内容

了解不同网络平台的运营规则，掌握运营不同网络平台的营销方法，为食品企业编制食品网络运营方案，组织网络营销工作。

必学理论

食品网络营销由于自身的行业特点，更多地依托于平台进行营销，如何利用网络平台进行食品营销策划对于企业而言尤为重要。根据不同的流量来源，可以将平台分为公域流量平台和私域流量平台。不同的平台模式，其网络营销方式各不相同。相比较而言，公域流量平台的营销模式相对成熟，其营销策划基本是在线上完成。而私域流量平台的网络营销模式则处于行业探索和开发阶段，到目前虽然没有完全成功的报道，但根据调研发现，使用私域流量的企业其销售额都得到大幅度的提升。所以该模式代表着未来网络营销发展的主流。本项目将针对这两种不同的平台模式进行营销策划。

一、公域流量平台

目前，主流公域流量平台主要是淘宝（天猫）、京东、拼多多、抖音四大平台体系。所谓公域流量，指食品企业不可控的流量巨大的平台，比如淘宝、抖音、百度、拼多多都是一个完整的生态，一个巨大的流量池，企业可以通过投放一些广告去获取流量，但是大部分流量都不能为其所用。因为微信属于社交平台，虽然提供的流量巨大，但是其本身不进行货品销售，所以将其归类于私域流量。由于公域流量平台的营销模式相对成熟，不同平台的营销策划方式基本大同小异。而且每个平台之间具有排他性，加上网络营销变化非常快，其运营规则一直随着市场的变化而进化，所以了解和熟悉每个平台的运营规则显得尤其重要。一般的企业营销团队都是以一个平台运营为主，其他平台为辅的模式进行运营。由于"阿里系"网络营销用户数量最多，本项目以淘宝作为基础，讨论如何运用网络平台进行食品营销策划。其他的平台模式请读者在互联网上搜索官方资料参考学习。

在网络平台上进行食品营销策划一般分为以下几个步骤。

(一)竞品分析

互联网上的市场竞争异常激烈，对于企业经营者而言，需要了解自己的产品所在的市场情况，熟悉自己的产品是"红海"产品还是"蓝海"产品。所谓"红海"产品，是指该产品已经被市场广泛认识，整个产品的市场竞争激烈，企业为了寻求持久的、营利性的增长，往往与其竞争对手针锋相对。这个时候作为后进者，企业面临的选择是在残酷的竞争中杀出一条血路。与之对应的"蓝海"产品，其产品还没有被消费者熟悉和认识，具有未知的广阔的市场空间，企业在进入市场进行网络营销时候，竞争更小，产品更具有先发优势，所以更加容易获得成功。

1. 普通搜索

对于产品分析，最简单直接的方式，就是测算产品的饱和情况，通过常规搜索就大概能够知道该产品的主要情况。例如，某食品企业计划销售之前的热销产品——大枣夹核桃仁。在登录淘宝搜索界面输入关键词"大枣夹核桃仁"，按照销量排序后，显示界面如图 6-2 所示(本项目中引用的网站图片仅代表截图时的情况，如有变动，应以相关网站的实际情况为准)。

图 6-2　淘宝网搜索结果截图

在销量上，排名前十的企业占据了整个销量的绝大部分，这意味着这个产品已经竞争非常激烈，头部的企业已经垄断了这个产品的销量。右侧是开通了直通车后的广告推广，如果后进的企业开通了直通车销量也没有很大提升，则说明该产品的头部垄断已经形成，后进者很难在这个产品上获利。

以“小黄鱼零食”作为关键词搜索，销量排名前八的店家都是销售过万的（图 6-3），而且这八家企业中有三家是三只松鼠品牌的不同旗舰店，其他的品牌如海狸先生、良品铺子、劲仔都是知名的品牌。所以这个产品对于后进者而言，充满了竞争，企业需要投入巨额的促销费用才能获得市场的认可，所以对于中小企业而言，不太适合参与该产品的营销。

图 6-3 淘宝网搜索结果截图

2. 阿里指数分析

以上的搜索结果比较简单，对于产品分析而言，只能避免遇到一些强大的竞争对手，而对于获得其他有效的数据远远不够。由于大数据的应用，阿里平台上能够很容易获取每个行业及其产品的流量信息。在阿里数据下有两个比较有用的数据分析工具：阿里指数（免费使用）和生意参谋（基本功能免费，多功能需付费使用）。

二维码 6-2 阿里指数分析的使用

阿里指数是了解电子商务平台市场动向的数据分析平台，根据阿里巴巴网站每日运营的基本数据包括每天网站浏览量、每天浏览的人次、每天新增供求产品数、新增公司数和产品数这 5 项指标计算得出。阿里指数作为一个免费的应用，对于行业以及产品的分析非常有参考价值。阿里指数主要有四个重要的板块：行业大盘、属性细分、采购商素描和阿里排行，可通过输入关键字获取不同的信息。通过生意参谋的数据分析，经营者能够精准地分析自身产品在市场的情况，从而避免了企业盲目“上马”新产品。

(二)品牌故事(打造IP)

1. 品牌故事挖掘

当企业确定了推广的产品后,就需要通过内容赋予产品相关的品牌文化内涵和价值,以加深消费者对品牌价值的认同。这种文化内涵和价值赋予过程也常常被称为打造IP。很多互联网企业喜欢用动物做品牌Logo,例如天猫、蚂蚁金融、网易考拉、盒马生鲜,其本质就是在打造IP。在食品的网络营销中,打造一个易于流传的品牌故事能够有力地赋予品牌文化内涵,并达到事半功倍的营销效果。菲利普·科特勒曾经对故事营销做过一个解释:"故事营销是通过讲述一个与品牌理念相契合的故事来吸引目标消费者。在消费者感受故事情节的过程中,潜移默化地完成品牌信息在消费者心中的植入。"一个好的品牌故事,加上互联网信息的顺势传播,能够起到非常好的传播效应。因为在互联网中,一个故事热点很容易引爆公众的广泛关注,即使这个热点会很快被消费者遗忘。但是一个网红食品一旦被消费者认知了,其品牌故事被消费者所了解和熟悉,就会源源不断地产生流量。如何挖掘产品背后的品牌故事,就成为营销的重中之重。

挖掘产品品牌价值的方式很多,常见的有以下几种方式:

(1)文化与历史根源。我国幅员辽阔,每个地方的食品都具有地方特色,这些带有地方文化特色的产品,本身就是自带一定的文化和故事属性的。例如,北京烤鸭、天津的麻花、贵州茅台的白酒、金华火腿等,有些产品还被列入非物质文化遗产。每一个产品背后都有悠久的文化和历史传承,这些本身带有历史文化的产品,自身就是一个故事,所以很多企业开发了其背后的历史文化传承,形成一个个令消费者印象深刻的产品故事。网红纪录片《舌尖上的中国》的热播,其本质讲述的就是产品的品牌故事。当这些故事被消费者认知后,就产生了源源不断的网红"打卡"食品。

(2)励志创业故事类。这类品牌故事更多的是讲述品牌的创始人克服了创业初期的种种艰辛,历经人生的磨难,九死一生,最终成功地为消费者奉献了优秀的产品。例如,陶华碧创立老干妈的故事、宗庆后四十岁后流泪创造娃哈哈品牌的故事、臧姑娘在湾仔码头卖水饺的品牌故事,以及网红水果褚橙被称为"励志橙"的故事。这些成功人士的创业故事,本身带有非常强大的正能量,所以这类产品故事容易被年轻人接受。

(3)都市情感鸡汤类。这类产品更多的是讲述社会职场人士的情感问题,通过克服人生经历中的各种困难,形成一个正面的形象。例如,女生减肥故事、男生健身故事、新时代职场女性育儿经历故事、年轻人职场奋斗故事等,非常有代入感。在这类故事的背后往往折射出现代都市人的悲欢离合,让消费者产生强烈的情感共鸣,从而将品牌慢慢地植入到消费者的认知中。例如,江小白白酒讲述刚毕业的大学男生的都市奋斗经历,国外品牌奶粉选用白领形象讲述如何平衡育儿和工作的经历等。

2. 品牌故事推广

在互联网时代,产品往往作为品牌的真实依托,呈现出品牌故事所传达的品牌理念。因此品牌故事必须附着于产品,通过产品包装、产品细节、产品卖点、产品口碑等环节的塑造,提升品牌故事的"可感度"。产品推广的关键是获得公众的认知,哪怕话题具有一定的争议性。

(三)平台推广与销售

在完成了产品的品牌传播与宣传后,商家需要进驻销售平台进行产品的销售和推广步骤。

随着卖家不断进驻平台，可供消费者选择的店家越来越多，新入驻平台的商家需要借助平台的推广工具完成产品的推广，阿里的推广工具非常多。我们根据阿里工具使用的付费与否，将阿里的推广工具分为付费流量推广和免费促销推广两个大类。

1. 付费流量推广

淘宝的付费流量推广，主要是通过阿里妈妈平台即可进行产品全方位渠道的推广。阿里妈妈的推广工具非常多，目前最主要的工具有以下几种：全域营销（Uni Marketing）、直通车、钻石展位、淘宝客、品销宝等。登录阿里妈妈主页（https://www.alimama.com/），点击“产品”，就可以看见全部推广工具（图 6-4）。

图 6-4　阿里妈妈主页截图

（1）全域营销（Uni Marketing）。2016 年底，阿里巴巴正式系统提出“全域营销”这一营销理论体系，即以消费者为核心，以数据为能源，实现全链路、全媒体、全数据、全渠道的一种营销方式。这是阿里巴巴在其数据平台的基础上推出的颠覆传统营销与策划模式的全新营销方式。全域营销由数据银行、策略中心、Uni Desk 三部分组成。其基本的运营模式是阿里巴巴的策划中心根据不同的品牌需求建立不同的营销策略，然后在数据银行中精准地找到对应的受众群体，在阿里的 Uni Desk 平台完成广告的投放，在这个环节中完成数据的沉淀再回流。

该模式是应用大数据对传统营销模式的一个重大变革。传统的营销模式是企业付费给广告策划公司，广告策划公司制订方案后再对接其合作的广告投放渠道，投放渠道将信息传播给受众。这种模式最大的问题是用户重复（不同的广告投放渠道具有共同的用户群体）和用户遗漏。全域营销通过阿里体系沉淀的大数据，对所有的用户进行标签化，形成每个用户独一无二的 Uni ID，这些 Uni ID 存储在阿里的数据银行中。当营销策略建立后，再从数据银行中调出需要投放的进准用户群体，通过阿里体系（淘宝、天猫、优酷、悟空问答、新浪微博、网易、大润发、苏宁、盒马生鲜等）进行广告的精准投放。在这个过程中，避免了传统营销中广告投放浪费，降低推新失败率。例如，某用户 A 平时很少在平台购物，只在“双 11”“6·18”期间大量采购，那么阿里的大数据就赋予了该用户“羊毛党”的标签，那么所有的广告就不会投放给他。某用户 B 在优酷平台是会员，并且会在每天中午观看短视频，搜索内容最多是关于婴儿奶粉。那么阿里的大数据就会在中午通过短视频的方式给他投放关于育婴产品的广告。某地点 C（例如地铁出口、公交车站），阿里会根据出现用户的数量和频率标签，从而精准地投放产品广告，并且选择他们喜欢投放方式（平面广告、视频广告等类型）。这种千人千面的营销推广，即每个用户看到的都是不同的广告，和传统媒体每个用户都是看相同的广告不同。例如，微信在朋友圈，其系统推送的广告每个人都不一样，其根据用户聊天记录或搜索记录推送相关的产品广告，大大地提高了营销费用的使用效率。

全域营销是利用大数据进行营销变革的重要方式。从推出后就获得巨大的成功。2018 年，旺旺食品借助全域营销方式，利用“七夕”投放“漂洋过海来撩你”营销推广活动，期间其粉丝量增长 22 倍，其中新用户占比 94.9%，整单到达率达到了 91%。2018 年，彩虹糖借助全域营销，活动全网总曝光超过 11 亿次，优酷 TVC 贴片溢出超 108%，硬广完成率超 115%，活动专区近千万次浏览，UC 话题点击完成率 526%，支付宝 AR 送红包互动累计近 50 万人次参与，2018 年春节期间销量超越竞争对手，市场份额占比第一。该活动最大声量地为彩虹糖新年造势，使之成为春节的现象级事件，加强了彩虹糖与新年的关联度，提升了年轻人对其产品的偏好度。从数据表现来看，不仅在媒体数据上超额完成，并且在客户销售数据上，使彩虹糖逆市跃居品类市场份额占比第一。

二维码 6-3
全域营销

(2)付费直通车。直通车是按点击付费的营销推广工具，因为直通车具有流量精准、展现免费点击收费的优势。在卖家搜索结果页通过关键词展示相匹配产品的推广方式，实现产品的精准推广。直通车具有以下特点：①全球最大购物搜索引擎。每天超过 3 亿买家使用，有超过百亿的展示力量，给卖家充分的曝光及成交机会。②精准流量。直通车推广通过关键词锁定有相关购物需求的买家，并通过人群、时间、地域使投放更精准，获取优质流量。③推广费用可控。直通车推广按点击收费，且可以设置相应的计划日限额，让卖家的推广费用精准可控。电脑 PC 界面搜索结果页带“掌柜热卖”标识，无线手机端带“HOT”标识的即为直通车的展现位置。其中 PC 端展现在关键词搜索结果页左侧 1～3 个、右侧 16 个、底部带有“掌柜热卖”标识的推广位置。直通车的学习规则比较多，需要用户细致地去学习和了解，具体的内容可登录阿里妈妈官网主页，点击直通车学习使用。

(3)钻石展位。钻石展位(简称“钻展”)是淘宝网图片类广告位竞价投放平台，是为淘宝卖家提供的一种营销工具。钻石展位依靠图片创意吸引买家点击，获取巨大流量。其产品具有如下特点：首先，覆盖范围广，覆盖全国 80%的网上购物人群，每天超过 15 亿次展现机会。其次，其定向推广准确，目标定向性强，可定向 21 类主流购物人群，直接生成订单。最后，实时竞价，投放计划随时调整，并实时生效参与竞价。

淘宝的钻石展位和直通车的区别主要在于收费标准不同和展示位置不同(图 6-5)，因而其营销效果也不同。

收费标准不同：直通车是按点击收费，用户点击一次扣取费用，“钻展”是展现收费，是按照流量竞价售卖的广告位。计费单位为 CPM(每千次浏览单价)，按照出价从高到低进行展现。

展示位置不同：直通车是淘宝搜索进去之后，产品展示出来页面，最右边一栏，和最下边一栏的位置；“钻展”位子比较多，包括淘宝首页轮播、右侧大图、右上侧小图，分类页里面也有。

图 6-5 淘宝网展位

营销效果不同:从购买意愿方面,"钻展"的购买意愿比直通车低。直通车是被动营销,消费者有主动的购买意愿或明确需求,会去搜索并购买自己想要的东西。"钻展"是主动营销,用户搜索并看过产品信息之后,打上标签,并不是有明确的购买意向,可能当前这个时间点他只是偶然浏览过这个页面而已,然后被广告吸引过来。

(4)超级推荐。超级推荐是淘宝信息流的营销工具,在淘宝猜你喜欢等推广场景通过人群定向和算法匹配展现给消费者感兴趣的推广商品,实现消费者的精准获取。超级推荐覆盖了首页、收藏夹、购物车、支付成功确认收货等多场景的"猜你喜欢"功能,实现了消费者购前、购中、购后的全链路覆盖。卖家可以对购前、购中、购后资源位进行对应的溢价,从而获取对应路径下的消费者,实现不同的营销目标。超级推荐同时支持商品、图文、直播、短视频、淘积木等多种创意,更有长图、智能创意、智能标题、营销卖点、优惠券权益等多种创意工具,让商家以各种内容与消费者玩转信息流营销互动。

(5)淘宝联盟及淘宝客。淘宝联盟是唯一指定的淘宝客渠道推广优惠券,功能等同于公开的优惠券,可支持淘客通过"优惠券+商品"的模式进行推广,赋能淘客拓展更多营销流量渠道,刺激消费者分享裂变,触达更多新人群,提高商品转化率。淘宝联盟的用户就是淘宝客。淘宝客就是指帮助卖家推广商品并获取佣金的人。用户注册下载登录淘宝联盟 App,注册就能成为淘宝客。淘宝客会将卖家在淘宝联盟上发布的商品生成一个独有的链接然后通过自己的方式将其推销出去,任何买家通过此链接进入淘宝卖家店铺完成购买后,淘宝客就可得到由卖家支付的佣金。淘宝卖家在这里提升销量,而用户(淘宝客)在这里得到佣金。淘宝客的优势主要有以下几点:第一,淘宝客打开了淘宝平台的推广约束,传统的推广只能在阿里平台内,如果用户不打开淘宝应用,就无法接触到推广的信息。通过淘宝客在其他平台发布的信息,用户就能够获得商家的推广信息,从而完成信息推广的过程。第二,对于商家而言,淘宝客的性价比高。淘宝客只有将商品销售出去后才能获利,商家营销费用能够精准地使用到有效目标客户上。

(6)品牌宝。品牌宝针对的是明星店铺或者品牌产品。阿里平台通过赋予品牌流量愈加丰厚的展示窗口和方法，从而帮助品牌非常好地显露形象和宣导品牌知名度。例如我们输入关键字“美赞臣”，其展示的效果如图 6-6 所示。

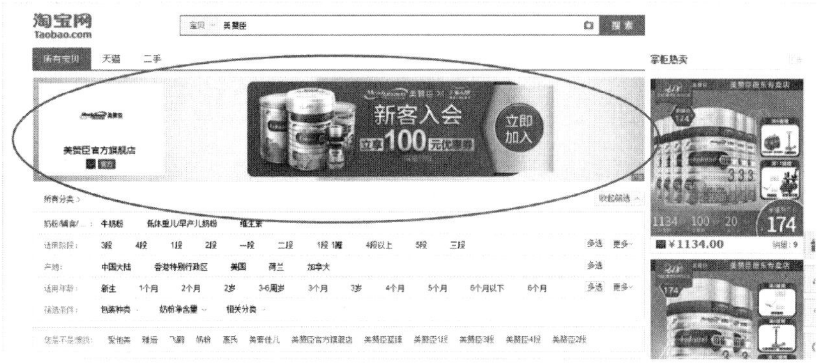

图 6-6　淘宝网品牌宝

(7)达摩盘。达摩盘是阿里妈妈基于“钻展”设计的更加精准的营销推广数据管理平台，其主要是用来辅助淘宝“钻展”的一个平台。其通过分析市场人群的消费行为、兴趣偏好以及地理位置等众多标签，每当用户要用到“钻展”时，可以先进行数据分析，然后找到想要的标签人群，从而确定自己的营销方向再进行投放。

综合来看，阿里营销推广体系如图 6-7 所示。

2. 淘宝平台免费推广

淘宝平台主要的免费推广平台，根据推广发起人的不同，可以店铺发起人活动和淘宝官方活动两大类。店铺发起人活动包括：优惠券、显示特价、关联推荐、微海报等活动。淘宝官方活动包括行业展销活动、无限手淘活动(只面向手机端)、品牌官方活动。其中行业展销和无限手淘活动种类繁多，又细分为 A 类大促活动(例如“双 11”“6・18”“年货节”等促销活动)、B 类行业活动(例如女装、家具、箱包行业等，食品门类分属于淘宝汇吃行业)和 C 类日常活动。品牌官方活动包括淘金币、淘抢购、天天特价、聚划算、拼团、免费试用。

由于免费推广品类繁多、规则和要求时刻变化，在本项目中不做具体的阐述，需要了解的读者可以登录官方网站或店铺后台查阅官方教程。

二、私域流量平台的营销与策划

公域流量能够为企业成长带来巨大的流量，但是随着互联网流量红利逐渐萎缩，传统电子商务和实体商业获取流量客源的成本越来越高，其营销模式对于中小企业并不适合。很多商家借助于微信和其他平台纷纷转型做社交电商，然后通过社交媒体平台自建私域流量池，从传统电商的流量消费转向深度的粉丝互动与营销。所谓私域流量，指的是个人拥有完全的支配权的账号所沉淀的粉丝、客户、流量，是可以直接触及的、多次利用的免费流量。比如企业的 App、小程序、QQ 号、微信号、社群上的粉丝或者顾客，都属于私域流量。还有一些流量平台介于“公域”或“私域”之间，如微信公众号、抖音号、微博号、小红书账号等只能算是弱私域流量，因为这些流量虽然是沉淀到企业账号里，但是难以自由地触达。比如用户发布一个产品，可以在微信、QQ 个人号或者在 QQ 群、微信群当中自由地和任何成员沟通，收集建议。但是在公众号等却会被官方规则所限制，不能够自由地触达。所以这些弱私域流量往往会成为企

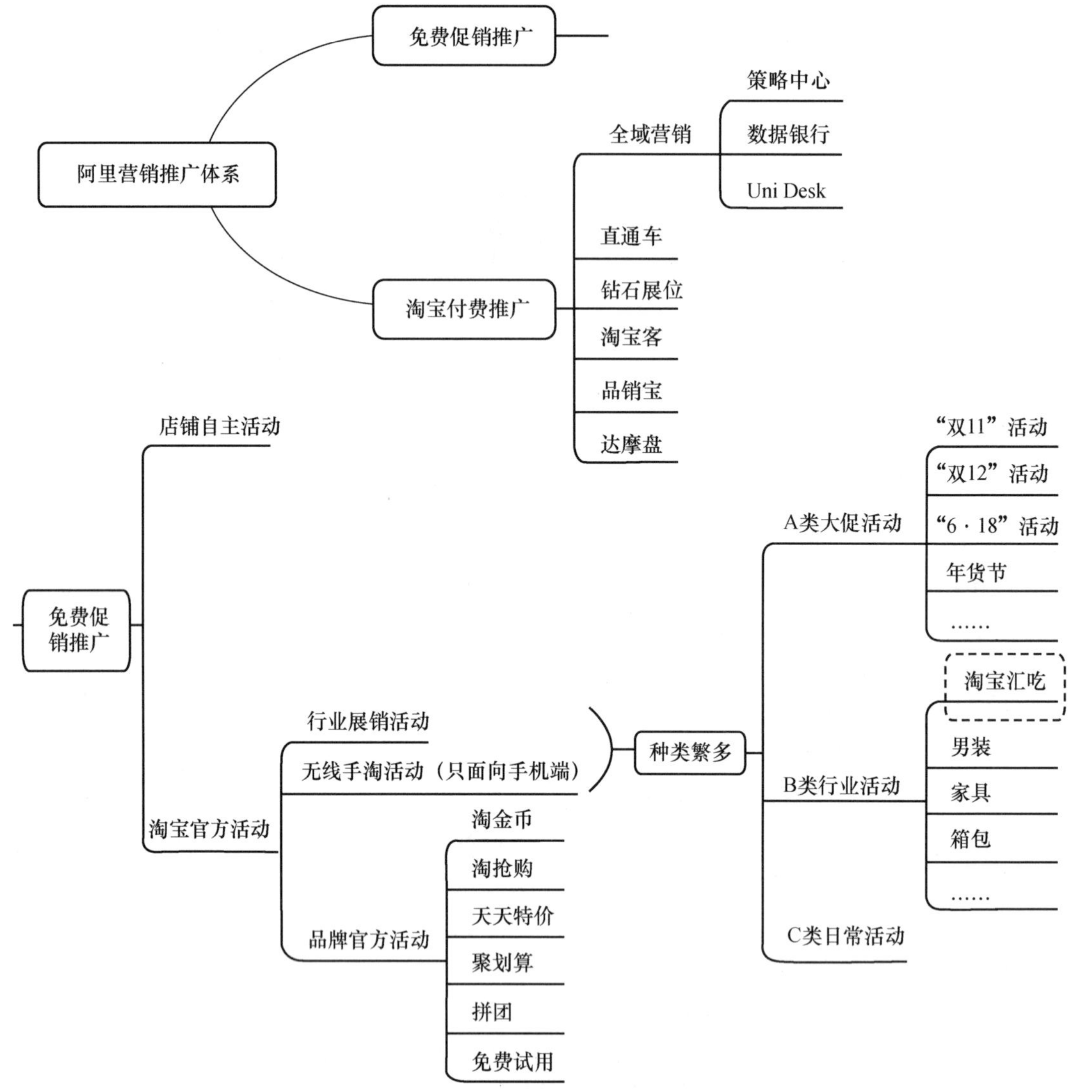

图 6-7　阿里营销推广体系

业将客户引流到私域流量池的工具(表 6-1)。

私域流量平台的搭建,实现了市场营销 4C 理论中极其关键的一环,就是如何在与用户有效的沟通中传递品牌价值。私域流量平台搭建的不是产品的推广平台而是以用户为核心的生态圈,搭建与用户的直接对话,拉近商家与用户之间的距离。其核心经营理念是要让商家从被平台流量绑架的思维中挣脱出来,开始重视自身流量池、重视每一个顾客的价值。商家运营要提供消费者价值,进而形成品牌的口碑,不断地加深品牌和用户的理解。因为一旦用户认同产品的品牌价值,就会完成产品的自我购买的过程(例如,小米公司就可以理解为一个体量巨大的私域流量)。

表 6-1 私域流量与公域流量的特点

属性	来源	购买因素	品牌忠诚度	流量性质	交易对象	流量所有权
公域流量	购买	产品质量 产品价格 “粉丝”数量 广告效应	低	一次性	陌生人	需要花钱买，而且越来越贵，一次性使用，流量是平台的
私域流量	购买＋导入	熟人推荐 产品口碑 “粉丝”效应 信任模型	高	重复利用	陌生人 半熟人 熟人	可以反复利用，可以免费多次触达，流量是实际的

私域流量的建立对产品的品种有要求，一般低频消费的产品如汽车、家用电器并不是非常适合。食品、生鲜、日用品等快速消费品比较适合建立私域流量平台。目前，食品行业中建立私域流量平台的企业不多，其他行业中比较成功的品牌有孩子王、完美日记、花姐食养等品牌。

二维码 6-4
私域流量

(一)私域流量平台的建立

私域流量平台的建立过程，其本质是企业在推广产品的过程中完成用户沉淀的过程。所以私域流量的搭建也可以认为是产品的营销策划过程。其建设技术核心是企业自身的 App 或者小程序，因为其具有底层用户管理 SCRM 系统(社会化客户关系管理系统)。传统的微信群和微信商城，从企业数据安全的角度而言，容易被微信平台钳制，一旦封号封群，长期建立的流量池就会消失。但是目前 App 市场容量饱和，所以一般而言，企业最好的营销方式是同步建立企业小程序，然后同步将小程序的数据引流到自身的 App 当中。目前主流的引流搭建方法有以下几种(图 6-8)。

1.“社群运营＋私域流量”

“社群运营＋私域流量”的简洁组合是企业公、私域联动的有效方法。如在经历“新冠”疫情后，西贝的一线服务员及经理全部转战线上，通过西贝自建的 SCRM 系统进行用户画像，然后针对不同喜好及不同需求的用户进行分类，进而建立了很多个微信群，有做订餐的，有做卖菜的，有针对性地做运营和派送。正是这些举措，才让西贝得以喘息，实现日营收 200 万元，可以让企业活得更久一点。西贝在疫情期间，每次给订外卖用户带上一只口罩，让很多用户惊喜地在朋友圈、微博和微信群中进行推荐。这样的运营方式让品牌和私域用户的关系更加紧密。

西贝在线下受阻后，快速转战线上。但转战线上的前提是提早做了数据建设，通过线上用户运营，如社群运营寻得新的发展空间。

2.“直播＋社群＋小程序＋线下门店”

在“新冠”疫情暴发后，很多零售实体商家加速入局线上私域电商，通过线上的直播电商和社群营销带动线下门店，提升门店客流和销售，几乎成了实体企业谋求增长的刚需。“直播＋小程序＋社群＋线下门店”组合成为当下运用最多的方法，这几乎成为零售行业的标配。在这个组合中，不仅微信个人号和企业微信可以作为私域流量的容器和载体，社群同样承担这个职能，在供应流量、持续复购上，两者相互协力，帮助企业进行精细化的高效运营。小程序与直播则是转化工具，两者分工略有差异。小程序适合做“长尾”，长期进行转化和复购，直播适合做短时间的活动变现。这两者都具有同步拉新的裂变势能，因此获得的新用户，可以反哺到私域流量池，持续进行“续航”。

同时，将这些用户消费数据同步反馈到 SCRM 系统，不断进行用户数据的积累和更新，形成私域运营管理的超级闭环。通过门店搭建私域流量池，通过直播电商、社群营销帮助企业完成“门店客户引流至线上服务，线上增粉回流至门店”的私域电商闭环，同时，这个核心思维是具有规模效应的，可以一店直播联动十店。

3.“直播＋社群/微商城/小程序”

将直播变成获取流量、促进购买转化的重要工具，直播间的观众、产生购买的顾客则沉淀到社群、微商城或小程序中去。如企业可通过门店推广、导购员推广等方式为直播间引流，在直播间可以推送给顾客微信公众号二维码，吸引直播间粉丝关注，沉淀出私域流量，平时通过拼团、秒杀等社群活动促进活跃和购买转化。

4.“企业微信＋小程序＋直播＋社群”

直播让一些企业以前所未见的面貌出现在了消费者眼前。我们常说交易基于“信任”，举个简单的例子，线下小店购物时商家经常讲“我店在这，又跑不了”，一句话能顶得上线上广告狂轰滥炸建立起来的信任感。直播则将冰冷的品牌 Logo 换成了活生生的人，潜台词变成“我们见过面，你可以信任我”。因此，这一组合的最大价值在于帮助企业和用户快速建立信任。

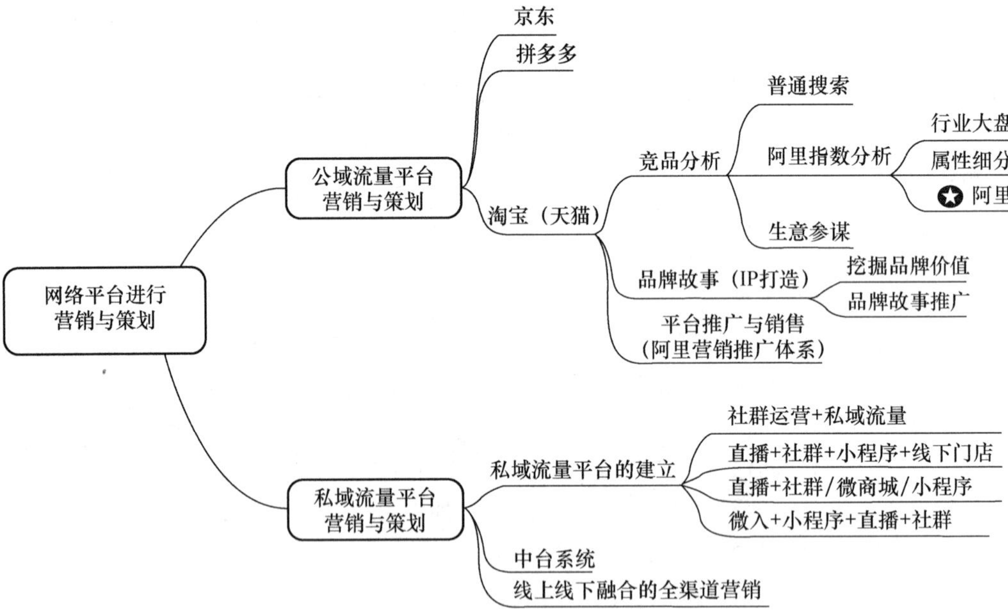

图 6-8　网络平台营销类型

（二）中台系统

传统的中小企业，仅仅靠建立私域流量平台就能够完成产品的推广。但是对于大型的食品企业，在产品的整个营销过程中，仅仅靠建立私域平台导入流量是远远不够的。因为即使建立了自己的私域流量平台，如果没法运营，会出现流量流失和流量无法变现的结果。如何打通营销中各个环节，提升私域流量中用户数据的质量，这时候需要企业引进中台系统所谓。中台系统实质是企业发展到某个规模后必然需要的一个数字化解决方案，它将后端所收集到的零散的数据整合起来，并赋能到前端的各个应用场景中。中台系统有两个最重要的功能。第一是分析决策，第二是提高运营效率。企业通过私域流量沉淀的数据，来源于不同的公域流量平台，利用数字中台所构建的大数据和人工智能系统，打通各个数据来源平台的隔阂，形成用户的不同标签画像，从而形成用户的数据银行。因为只有对沉淀在私域流量平台的用户进行标签化，才能进行进准推广。这个过程就是所谓的分析决策。在运营效率上，中台系统可助力企业实现全渠道订单、库存、会员信息、促销活动、商品配置等方面的统一管理，有利于资源的高效协同利用，实现全渠道的运营能力支撑。例如，良品铺子借助中台系统，其订单系统可支持线上单日交易超过200万笔、线下单日交易超过100万笔，物流系统可支持单日发货包裹超过60万个，会员系统能保存数千万会员的积分、储值等信息，为全渠道运营提供了有力的支持。另外，企业可以依据经营活动中积累的会员、产品、门店、行业、供应商等方面的大量数据，在商品补货、门店选址、精准营销、品类管理等方面进行持续的数字化应用探索，将有效地改善了运营效率和运营质量。

二维码 6-5
中台系统

（三）线上线下融合的全渠道营销

在中台系统的强大作用下，企业就能够实现“千店千面”、线上线下融合的全渠道运营。传统的营销模式，企业是无法完全掌控整个渠道的。因为随着企业经营的扩大，其运营难度会呈现指数级的扩大。比如，一家门店的商品怎么摆、怎么组合、怎么做活动能卖得最好，这在个人的能力范畴之内。但是当连锁门店扩充到100家的时候，企业就无法兼顾所有的营销细节。即便能够兼顾到细节，当引入线上平台后，如何协调线上和线下之间的产品关系就面临巨大的难题。要在规定的时间内做好全门店和全平台的营销，普通的方式下这基本是不可能完成的任务。所以企业只能按照标准化模式经营，所有连锁门店采用一样的装修风格、摆放陈列、促销活动。每个门店卖的货品品种、如何定价、如何销售都是由总部统一决定。这种“千店一面”的模式，会造成营销资源的极大浪费。而在私域流量平台内，基于周边人群的构成、标签画像、购物习惯等大数据，再以人工智能赋能逻辑，细致到每家门店每个大套装里要放哪些小包装，都可以由数字中台处理、分析、出库，针对性布置，从而极大地提高运营效率。

当然这种全渠道运营必然会触动渠道商的利益，企业在管理过程中如何处理渠道商的利益，将非常考验企业的管理水平。但是毫无疑问，这种以私域流量平台为基础的数字化营销模式，将是未来网络营销的一种发展趋势。

知识扩展

当前食品网络营销风险的类型

开展网络营销的食品企业，除了要面临在传统市场营销活动中常见的诸如资金风险、安全风险、决策风险等风险之外，还要面对网络市场特有的经营风险，主要包括以下几种。

（1）市场风险。面对前所未有的广阔的市场空间，一方面，企业对网络消费者需求特征的把握更加困难；另一方面，竞争对手更多而且更加强大，市场竞争空前激烈。

(2)技术安全风险。技术风险给食品企业带来的危害主要包括服务器遭受攻击后无法正常运行,网络软件被破坏,网络中存储或传递的数据被未经授权者篡改、增删、复制或使用等。技术风险造成的损失是巨大的。

(3)支付安全风险。网上支付是取代银行汇款、邮政汇款、货到付款等传统支付手段的现代化支付方式。目前,食品企业对网络营销最担心的问题之一就是支付的安全问题,有很多企业对网上交易的安全性表示忧虑。

(4)信用安全风险。我国的信用体系还不健全,假冒伪劣商品屡禁不止,商业欺诈时有发生,食品市场行为缺乏必要的自律和严厉的社会监督。

(5)法律风险。现阶段我国网络营销的法律法规远远不能适应电子商务的发展,导致交易双方都存在风险。特别是涉外食品网络营销的法律风险更为突出。

(6)制度风险。包括与食品网络营销风险有关的制度,其中,最主要的是系统的法律制度和食品市场监管制度。

(7)管理风险。在食品网络营销活动中,人员管理制度的不健全常常是造成食品网络营销风险的主要因素。

案例导入

一、经典案例

据艾媒咨询报告显示,2018 年,中国现制饮品门店数已超 45 万家,新式茶饮市场规模超过 900 亿元。而喜茶正是其中的佼佼者,据悉在多家投资机构的评估中,喜茶估值已达 90 亿元。但奇怪的是,行业估值第二名的"奈雪の茶"为 60 亿元,明明两者的门店都在 400 家左右,奈雪的估值却仅为喜茶 2/3。这在资本市场中并不常见,尤其在新式茶饮这个进入门槛极低、同质化程度极高的行业里。

传统的商业思维似乎无法解释喜茶的胜利。若论产品美誉度与品牌人气,有长沙一城就开出 140 家,公众号活跃粉丝排名第一的茶颜悦色;论门店数量,有广开加盟门店,突破 5 000 家的蜜雪冰城;论跨地域经营能力,COCO 都可的门店已开至英国、美国、韩国、加拿大、泰国等地。

在一众各有千秋的同行者之中,喜茶凭什么更受资本关注?要回答这个问题,要先了解另一件不那么广为人知的事情:在我们以为茶饮品牌之间比拼的只是口味、服务、包装设计的时候,数字化建设已经成了新式茶饮的必然趋势。"数字化"对茶饮品牌的主要作用可以从两方面来看。

其一是数字营销已成为茶饮行业的兵家必争之地。一个离我们很近的例子是,"新冠"疫情期间茶饮品牌通过自有小程序商城与 O2O 平台,开展的外送业务与品牌周边零售业务,就是其的主要盈利来源。如何在线上触达、提醒、吸引消费者已成为关乎品牌生死存亡的重要议题。此外,流量越来越贵已是必然的选择,自建私域流量池是每个茶饮品牌必然的选择。据报道,四川南充市火锅协会投诉美团涉及垄断经营,原因就在于疫情期间美团佣金上涨,最高可达 30%(早期的 O2O 平台仅 5%~8%的抽佣)。许多商家戏称其是在给平台"打工"。只有通过数字化构建私域流量,才能使商家不会完全受制于日渐趋于垄断的互联网平台,在市场中掌握一定的话语权。

其二是产品的竞争已渐渐趋于供应链数字化程度的竞争。在产品同质化日趋严重的时候，自建并掌握一条独属于自己的从原料、运输、生产制作的供应链体系，才有机会让自己的产品脱颖而出。这不仅仅是食材和物流的问题。例如，喜茶和奈雪的茶都各有约 1.4 万名员工，奈雪的茶创始人彭心对此不无担忧，“我们现在有 14 000 多名员工，如果未来门店数量是现在的 10 倍或者是 100 倍，如何让那么多人做出一致的产品，品质控制稳定，才是最难的。”

数据显示，2019 年“喜茶 Go”小程序全年新增 1 582 万用户，小程序用户总数达到 2 150 万。2019 年的喜茶公众号，单篇推文最高阅读量超过 99 万，喜茶其实具有人们所未了解的“数字化茶底”。

二、案例分析

喜茶能够获得资本的青睐，是有一定的行业逻辑的。他在快速建立传统门店渠道的同时，利用互联网快速传播的特点，牢牢地抓住了现代网络营销的核心，迅速建立了自己的私域流量池，进行数字化运营。

(一)洞察用户的数字化私域流量

喜茶沉淀的用户数据经过解读，就能进一步指导企业决策。例如，年长者对糖分的顾虑实质是对健康的顾虑，企业就在行业中率先推出了可降低 90%热量的“甜菊糖”。在营销动作上，数据可以支持自动化的营销应用。根据顾客在打开小程序时的定位，喜茶会自动为顾客分配距离最近的门店；其次根据门店数据，将目前最热销的、存量较多的产品，优先展示给你；实施灵活的折扣策略，比如根据不同的时间段为顾客推荐早餐、下午茶等等不同的组合。

自动化的“千人千面”营销，不仅可灵活控制库存，还能有效提高销量。例如，当某一款茶当日还有较多库存的时候，通过用户的数据，可以自动向附近青睐该产品的用户发送优惠信息，从而实现降低库存的目标。

(二)数字化应用打破传统企业经营的天花板

从扩张能力上看，如今喜茶已经在全国开启了数百家门店，甚至进军海外，而茶颜悦色扩展步伐极慢，截至目前其百家门店仍局限于长沙本地。虽然论产品、论用户忠诚度，茶颜悦色都不输喜茶，但其显而易见的在数字化能力上远远落后。将两者放在一起，茶颜悦色就象征着把传统的产品、品牌概念执行到极致的天花板，而喜茶则是利用数字化转型打破天花板的人。面对“新冠”疫情，一向不怎么关心线上业务的茶颜悦色一口气在饿了么上线了 13 家外卖店。然而与这份迫切相比，喜茶更为从容，其数字化经营的方式显然更能抵挡疫情带来的冲击。

从一条数字化的供应链到 2 000 万的私域流量，喜茶似乎和传统的零售行业不太一样。其营销的模式带有强烈的网络营销烙印。以用户数字化资产为核心，以品牌 IP 化和全域流量运营为两翼，以高效供应链整合管理为基础。在这些明星企业的网红标签之外，或许“数字化”才是他们真正拿在手里的王牌。

任务设计与实施

一、任务实施内容

策划食品企业网络营销工作，以小组为单位查阅并了解各类网络营销平台的开店规则和运营要求。对比典型网络平台的运营要求，收集和分析建立或者参与私有流量平台的销售体系等相关资料，由每个小组提交食品网络营销工作报告，并进行课堂汇报与交流。

二、任务流程设计

三、任务实施要求

(1)由 3～4 名学生自由组合成为任务实施小组,便于合理分工,并确定负责人,以组为单位合作完成任务。

(2)仔细研读淘宝、天猫、京东商场、亚马逊等平台的运营规则,各小组成员分析交流,让每个成员都熟悉平台规则的不同,熟悉平台运行要求。

(3)策划食品网络营销工作,根据查阅的信息归纳整理,为企业撰写食品网络营销工作报告,要求格式规范,字数在 3 000 字以上。

(4)提交书面的食品网络营销工作报告,并以组为单位制作 PPT 并派代表进行调研汇报与交流。

四、任务实施考核

请按照本项目任务一任务实施考核的内容与标准执行。

思考与练习

一、名词解释

SEO　SEM　互联网社群　裂变社交　事件营销

二、选择题(1～6 为单项选择题,7～10 为多项选择题)

1. 关于食品网络营销的说法错误的是(　　)。

A. 食品网络营销不存在安全问题

B. 食品网络营销是大势所趋

C. 食品网络营销的安全性应引起人们的重视

D. 食品网络营销的监管难度比较大

2. 对于传统的中小食品企业,其一般更倾向于选择哪种网络营销模式?(　　)

A. 网络直接销售模式　　B. 品牌传播推广

C. 数字化整合新零售　　D. 线上展示+线下交易

3.(　　)推广方法不属于阿里平台常用的推广模式。

A. 全域营销　　B. 直通车　　C. 私域流量平台导流　　D. 钻石展位

4. 以下属于常见的社交电商营销的是(　　)。

A. 裂变社交　　B. 社群营销　　C. 事件营销　　D. 以上都是

5. 以下不属于阿里竞品分析常用工具的是(　　)。

A. 阿里指数分析　　B. 淘宝客　　C. 淘宝普通搜索　　D. 生意参谋

6. 最常用的食品网络营销方法有(　　)。

A. 平台的 SEO、SEM 推广　　B. 即时通信工具营销

C. 新媒体营销　　D. 以上都是

7. 选择食品网络营销策略的原则有(　　)。

A. 经济性原则　　B. 可操作性原则

C. 创新改进原则　　D. 系统性原则

E. 快速转化过程

8. 社交电商营销常见的类型有(　　)。

A. 社群营销　　B. 裂变营销

C. 事件营销　　D. 文案营销

E. 微信营销

9. 新媒体营销常见的方式有(　　)。

A. 直播营销　　B. 短视频营销

C. VR 可视化体验营销　　D. 事件营销

E. 论坛营销

10. 关于开展食品网络营销,说法正确的是(　　)。

A. 提升品牌认知度　　B. 为网站引流,增加品牌关注度

C. 选择有效渠道　　D. 促进销售

E. 信息传播提升品牌口碑

三、判断题

1. 食品的网络营销就是利用互联网平台进行产品的销售。(　　)

2. 食品网络营销一个显著的特点就是精准细分,品牌小众。(　　)

3. 目前的食品网络营销中,大品牌依然是线下销售为主,线上推广为辅。(　　)

4. 阿里平台的推广工具都是免费的。(　　)

5. 商家在公域流量平台进行营销策划时候也需要进行竞品分析。(　　)

6. 常见的竞品分析工具主要是产品饱和度搜索。(　　)

7. 食品的网络营销中,打造一个易于流传的品牌故事能够有力地赋予品牌文化内涵,并达到事半功倍的营销效果。(　　)

8. 全域营销是未来食品网络数字化营销的一种重要方式。(　　)

9. 食品网络营销运营模式的一个显著特点是“大鱼吃小鱼”式的大企业对中小企业的兼并。(　　)

10. 建立私域流量平台是中小企业摆脱大平台控制的一个重要方法。(　　)

四、简答题

1. 简述食品网络营销四种主要模式。

2. 简述食品网络营销的发展趋势。

3. 常见的食品网络营销方法有哪些?

4. 公域流量平台进行食品网络营销策划一般有哪几个步骤?

5. 私域流量平台常见的搭建方法有哪些?

二维码 6-6　模块六思考与练习参考答案

参考文献

[1]彭杰．市场营销与策划[M]．北京:人民邮电出版社,2010.

[2]毕思勇．市场营销[M]．北京:高等教育出版社,2014.

[3]祖国峰．市场营销与策划[M]．北京:中国质检出版社,2013.

[4]车慈慧．市场营销[M].2版．北京:高等教育出版社,2011.

[5]陈子清．市场营销实训教程[M]．武汉:华中科技大学出版社,2006.

[6]乔布尔．市场营销学原理与实践[M]．北京:机械工业出版社,2003.

[7]杜明汉．市场营销知识[M]．北京:中国财政经济出版社,2006.

[8]范明明．市场营销与策划[M].2版．北京:化学工业出版社,2010.

[9]方光罗．市场营销概论[M]．大连:东北财经大学出版社,2005.

[10]科特勒,阿姆斯特朗,洪瑞云,等．市场营销原理(亚洲版)[M]．何志毅,译．北京:机械工业出版社,2006.

[11]科特勒．市场营销管理[M]．梅清豪,译．上海:上海人民出版社,2003.

[12]高凤荣．市场营销基础与实务[M].2版．北京:机械工业出版社,2012.

[13]宫向荣．市场营销[M]．北京:中国财政经济出版社,2007.

[14]冠小萱,王永萍．国际市场营销学[M].2版．北京:首都经济贸易大学出版社,2005.

[15]郭芳芳,陈顺霞．市场营销学习题集[M]．上海:上海财经大学出版社,2005.

[16]何志毅．战略管理案例[M]．北京:北京大学出版社,2001.

[17]侯丽敏．中国市场营销经理助理资格证书考试教材[M]．北京:电子工业出版社,2008.

[18]黄聚河．市场营销学[M]．北京:中国铁道出版社,2010.

[19]胡志勇．市场学基础[M]．北京:高等教育出版社,1999.

[20]纪宝成．市场营销学教程[M]．北京:中国人民大学出版社,2001.

[21]迈克丹尼尔,兰姆,海尔．营销学精要[M].5版．王慧敏,王慧明,译．北京:电子工业出版社,2007.

[22]兰苓．市场营销学[M]．北京:中央广播电视大学出版社,2000.

[23]连有,周雪瑛．市场营销[M]．长春:吉林大学出版社,2008.

[24]梁雁翎．市场营销理论与实务[M]．北京:现代教育出版社,2011.

[25]李海琼．市场营销实务[M]．北京:机械工业出版社,2011.

[26]刘素贞,王广文．市场营销[M]．北京:中国农业出版社,2011.

[27]马清梅,陈荣铎．市场营销学[M]．北京:清华大学出版社,2007.

[28]波特．竞争优势[M]．陈晓悦,译．北京:华夏出版社,2002.

[29]苗月新．市场营销学[M]．北京:清华大学出版社,2008.

[30]卢万强．食品营销学[M]．北京:化学工业出版社,2012.

[31]钱蕊,杨雨锦,李笑然,等．食品企业品牌策划方法及发展建议——以陕西省三原县部分食品企业为例[J]．教育现代化，2019.

[32] 刘刚田,田园．广告策划与创意[M]．北京:北京大学出版社,2019.